Georg Markus

Das große Karl Farkas Buch

Georg Markus

Das große Karl Farkas Buch

Sein Leben,
seine besten Texte,
Conférencen und Doppelconférencen

Mit einem Vorwort von Fritz Muliar,
30 Fotos und einer Textillustration

Amalthea

Bildnachweis

Gerhard Bartl, Wien: 17; Ursula Bunk, Berlin: 24; Pressefoto Doliwa, Wien:
3, 4, 6–9, 11–13, 22, 23; Paul Günsberg, Wien: 29; Oscar Horowitz, Wien: 10;
ORF Wien: 5, 20, 21, 30; F. W. Scheidl, Wien: 19; Walter Swistelnicki, Wien: 14;
alle übrigen Privatarchiv Georg Markus und Archiv der »Kronen Zeitung«.

Der Autor dankt Ulrich Schulenburg und Maria Tuis-Teuchmann vom
Thomas-Sessler-Verlag, dem Karl-Farkas-Nachlaßverwalter, für die Unterstützung
beim Zustandekommen dieses Buches.

2. Auflage 1993
Neu durchgesehene und erweiterte Ausgabe
des 1983 erschienenen Bandes
Georg Markus: Karl Farkas – Schau'n Sie sich das an
© 1993 by Amalthea Verlag Ges.m.b.H.
Wien · München
Alle Rechte vorbehalten
Umschlaggestaltung: Kaselow-Design, München,
unter Verwendung eines Fotos von Georg Mikes
Herstellung: VerlagsService Dr. Helmut Neuberger
& Karl Schaumann GmbH, Heimstetten
Satz: Filmsatz Schröter GmbH, München
Gesetzt aus 10.5/12.5 Punkt ITC-Garamond
Druck und Binden: Wiener Verlag, Himberg bei Wien
Printed in Austria
ISBN 3-85002-344-3

Inhalt

6

Die zwei Gesichter des Karl Farkas

Vorwort von Fritz Muliar

Ein Buch über Karl Farkas schreiben, seines hundertsten Geburtstages zu gedenken, das ist eine einfache Sache. Das glaubt sicher jeder, der diesen Band in der Hand hält oder vor sich liegen hat. Das glaubt jeder und – irrt sich gewaltig. Farkas war eine zu vielschichtige Persönlichkeit, ein zu facettenreicher Künstler, als daß man ihn »beschreiben« könnte. Er war ein Phänomen, und solche sind halt schwer »transparent« zu machen. Auch in meiner Brust wohnen zwei Seelen, wenn ich an ihn denke, denn nicht alle Erinnerungen an ihn sind positiv und glorreich. Vielleicht hat er mich durchschaut mit seinen schönen Augen und wußte um meine zwei Meinungen von ihm. Vielleicht war das der Grund, warum wir nie per du waren, beim Sie blieben und distanziert nebeneinander arbeiteten und lebten. Er, der große Karl, der ein wirklich Großer war, war in vielem mein Lehrer. Ich habe ihn bewundert und geachtet – aber nicht geliebt. Er mich auch nicht. Oder doch? Einmal hat er mir gesagt: »So einen Buben wie Sie sind hätt' ich gern gehabt.« Vielleicht hätte ich? Nein, ich hatte ja schon Väter genug. Nicht noch einen! Dabei war er schon so was wie eine Vaterfigur! Für mich, der ich mit ihm nicht per du war. Ich hab' ihn oft staunend angeschaut, wie er mit dem Heinzi Conrads umging. Perfekt. Und der war ein Sensibler, Schwieriger, Leichtverletztlicher. Habe innerlich gelacht, wie er den Ernstl Waldbrunn um den Finger wickelte, obwohl der geglaubt hat ihn zu wickeln. Hab' überrascht gesehen, wie sehr er abhängig war von Hugo Wiener und wie er die Cissy Kraner gefürchtet hat. Dafür schaute er ein bißl mitleidig auf den lieben Fritz Heller und den gutmütigen Karl Hruschka herunter. Hat er die Rathner, die Naschold, die Michaelis und die Scherz jemals als echte Partnerinnen betrachtet? Ich weiß es nicht, glaub' es nicht. Er mochte sie – aber nicht mehr. Dabei war er kein Macho, nur ein Chef, der von »die Mädln« keinen Widerspruch duldete. Von Maxi Böhm schon – den mochte er, der war, so glaubte er zu wissen, eine verwandte Seele. Eine Seele, die ihn Abend für Abend nach Hause fuhr und bei der er sich ausweinen konnte.

Farkas hatte, wir wußten es alle und redeten nie darüber, ein schweres Schicksal. Der kranke Sohn, die Emigration, sein – nein, sein Aussehen war es nicht. Er war ja nicht schön, aber unsagbar charmant, ein wenig eitel und – immer ein bißl ängstlich, mißtrauisch und scheu. Ja, scheu! Im Leben. Wenn er auf der Bühne stand, dann war alles in Ordnung. Er agierte, charmierte und regierte. Immer. Ich erinnere mich, wie er ein paar Monate vor seinem Ende trotz Magenkrämpfen und Schmerzen hinausstürmte und mit leidgezeichnetem Gesicht verlangte: »Schau'n Sie sich das an!«

O ja, ich habe ihn mir oft angeschaut, den Meister. Im »Simpl«, im Studio, im Raimundtheater, als Regisseur und als Conférencier. Immer war er dominierend. Immer.

Er sah es nicht gerne, daß ich (in seiner Regie) den Schönen Sigismund spielte. Er wollte ihn selber spielen. Immer wieder. Ich kann ihn heute verstehen.

Er ließ uns im »Simpl« zwanzig Minuten allein ackern, und als die Leut' endlich lachten, trat er mit den Worten »Jetzt mach' ich sie weich« vor den Vorhang.

»Gut waren Sie heute«, sagte er mir einmal nach der Vorstellung. Ich freute mich und sagte es – drauf er: »Nicht Sie, Fritzl, die Leut' waren gut!« So was konnte er auch. Und nicht nur der Pointe wegen!

Für sechs Monate hat er mich, auf Empfehlung vom Conrads, engagiert. Dreizehn Jahre sind draus geworden. Dreizehn Jahre im »Bergwerk ›Simpl‹«. Dreizehn Jahre also hatte ich Zeit, ihn zu studieren, ein wenig kennenzulernen. Ein wenig nur, weil er ja doch sehr zwiespältig, undurchschaubar war. »Ich war ungarischer Offizier«, verkündete er stolz, aber er haßte alles Militärische. »Israel ist ein Land für Desperados«, sagte er und schickte Geld hin. War er getauft, war er es nicht? Er zahlte keine Kultussteuer, ging nie in den Tempel, aber er fastete am Versöhnungstag laut und demonstrativ. Es sieht so aus, als wüßte ich auch heute noch nicht viel über ihn. Aber wenn er auf der Bühne stand – und es war ja nur das Nudelbrett des »Simpl«, das er Abend für Abend betrat –, dann war er ein anderer Mensch. Leuchtend, gescheit, witzig, voll Humor und – gütig. Herrgott, konnte der Farkas Karl gütig sein! Wie der Schlesinger Effendi in *Leinen aus Irland*. Auch den hab' ich ihm nachgespielt. In meinen jungen und seinen schon sehr reifen Jahren. Hände hatte der Mann – und, ja, immer wieder – Augen. Blitzend, tief und weise, ein bißl mit zweitausend Jahren Verfolgung gemischt. Hat er oft an Fritz Grünbaum gedacht? Wer weiß es? Ich denke, daß ihn dessen Schicksal sehr bewegt hat. »Für mich ist er nicht tot«, sagte er im Konzerthaus, als der kleine Weise schon lange von den Nazis ums Leben gebracht worden war. Nun wäre er hundert! Er, der große Pointensetzer, der Witzekönig – der Mister Wollzeil', der mehr war als nur das. Ein Großer war er, ein Beweger, der Chef des Burgtheaters unter den Kabaretts. Wenn ich so nachdenk', o ja, ich hab' ihn gemocht, bewundert und – verehrt. Das tu ich übrigens immer noch.

Großenzersdorf bei Wien,
im Juni 1993

11

»... die ganze Klasse jüdelt«

Kindheit und Jugend

Wien, am 28. Oktober 1893. Der Schuhfabrikant und Gremialrat Moriz Farkas und seine Gattin Franziska geben die Geburt ihres jüngsten Sohnes bekannt.

Der stolze Vater wird gefragt:»Wie soll er denn heißen, der Bub?« Moriz Farkas antwortet:»No, wie wird er heißen? Professor Karl Farkas natürlich!«

Wie anders als kabarettistisch-pointiert hätte Karl Farkas siebzig Jahre danach seine eigene Geburt kommentieren sollen. Der Mann, den man »das Lachen des Jahrhunderts« nannte, der Generationen in guten wie in bösen Zeiten königlich zu unterhalten verstand, dem – wie es Friedrich Torberg ausdrückte – »das einmalige Kunststück gelungen ist, beim breiten Publikum ebenso beliebt und erfolgreich zu sein wie bei den Intellektuellen«. Dieser Mann hat die große Zeit des Kabaretts der zwanziger und dreißiger Jahre in unsere Tage herübergerettet.

Indem er als einziger überlebte – und bis zum Ende der große Farkas blieb. Alle anderen Brettlgenies – Fritz Grünbaum, Paul Morgan, Fritz Wiesenthal – haben die Nazizeit nicht überstanden oder waren – wie Armin Berg, Hermann Leopoldi, Fritz Heller – kurz danach von dieser Welt gegangen. Nur Farkas blieb es vergönnt, der Nachkriegsgeneration zeigen zu können, wie es damals gewesen ist, als Kabarett noch untrennbar mit den Begriffen Humor, Geist und Persönlichkeit des Vortragenden verbunden war. Dabei sollte von einer Laufbahn als Humorist zunächst gar keine Rede sein. Im Gegenteil, Jurist sollte er werden, das wollte der überstrenge Herr Papa. So erzählte Moriz Farkas später einmal Karl vom Tag seiner Geburt:»Der 28. Oktober 1893, mein Sohn, war für mich ein guter und ein schlechter Tag. Das Schlechte war: am Vormittag hat mein Anwalt für mich am Handelsgericht einen Prozeß verloren. Das hat mich viel Geld gekostet. Das Gute war: am Abend bist du zur Welt gekommen.« Anwalt sollte er sicher nicht nur werden, um die Nachfolge dieses erfolglosen Advokaten anzutreten, die juristische Laufbahn erwarteten damals die meisten großbürgerlichen Väter von ihren Söhnen. Die gutgehende »Schuhwarenmanufaktur« mit dem »Engros-Lager aller Gattungen« des aus dem ungarischen Großwardein stammenden Moriz Farkas war am Alsergrund gelegen. Im IX. Wiener Gemeindebezirk, dem Spitalsviertel jener Haupt- und Residenzstadt der damals noch mehr als fünfzig Millionen Einwohner zählenden Monarchie. Neben den vielen Krankenhäusern – allen voran das »Allgemeine« – finden sich hier Schuberts Geburts- und Sterbehaus, Roßauer Polizeikaserne, Votivkirche und Franz-Joseph-Bahnhof. Als Klein-Karl fünf Jahre alt war, wird hier im Bezirk die heutige Volksoper eröffnet.

Im Haus der Schuhfabrik wurde Karl auch geboren, da war die elterliche Wohnung, hier, in der Grünen Thorgasse auf Nummer 12, wuchs er auf. Das Gymnasium besuchte er in der Glasergasse. Als Karl zur Welt kam, waren bereits zwei Geschwister da. Elisabeth und Stefan –»Istvan« gerufen; dieser sollte dereinst die väterliche Manufaktur übernehmen. Elisabeth – die Eltern nannten sie »Erzsy« – und die kleine Nachzüglerin Käte waren dazu ausersehen, einmal »eine gute Partie zu machen«. Ja, und Karl, der Blitzgescheite, sollte als einziger studieren – Jus, wenn möglich. Seine Meinung über Rechtsanwälte brachte Karl Farkas viele Jahre später in einer Conférence zum Ausdruck:

Wenn ein Advokat einen Prozeß gewinnt, dann schreibt er seinem Klienten:»Ich teile Ihnen mit, daß *ich* Ihren Prozeß gewonnen habe.« Wenn er ihn verliert, dann schreibt er:»Teile Ihnen mit, daß *Sie* den Prozeß verloren haben ...«

Karl ist also kein Advokat geworden. Und nicht nur das. Der Älteste wollte auch die Fabrik nicht übernehmen, und wirklich »gute Partien«, wie es die Eltern wünschten, haben auch die Töchter nicht gemacht. Es ist überhaupt alles anders gekommen, in den folgenden Jahrzehnten, als sich das der angesehene jüdische Gremialrat Moriz Farkas erträumt hat. Aber die dreißiger Jahre, die Ermordung fast der gesamten Familie, hat der alte Herr gottlob nicht mehr erlebt.

Mit der damals üblichen Strenge wurden die beiden Söhne erzogen. Sie besuchten öffentliche Schulen, die sie durch Fußmärsche zu erreichen hatten. Vater Moriz zahlte ihnen das Geld für die Straßenbahn nicht. Die beiden Töchter hingegen erhielten im Elternhaus Privatunterricht.

Humorvoll muß Karl damals schon gewesen sein. In einem Brief an Farkas – Jahrzehnte später – schreibt Frau Käthe Treitinger aus Innsbruck, die in ihrer Jugend im Nebenhaus, Grüne Thorgasse Nr. 14, gewohnt hat: »Meine Eltern nahmen damals die Wohnung hauptsächlich wegen der beiden großen, schönen Gärten bei Nr. 12 und Nr. 14, die durch eine Mauer mit Durchgang getrennt und doch verbunden waren. Mein erster und nachhaltigster Eindruck waren dort Sie, Herr Farkas, damals noch ein schlanker, junger Mann, der umgeben von einer Corona junger Leute in eben diesem Garten sich öfter aufhielt und Witze erzählte. Verstanden habe ich wahrscheinlich nichts davon – ich bin um einige Jahre jünger als Sie –, aber ich habe mich schon damals unauffällig und dankbar unter Ihr Publikum gemischt und andächtig zugehört ...«

Aus der weitschichtigen Verwandtschaft ist besonders ein Angehöriger erwähnenswert: Karls Onkel Siegmund Salzmann, ein Cousin seiner Mutter, der unter dem Künstlernamen Felix Salten Berühmtheit erlangte. Salten – er stammte wie Moriz und Franziska Farkas geb. Lang aus Ungarn – ging als Schriftsteller und Burgtheaterkritiker in die Literaturgeschichte ein. Sein berühmtestes Werk ist die volkstümliche Tiergeschichte *Bambi*, das meistdiskutierte die Erzählung der *Josefine Mutzenbacher*, des österreichischen Pornografie-Klassikers schlechthin. Von dem allerdings nicht eindeutig erwiesen ist, ob er tatsächlich der Feder Saltens entstammt, da dieses Buch ohne Nennung eines Autors – erstmals im Jahre 1906 – erschienen ist.

Karl besucht also das Realgymnasium, um die Reife für das Jusstudium zu erlangen. Die Mathematik-, Geografie- und Lateinlehrer sind verzweifelt:»Der Bub hat ganz andere Sachen im Kopf.« Nur der Deutschprofessor kapituliert während einer Konferenz, nachdem er von den blendenden Aufsätzen und Redeübungen des jungen Farkas geschwärmt hat:»Von mir kann der bald nichts mehr lernen.«

Karl hat wirklich anderes im Kopf als Integral, marokkanische Flüsse und Akkusativ cum Infinitiv. Ihn reizt die deutsche Sprache, genauer: der Reim in der deutschen Sprache. Noch genauer: der junge Gymnasiast leidet unter einer»Krankheit«. Er kann im Alltagsleben kein Wort hören, ohne darauf einen Reim zu erfinden. Einfache Verse im althergebrachten Sinn sind seine Sache nicht. Herz/Schmerz, Freud/Leid, Lachen/Wachen, das ist ihm zu simpel. Die mehrsilbigen»Doppelreime« oder»reichen Reime«, wie die Germanisten sie nennen, faszinieren den jungen Mann. Tatsächlich sollte er auf diesem Gebiet später unerreichte Qualitäten erlangen. Die»reichen Reime« des jungen Karl:

Soll ich im Speisewagen
Zu speisen wagen?
Denn um zu reisen im Speisewagen
Gehört beim Speisen ein Reisemagen
Und von den Speisewagen-Wagenspeisen
Kriegt selbst der Reisemagen – Magenreißen ...

1909 ist ein wichtiges Jahr in Karls Leben. Eben sechzehn Jahre alt geworden, will er»hinaus«, will, daß nicht nur die Mitschüler und der Deutschprofessor von seinen literarischen Ambitionen erfahren. Sich an eine große Bühne zu wenden, scheint ihm jedoch verwegen.

So ging er eines Tages nach Schulschluß von der Glasergasse zu
Fuß in die Praterstraße, wo das damals renommierte Intime
Theater untergebracht war. Vorher besuchte er das gegenüberliegende Kaffeehaus, um mit
der Sitzkassierin ins Gespräch zu kommen. Der schlanke, aufge-
schossene Bursch mit dem vollen, blonden Haar drückte ihr ein
Sechserl in die Hand, um sie zu ersuchen: »Können S' bitte meine
Schultasche aufbewahren?« Wie er viele Jahre später in einem
Interview für das »Kleine Blatt« gestand, genierte er sich nämlich
vor den Künstlern des Intimen Theaters: »Einen Dichter mit
einer Schultasche unterm Arm hätte doch kein Mensch ernst
genommen.«

Ja, Karl wollte dem Theater sein erstes Theaterstück »verkaufen«.
Er ging also während einer Probenpause in die Garderobe von
Direktor Richter-Roland, dem künstlerischen Leiter der kleinen
Bühne, und knallte ihm selbstbewußt sein Erstlingswerk mit dem
Titel *Wenn Frauen wollen* auf den Schminktisch. Er werde es
wohlwollend prüfen, sagte der alte Komödiant gütig.

Als Karl am nächsten Tag – die Schulmappe hatte er wie gehabt
vis-à-vis im Kaffeehaus deponiert – wiederkam, wurde er bereits
als »Autor« empfangen. Das Stück war angenommen. Tatsächlich
hatte der Mittelschüler, von dem natürlich keiner in dem Musen-
tempel wissen durfte, daß er vormittags noch Naturgeschichte
und Physik büffelte, etwas Beachtliches abgeliefert. Etwas, das im
Wien der Jahrhundertwende und kurz vor dem Ende der Monarchie selten war. Humor, der nicht auf Kosten der Stotterer, der
Schielenden und Hinkenden, der körperlich und geistig Leiden-
den sowie der böhmischen Dienstboten ging. Der Gymnasiast
nahm in dem Stück ergiebigere Persönlichkeiten aufs Korn: Er
kritisierte die bereits anachronistischen Sittenrichter, indem er
sich über die Armseligkeit ihrer Prüderie lustig machte, er
rüttelte am Glanz und an der Selbstherrlichkeit der Könige,
indem er ihnen durch weise Hofnarren die Wahrheit ins Gesicht
sagte, er ließ manch Armen klug und manch Reichen zynisch und
überheblich sein. Karl Farkas war modern.

17

Dankbar griffen die alten Theaterhasen nach ihren neuen, ergiebigen Rollen, die plötzlich nicht mehr am Leben vorbeizugehen schienen. Das war wirklichkeitsnahe Dichtung, sie spielten von Farkas geschaffene Figuren, die sie vom einfachen Hanswurst und Kasperl zum Rebellen und Weisen erhoben. Ganz in der Nähe des Intimen Theaters, in der Leopoldstädter Taborstraße, waren die »Budapester« des von Karl Kraus mit Girardi verglichenen jüdischen Jargonkomikers Heinrich Eisenbach untergebracht. Eisenbach könnte als Vorläufer des Farkasschen Humors bezeichnet werden. Hier zwei kurze Ausschnitte aus Eisenbach-Conférencen in der »Budapester Orpheumsgesellschaft«:

Der alte Abeles schickt einen Sohn nach Paris in die Schule, damit er perfekt Französisch lerne. Nach einem Jahr schreibt er ihm: »Sprichst Du schon Französisch?«
Sein Sohn antwortet: »Französisch sprech ich nicht, aber die ganze Klass' jüdelt!«

Ein weiteres Eisenbach-Beispiel:

Der Kohn trifft den Maier und fragt ihn: »Wie geht's?«
Darauf sagt der: »Ich hab mer ä Bankhaus aufgemacht.«
Sagt der Kohn: »Mit was?«
»Nu«, antwortet der Maier, »mit'n Stemmeisen.«

Diese Conférencen könnten ebensogut vom jungen Farkas stammen (der in seinen Kabarettanfängen – im Gegensatz zu der Zeit als heute bekannter »Altmeister« – sehr zum Jiddeln neigte). Farkas ist dann in späteren Jahren übrigens mehrmals mit Eisenbach auf der Bühne gestanden.
Da waren also das Intime Theater und, gleich ums Eck, das »Orpheum«, die den Sechzehnjährigen prägten. Er sah die Darsteller, die seine Texte als Grundlage ihrer Kunst verwendeten, und überlegte, daß er in Zukunft nicht nur schreiben, sondern auch spielen wollte. Freilich: Stücke schreiben konnte er zu Hause (anstatt die Schulaufgaben zu erledigen), ohne daß die

18

Eltern es merkten. Aber das schauspielerische Mitwirken in abendlichen Theatervorstellungen ließ sich nicht verheimlichen. Also faßte er einen Entschluß. Karl trat an den strengen Vater heran und sagte:»Papa, ich will Schauspieler werden!«

Karl Farkas über den Schock, den er bei den bürgerlichen Eltern erregte, Jahre später in oben zitiertem Interview für das »Kleine Blatt«:»Hätte ich meine Füße mit den schmutzigen Schuhen auf den sorgfältig gedeckten Mittagstisch mit dem blütenweißen Tischtuch gelegt, so hätte dies kein größeres Entsetzen hervorrufen können. Schauspieler waren Komödianten, unberechenbare, mittellose, stets vom Zufall und der Laune des Glücks abhängige Leute.«

Es gab eine erregte Auseinandersetzung. Nie und nimmer, das wußte Karl jetzt, würde der Vater unter normalen Umständen seine Einwilligung geben. »Mein Sohn ein Schauspieler? Niemals!« hatte er geschrien. Karl zog sich auf sein Zimmer zurück, um, wie er sagte, »Schulaufgaben zu machen«. In Wirklichkeit arbeitete er bereits längst an seinem zweiten Einakter für die Volksbühne, er hieß *Die Herzogin von Lovingshire*.

Ja, unter »normalen Umständen« würde der Vater die Einwilligung niemals geben. Aber die Umstände waren alles andere als normal. Die Vorgeschichte: Auch Karls älterer Bruder Istvan wollte ausbrechen. Er hatte keine Lust, wie vom Vater buchstäblich befohlen, die Leitung der Schuhfabrik zu übernehmen. Er hatte ganz anderes im Sinn, auch er zeigte künstlerische Ambitionen, nur wollte er nicht wie Karl zum Theater, er verspürte vielmehr den inneren Drang, Maler zu werden. Auch er wandte sich also an den überstrengen Vater:»Papa, ich will nicht länger im Geschäft sein, ich möchte auf die Akademie der bildenden Künste gehen...«

Das war eine weitere Enttäuschung für den Vater, die noch viel größere: Istvan, der Erstgeborene, der die Tradition der angesehenen Firma fortführen sollte, auch er wollte sich von den von Geburt an vorgegebenen Familienrichtlinien abwenden.»Womit hab ich das verdient, gleich zwei mißratene Söhne«, tobte der

Gremialrat Moriz Farkas.»Niemals, das ist mein letztes, mein allerletztes Wort.«

Lautes Türknallen. Istvan wußte wie Karl, daß es in der autoritären Erziehung des Vaters kein Pardon gab. Was er bestimmte, hatte befolgt zu werden, auch wenn die beiden »Buben« bereits junge Männer waren.»In der Familie gab's keine Probleme, wenn das geschah, was *er* wollte«, hatte Karl Farkas einmal die Persönlichkeit seines Vaters definiert.

Istvan war viel sensibler als Karl, er konnte es nicht hinnehmen, ein besserer Schuster werden zu müssen, obwohl er zu Höherem berufen war, obwohl sein ganzer Lebenssinn, seine Leidenschaften nur in der Malerei lagen. Stefan »Istvan« Farkas nahm sich, keine zwanzig Jahre alt, das Leben. Er erhängte sich in seinem Zimmer der elterlichen Wohnung.

Es waren also keine »normalen Umstände« mehr. Vater, Mutter, die beiden Schwestern und Karl standen jahrelang unter einem schweren Schock. Der sinnlos erscheinende Tod eines Sohnes ist nicht zu verwinden.

Zudem mußte Karl nun fürchten, seine künstlerische Laufbahn erst recht an den Nagel hängen zu müssen, denn nun war er der einzige männliche Erbe der Familie; was lag also näher, als daß er Geschäftsführer des väterlichen Betriebes werden sollte.

Aber Moriz Farkas war durch die Katastrophe klüger geworden. Er sah nun, wohin seine übermäßige Strenge geführt hatte.»Mein Sohn, ich will dich zu nichts zwingen, mach deine Matura und werde dann, was du für richtig hältst.« Nur einen Wunsch hatte der Vater noch: Karl sollte die Zusatzprüfung der Handelsakademie absolvieren, um jederzeit in einen »anständigen Beruf« überwechseln zu können.

Inzwischen waren die ersten Kritiken der Farkas-Aufführungen am Intimen Theater erschienen. Seine *Herzogin von Lovingshire*, »eine in New York spielende Groteske, die eine aus Aristokraten und Hochstaplern gemischte Gesellschaft vorführt«, war gemeinsam mit drei Einaktern anderer Autoren gespielt worden. Publikum und Presse hatten sich, allerdings nur was den Farkas-Teil des Abends betraf, begeistert. So erkannte der Rezensent des »Deutschen Volksblattes« die neue Linie im Farkas-Boulevardstil: »Die gestrige Premiere der Praterbühne sei um des witzigen Aktes von Karl Farkas, *Die Herzogin von Lovingshire*, nicht als verlorener Abend betrachtet. Die übrigen drei zählen nicht mit... Die Farkas-Groteske hebt sich durch einen amüsanten Einfall und stellenweise fein facettierten Dialog von den anderen günstig ab.«

Solche Worte – und »Das interessante Blatt« lobte nicht weniger – gaben dem knapp Siebzehnjährigen Mut, weiterzuschreiben.

Noch während seiner Gymnasialzeit veröffentlichte Farkas Gedichte, seine »ersten Jugendsünden«, wie er sie später nannte, in den »Humoristischen Blättern«, in der »Bombe« und der »Wiener Karikatur«. Trotzdem hielt er sein Versprechen, das er dem Vater gegeben hatte.

Karl errang also im Jahre 1912, dem Gründungsjahr des später untrennbar mit seinem Namen verbundenen Kabaretts »Simplicissimus«, die allgemeine Reifeprüfung und einige Monate später jene der Handelsakademie auf dem Hamerlingplatz. Wo er auch Englisch und Französisch gelernt hatte, was ihm in den Jahren der Emigration noch sehr zugute kommen sollte. Denn – so conférierte er einmal auf der »Simpl«-Bühne:

Bei den heutigen Weltereignissen muß man jede Fremdsprache kennen – also zumindest die modernen Sprachen, nicht die alten. Latein und Griechisch dienen anderen Zwecken, das sind die Sprachen, in denen sich die Ärzte mit den Apothekern verständigen. Man nennt sie daher auch die – toten Sprachen.

Farkas wurde nach der Matura ordentlicher Hörer der Akademie für Musik und darstellende Kunst. Das Schulgeld dort bezahlte er bereits durch die Tantiemen seiner beiden ersten Stücke und von den Zeitungshonoraren.

Er war drauf und dran, Schauspieler zu werden. Zurück blieben ein gebrochenes Elternpaar und eine gutgehende Firma, die keiner haben wollte.

»Der Krieg bringt die Menschen um, damit sie einer besseren Zukunft entgegensehen«

Schauspielschüler und Soldat

Zu den berühmt gewordenen Studienkollegen des angehenden Schauspielers Karl Farkas zählen Elisabeth Bergner (die im »Jahrbuch der Akademie« noch als Elly Bergner aufscheint), Maria Eis, Fritz Kortner, Alma Seidler, Oskar Homolka sowie Cäcilie Lvovsky – täglicher Gast am Stammtisch von Karl Kraus – und Adrienne Gessner. Später, als Burgschauspielerin, erinnerte sich die Gessner an den jungen Farkas: »Seine einmalige Persönlichkeit war damals schon beeindruckend und ist uns allen aufgefallen. Neben der Persönlichkeit war die außergewöhnliche Begabung schnell zu erkennen. Auch der junge Farkas konnte nicht gerade als ›schöner Mann‹ bezeichnet werden. Trotzdem haben unsere Lehrer erkannt, daß aus ihm, auch in einem von Äußerlichkeiten so geprägten Beruf wie dem unseren, etwas ganz Besonderes werden könnte. Und sie haben sich nicht getäuscht.«

Über seine damaligen Ziele als Schauspieler sprach Farkas Jahre später, in einem seiner ersten Interviews – gegeben dem »Neuen Wiener Journal«: »Ich büffelte Franz Moor und Richard III. Mein Ideal war natürlich das Burgtheater, mein Abgott ist Kainz gewesen.«

Adrienne Gessner blieb ein Jahr länger an der Akademie als ihr Kollege. Denn junge Männer wurden jetzt für andere Aufgaben benötigt.

Am 28. Juni 1914 starben Österreichs Thronfolger Erzherzog Franz Ferdinand und seine Gattin Sophie durch die Revolverschüsse des bosnischen Studenten Gavrilo Princip in Sarajewo. Genau einen Monat später erfolgte die Kriegserklärung Österreich-Ungarns an Serbien.

Das Wort *Kriegserklärung* definierte der Kabarettist Karl Farkas dann etliche Jahre später so:

> Einen Krieg muß man nämlich *erklären*. Sonst versteht ihn keiner!

Auch der bei Kriegsausbruch noch keine einundzwanzig Jahre alte Jüngling hat ihn nicht verstanden. Begeisterter Patriot, der er war, meldete er sich aber sofort als Einjährig-Freiwilliger – eine Möglichkeit, die nur Maturanten zustand. Da sein Vater ungarischer Staatsbürger war und Karl noch nicht majorenn gewesen ist, wurde er dem vierten Honvéd-Infanterieregiment zugeteilt. Die Honvéds waren im Revolutionsjahr 1848 als ungarische Nationaltruppe gegründet worden. Ungarisch war auch die Dienst- und Kommandosprache.

Nachdem der russische Außenminister Sasonow in Petersburg erklärt hatte, daß»Rußland in keinem Fall aggressive Handlungen Österreichs gegen Serbien zulassen« würde, war vorherzusehen, daß die Kriegserklärung an den Zaren schnell folgen würde. Und nach Rußland wurde das vierte Honvéd-Infanterieregiment mit seinem Kadett-Aspiranten Farkas dann auch entsandt.

Nach anfänglichen Erfolgen Österreich-Ungarns wird die k. u. k. Armee vom Feind schnell zurückgedrängt – die Verhältnisse an der Ostfront haben sich innerhalb weniger Monate völlig verändert. Als die Russen am 22. März 1915 die im österreichischen Besitz befindliche Festung Przemyśl erobern – und damit das Tor nach Schlesien und in die ungarische Tiefebene öffnen –, verschiebt die mit der Monarchie verbündete deutsche Armee starke Truppenverbände aus dem Westen in Richtung Galizien. Einer der Aufträge lautet: Rückeroberung Przemyśls. Für Österreich-Ungarn kämpft unter anderem das Honvéd-Regiment Nr. 4 mit seinem Einjährig-Freiwilligen Karl Farkas.

Tatsächlich gelingt die Rückeroberung der Festung Przemyśl. Aber im Zuge der erbitterten Kämpfe gibt es Tausende Tote und Verwundete auf beiden Seiten. Auch der Kadett-Offizierstellvertreter Karl Farkas ist ein Opfer des Gemetzels. Mit einer Schußverletzung wird er in die Reichshaupt- und Residenzstadt überstellt. Hier landet er zunächst im »Vereinsspital Nr. 7 des Roten Kreuzes in Wien Währing«. Der sogenannte »Rentenakt« des Patienten Farkas liegt heute im Österreichischen Kriegsarchiv. Am 4. August 1915 diagnostizierte der leitende Arzt nach seiner Untersuchung: »Patient mit einer verheilten Schußwunde in der rechten Brustseite, ist anämisch (= blutarm), allgemein nervöse Schwäche, Zittern der Hände...«

Zwei Monate später wird Farkas, »da kein Grund weiterer Behandlung« vorliegt, an die »Rekonvaleszentensammelstelle Rotunde« weitergeleitet. Kaum genesen, nimmt er mit seinem Regiment bereits an den Isonzoschlachten teil.

Während Farkas also wieder im Schützengraben liegt, conferiert im Wiener Kabarett »Simplicissimus« der aus Brünn stammende Offizier Fritz Grünbaum, der es zwar ebenfalls zu militärischen Ehren, aber nicht gerade zu den höchsten gebracht hat. Worüber sich Grünbaum daselbst lustig macht:

General Grünbaum sicher kein Hohn is',
Napoleon war doch auch kein Adonis!
Und ob man aus Korsika oder aus Mähren –
Das kann doch die innere Kriegskunst nicht stören...

Bei Farkas sollte es noch einige Jahre dauern, ehe er mit den Mitteln des Kabarettisten über das Töten von Völkern sprechen sollte. Dann tat er es aber weise und pointiert:

Der Krieg zerstört das, was er zu beschützen vorgibt, und bringt die Menschen um, damit sie einer besseren Zukunft entgegensehen...

Am 3. November 1918 ist dieser Krieg endlich vorbei. Er hat zehn Millionen Menschenleben gefordert, mehr als doppelt so viele Soldaten und Zivilisten sind verwundet. Farkas rüstet, mit fünf Auszeichnungen versehen, als Leutnant der Reserve ab. Kaiser Franz Joseph war zwei Jahre zuvor verstorben, dessen Nachfolger, Kaiser Karl, hat abdanken müssen. Sein Leben lang bezeichnete sich Farkas – nicht ohne Stolz – als »alter Soldat«. Und blieb doch, nach all dem Unheil, das er gesehen und am eigenen Leib verspürt hatte, bedingungsloser Pazifist.

Fast fünfzig Jahre später, er hatte bereits einen weiteren Weltkrieg überlebt und war ein Liebling des Publikums geworden, gelang es Farkas, seinen obersten Kriegsherrn von damals, Seine Majestät, den Kaiser Franz Joseph, um eine Rechtfertigung zu bitten. In seinen Fernseh-*Bilanzen* wurde es Farkas nämlich zur Gewohnheit, Denkmäler zu interviewen. Also, Farkas spricht, anno 1964 mit Franz Joseph I. (dargestellt von Egon von Jordan):

FARKAS: Verzeihung, Majestät...

FRANZ JOSEPH: Was ist?

FARKAS: Verzeihen Sie, wenn ich es wage, Sie zu so vorgerückter Stunde noch zu belästigen... ich hatte ja schon die Ehre, lange vor Erfindung des Fernsehens, Majestät anläßlich des großen Wirbels zu dienen.

FRANZ JOSEPH: Großen Wirbels?

FARKAS: Ein gewisser Weltkrieg. Der Erste Weltkrieg. Erinnern sich Majestät nicht mehr? Damals, als wir mit flammender Begeisterung alles aufgeboten haben, um uns zugrunde zu richten. Denn sich selbst besiegen, ist der schönste Sieg!

FRANZ JOSEPH *(ironisch)*: Sehr verbunden. Das Kriegsende hab ich ja bedauerlicherweise nicht mehr erlebt. Wie ist denn der Weltkrieg ausgegangen?

FARKAS *(achselzuckend)*: Leider...

FRANZ JOSEPH: Verloren?

FARKAS *(nickt stumm)*

FRANZ JOSEPH: Ich hab es nicht gewollt!

FARKAS: Ich auch nicht, Majestät. Aber mich hat ja keiner gefragt.

FRANZ JOSEPH: Wär auch ein bißl zu umständlich gewesen, jeden einzelnen Untertanen diesbezüglich um seine Meinung zu fragen...

Es folgt ein längeres Geplänkel Franz Josephs mit Farkas, ehe sich der Kaiser resignierend von seinem einstigen Leutnant verabschiedet.

FRANZ JOSEPH: Von der Mitwelt enttäuscht, von der Nachwelt verkannt... und jetzt sogar vom Farkas interviewt. Mir bleibt auch nichts erspart!

»Ohne Geld ka Musi«

Lehr- und Wanderjahre

Die Monarchie war im Jahre 1918 begraben. Aber Adel, Bürgertum, Boheme und jüdischen Handel gab es noch. Und sie versuchten ihren Lebensstil in die neue Zeit zu transferieren. Österreich war Republik geworden – es nahm aber nur ungern davon Kenntnis. Die tschechische Metropole gehörte nicht mehr zu Österreich, doch las man dort immer noch das deutschsprachige »Prager Tagblatt«. Deutsche Konversation betrieb man vorläufig auch noch in Brünn, Reichenberg, Bunzlau, Trebitsch... Und in Olmütz. Die einstige Hauptstadt von Mähren besaß – wie die meisten anderen großen, mittleren und auch kleineren Städte damals – nach wie vor ein deutschsprachiges Theater. Dorthin wurde Karl Farkas engagiert. Hier sollte er zum ersten Mal in seinem Leben vor einem zahlenden Publikum auftreten. Von den rund zwanzigtausend Einwohnern war nach wie vor mehr als die Hälfte deutschsprachig.

Die Regionalpresse erkannte bald »die prägnante Spielkunst des Herrn Farkas«, und schon nach einer Saison wurde er an das größere Deutsche Theater in Mährisch-Ostrau geholt, wo er sowohl in Lustspielen als auch in Klassikern eingesetzt wurde. Über seinen Geßler in Schillers *Wilhelm Tell* urteilte die Zeitung »Deutsche Stimmen aus Mähren«: »Herr Farkas stattete seinen Geßler, dessen einförmige, unmotivierte Bösartigkeit für jeden modernen Schauspieler ein Problem ist, mit einem psychopathischen Zug aus, der vielleicht nicht in Schillers Absichten lag, sicher aber die Rolle für das moderne Publikum genießbarer und interessanter macht.«

27

Linz an der Donau war die nächste Station des jungen Karl Farkas. Die Direktion des Linzer Landestheaters war berühmt für ihre beispiellose Sparsamkeit. Aus verständlichen Gründen allerdings, denn das Land Oberösterreich kam nur für die Erhaltung des Gebäudes auf, Direktor Wrede mußte den Bühnenbetrieb also allein durch die Eintrittskarten finanzieren.

Und durch seine Sparsamkeit. Ältere Besucher des Landestheaters erinnern sich an einen denkwürdigen Operettenabend, der in die (Kuriositäten-)Geschichte des Linzer Theaters Eingang fand: Der Vorhang hob sich, doch anstatt daß aus dem Orchestergraben Musik erklang, war für das Publikum nur ein überdimensionales, handgemaltes Schild zu sehen: »Ohne Geld ka Musi« stand darauf. Sparmeister Wrede hatte sich am Nachmittag mit seinen Musikern nicht über die Gagen einigen können.

Charakterspieler Farkas war innerhalb weniger Monate zu einem beliebten Mitglied der Linzer Bühne geworden. In Heinrich von Kleists *Zerbrochenem Krug* spielte er den Dorfrichter Adam, und zwar, wie das Linzer »Tagblatt« festhielt, »in wohldurchdachter, bis ins Kleinste durchgearbeiteter Weise, die freilich von der herkömmlichen stark abweicht«.

»Eine der dankbarsten Rollen«, schreibt dasselbe Blatt nach der Premiere seines Franz Moor in Schillers *Räubern*, »an der sich alle großen Charakterdarsteller von Iffland bis Moissi versucht haben. Sie gab Herrn Farkas Gelegenheit, sein reiches Können, wurzelnd in angeborenem Theaterblut, in glänzender Weise zu zeigen.«

Paul Wrede erkannte bald, daß er mit Farkas einen besonderen »Fang« gemacht hatte. Der junge Schauspieler legte seinem Direktor Stücke vor, die von ihm selbst verfaßt worden waren – und Wrede brachte sie zur Aufführung. In der dem Landestheater angeschlossenen Kleinen Bühne gab man die Farkas-Komödie *Das ewige Dreieck*, ein Stück mit dem Untertitel »Drei lose Tagebücher einer schönen Frau«. Die Lokalpresse klassifizierte es als »leichte Ware dramatischer Kleinkunst, ein zierlicher Dialog, gepaart mit graziöser Erfindung, witzige Anekdoten –

dazu richtig gesetzte Pointen«. Dr. Ernst Koref, der Kritiker des »Tagblatts« und spätere Linzer Bürgermeister, vermerkte allerdings: »Herr Farkas ist uns als Schauspieler lieber denn als Autor.«

Innerhalb kürzester Zeit avancierte der Linzer Franz Moor zum Oberregisseur des Landestheaters. Und in dieser Funktion war er es auch, der sich an dem erwähnten Operettenabend auf die Bühne stellen mußte, um den verwunderten Zuschauern das »Ohne Geld ka Musi«-Plakat zu erklären. Oberregisseur Farkas versprach dem Publikum, »daß die Karten für den nächsten Tag ihre Gültigkeit behalten« würden, bis dahin hätte man sich mit dem Orchester finanziell geeinigt.

Anläßlich einer Goethe-Feier spielte Farkas den Mephistopheles in *Faust I*. Und wurde von der Presse ob seiner »diabolischen Ausstrahlung« gewürdigt. Wer konnte ahnen, daß dieser »Teufel« einmal *der* Humorist Österreichs sein würde?

Kein Mensch. Vor allem Farkas selbst nicht. Wie er später öfters gestand, waren ihm damals Komiker ein rotes Tuch. Und Kabarettisten gehörten überhaupt zur Gattung niederer Lebewesen.

Auch als Opernregisseur erregte Farkas in Linz Aufsehen. Besonders stolz war er auf seine Inszenierung der Oper *Die toten Augen* von Eugen d'Albert, dem *Tiefland*-Komponisten. Ein gewagtes Experiment in den ersten Jahren der jungen Republik, zumal die Linzer Inszenierung nur kurze Zeit nach der Uraufführung in Wien stattfand. Jedenfalls eine sensationelle Novität unter all den klassischen Opern. Wie etwa Wagners *Meistersinger, Lohengrin* und Verdis *Aida* – sämtliche ebenfalls in der Regie von Farkas. Gaststar in der Farkas-Inszenierung des *Evangelimann* war Richard Tauber.

Paul Wrede versuchte weiterhin zu knausern. Als Farkas wieder einmal Dekorationsstücke für ein neues Opernbühnenbild beantragte, »weil die alten schon nur mehr in Fetzen vom Schnürboden herunterhingen«, gab ihm sein Direktor den seltsamen Rat: »Ach was, laß das Orchester lauter spielen, dann merkt das Publikum nichts davon!«

Nach einer Saison des Durchwurstelns als Regie-Sparmeister hatte Farkas endlich genug. Sein Name war mittlerweile auch in die Hauptstadt des kleingewordenen Österreich gedrungen. Am 20. April 1921 meldet das Linzer »Tagblatt« in der Rubrik »Theaternachrichten«:

»Herr Karl Farkas, das beliebte und hochbegabte Mitglied unseres heurigen Schauspielensembles, dessen Darstellungs- und Regiekunst den Linzern in der heurigen Spielzeit manche schöne Stunde bereitet hat, wurde ab Herbst auf zwei Jahre unter sehr günstigen Bedingungen der Neuen Wiener Bühne verpflichtet. Wir beglückwünschen den jungen Künstler hierzu aufrichtigen Herzens, bedauern aber den Verlust, den wir selbst mit seinem Scheiden aus Linz erleiden.«

Farkas geht nach Wien. Wieder als Schauspieler und Regisseur.

»Vertrauensvoll in die Vergangenheit geblickt...«

Neue Wiener Bühne und Café Central

Die Neue Wiener Bühne in der Wasagasse stellte für Farkas insofern ein ideales Betätigungsfeld dar, als ihr Direktor Dr. Emil Geyer – selbst auch ein überaus angesehener Lustspielautor und Regisseur –, Experimenten gegenüber höchst aufgeschlossen war. Neben dem gewinnbringenden Boulevard gab es neue Inszenierungsformen, der aufkommende Expressionismus setzte sich durch, man legte Wert auf moderne Bühnengestaltung, und Geyer entdeckte Schauspieler, an denen »Burg«, Theater in der Josefstadt und Deutsches Volkstheater bis dahin vorbeigegangen waren. So traten hier erstmals für die Theatermetropole Albert Bassermann, Paul Wegener und Alexander Moissi auf. Als Farkas an das Theater kommt, steckt es in einer schweren Krise. Alles scheint sich gegen das Haus in der Wasagasse verschworen zu haben. Zuerst verläßt Elisabeth Bergner – mittlerweile bereits ein Wiener Theaterstar geworden – die Neue Wiener Bühne. Es hat »interne Konflikte« mit der Kollegenschaft gegeben, und durch ihr »sang- und klangloses Quittieren des Engagements« versucht die junge Schauspielerin offenbar »einen würdevollen Abgang ohne Skandal« zu schaffen, wie die »Neue Tageszeitung« sarkastisch meldet. Die Bergner kehrt Wien den Rücken und beginnt ihre Weltkarriere.

Noch ein bald Prominenter verläßt die Neue Wiener Bühne: G. W. Pabst, einer der Regisseure des Hauses, geht – auch er nicht ganz ohne Skandal. Er hat für das Theater Dietzenbachs *Kleine Sklavin*, eine Tragikomödie zum Thema Mädchenhandel, inszeniert. Und einem Premierenbericht der »Wiener Allgemeinen Zeitung«

zufolge, wurde im dritten Akt »gezischt, gepfiffen, getrampelt und Schluß! gerufen... So schwungvoll blüht in Wien der Mädchenhandel doch nicht...«, hieß es weiter.

G. W. Pabst verließ Wien, wandte sich dem noch ziemlich neuen Medium Film zu – und auch er wurde weltberühmt. Emil Geyer suchte einen Regienachfolger für Pabst und holte Karl Farkas aus Linz. Das neue Ensemblemitglied fand aber nicht nur die ganz spezifischen Probleme der Neuen Wiener Bühne vor – viel schlimmer noch war die allgemeine Theaterkrise in der österreichischen Hauptstadt.

Alle paar Monate wurde von den Behörden die sofortige »Schließung sämtlicher Theater, Konzerte, Kinos und Vergnügungslokale« verfügt. Die Hauptgründe: Einschränkung der öffentlichen Verkehrsmittel, Stromsperre, Kohlenmangel. Die Unterhaltungsstätten konnten nicht mehr beheizt werden. Österreich schien seinen »Schrumpfprozeß« – vom riesigen Reich zur winzigen Republik – nicht verkraften zu können. Keiner wagte es, optimistisch in die Zukunft zu blicken. »Die Zeiten, die jetzt kamen, waren unruhig«, schreibt Golo Mann in seiner *Deutschen Geschichte*, »der Weltkrieg hatte alte Ordnungen zerstört oder geschwächt; er hatte keine neuen geschaffen.« Oder – wie es später dann der Kabarettist Karl Farkas ausdrückte: »Wir Wiener blicken vertrauensvoll – in unsere Vergangenheit!«

Ja, an Vergangenheit hatte man einiges zu bieten – doch wie sollte es weitergehen? Mit diesem Staat – und für die Schauspieler: mit dem Theater. Mit Beginn der rapid wachsenden Inflation setzten gigantische Gagenforderungen der Künstler ein. Etliche Theater mußten zusperren, die Neue Wiener Bühne konnte gerade noch gehalten werden, da ihr Direktor Emil Geyer über ein beträchtliches Privatvermögen verfügte.

Farkas als Nachfolger von G. W. Pabst. Seinen ersten Wiener Einsatz feierte er aber nicht als Regisseur, sondern als Schauspieler. Zunächst ohne noch besonders aufzufallen.

Kein Wunder, denn bei seinem Debüt mußte er in dem Schauspiel *Die Zarin* von Melchior Lengyel und Ludwig Biro neben der hochberühmten Ida Roland bestehen –, und die Kritik konzentrierte sich voll und ganz auf die Person dieses Gaststars. Farkas wurde in den Rezensionen nicht einmal namentlich genannt, die »Wiener Allgemeine Zeitung« hielt nur fest, daß neben der Titelheldin Ida Roland »alle übrigen fest bei der Sache waren und dafür gesorgt haben, daß das Theater in der Wasagasse eine schöne Saisoneröffnung hatte«.

Erste Erwähnung fand der »Neue«, als man zwei Wochen später, aus Anlaß des Ablebens von Ludwig Thoma, dessen Komödie *Die Lokalbahn* als Nachtvorstellung gab. Farkas – wieder in einer kleinen Rolle – »assistierte mit sichtlichem Erfolg«.

Noch eine Namensnennung, die bezeugt, daß man das Talent Farkas' auch in Chargen früh erkannte: In dem Schauspiel *Die fremde Frau* von Alexandre Bisson spielte er – neben Maria Eis und Gustav Dießl und in der Regie seines Direktors Emil Geyer – die Rolle eines Kellners, was den Kritiker der »Wiener Allgemeinen Zeitung« immerhin zu der Bemerkung »in einer Episode fiel Herr Farkas auf« animierte.

Der unermüdliche Autor Karl Farkas schrieb nebenbei weiterhin seine Theaterstücke, die allerdings erst in späteren Jahren zur Aufführung gelangen sollten. Und saß tagsüber natürlich in der damaligen Hochburg der Literatur, dem Café Central in der Herrengasse. Farkas zählte nicht zu jenen Stammgästen, die Alfred Polgar »die Schaffenden« nennt, »denen nur im Central nichts einfällt, überall anderswo weit weniger«, er war vielmehr einer jener, die in demselben Essay als »Schreiber« apostrophiert werden, »die nirgendwo anders als im Central ihr Pensum zu erledigen imstande sind«. Er war also ein »Centralist« wie Adolf Loos, Karl Kraus, Anton Kuh, Peter Altenberg und Egon Friedell. Er war, wie Alfred Polgar, einer der Central-»Bewohner, die allein sein wollen, aber dazu Gesellschaft brauchen«.

»Wir Jungen durften ja nicht ganz in die Nähe dieser Berühmtheiten«, sagte Farkas einmal, »wir wagten uns aber dann doch an sie heran, um wenigstens in den Dunstkreis dieser Großen zu geraten.«

Über seine schöpferischen Nachmittage als finanzschwacher Schauspieler-Literat im »Central« erzählte Farkas: »Gleich nach dem Mittagessen kamen wir hin, haben unzählige Gläser Wasser und Zeitungen konsumiert, bis vier Uhr nachmittag saßen wir dort, und dann sagten wir noch zum Ober: ›Jean, reservieren Sie mir meinen Stuhl, ich geh nur rasch nach Hause einen Kaffee trinken.‹«

Aber weder als Literat noch als Schauspieler sollte er vorläufig entdeckt werden. Auch nicht, als er seine Inszenierungen leitete. Etwa aus Anlaß des vielbeachteten Paul-Wegener-Gastspiels mit Strindbergs *Totentanz* oder in Josef Armins Sketch *Der Wüstling*, in dem er nicht nur Regie führte, sondern auch mit seinem Vorbild Heinrich Eisenbach auf den Brettern der Neuen Wiener Bühne agierte. Noch stand Farkas im Schatten der großen alten Künstler dieser Zeit.

Das sollte sich bald ändern. Doch auf ganz andere Weise, als es sich Karl Farkas hätte träumen lassen.

»Glaubt mir, daß ich euch keinen Schmäh sag: Der beste Sänger ist der Slezak!«

Blitzdichter im »Simpl«

Die Inflation steuerte ihrem Höhepunkt entgegen. Zahlte man drei Jahre zuvor für hundert Schweizer Franken noch 567 Kronen, so waren es im Jahre 1922 bereits dreihundertsechzigtausend!

Und so erlebte Farkas diese Zeit. Er beschreibt sie mit seinen eigenen Worten: »Wir haben plötzlich über Nacht in Billionen und Trillionen gerechnet. Ein Gulasch kostete auf einmal eine halbe Million Kronen. Meine Gage an der Neuen Wiener Bühne betrug sechstausendachthundert – also ein halber Erdapfel. Sicherlich, in meinem Vertrag war eine Indexklausel enthalten: jener Prozentsatz, um den die Lebenshaltungskosten stiegen, sollte als Grundlage für die jeweilige Steigerung des Gehalts dienen. Aber die Gagen hinkten rettungslos nach, so schnell ist das mit der Geldentwertung gegangen. Es war lebensnotwendig geworden, etwas dazuzuverdienen... Meine Gage wurde mit jedem Tag größer und doch – kleiner! Als sie bei fünf Millionen hielt, mußte ich etwas tun, um nicht zu verhungern.«

Da sprang ihm eines Tages im »Wiener Tagblatt« folgendes Inserat ins Auge: »Das Wiener Cabaret Simplicissimus sucht Nachwuchskräfte.«

Kabarettisten zählten für ihn zwar zur »Gattung niederer Lebewesen« – aber in einer Zeit, da Doktoren nebenberuflich Schnee schaufeln mußten, da hatte auch ein Schauspieler seinen Stolz zu vergessen. Karl Farkas ging – widerwillig, aber hungrig – in die Wollzeile. Dorthin, wo sich seit neun Jahren der »Simpl« befand.

»Ich habe meinen einzigen blauen Anzug angezogen und mich bei Direktor Egon Dorn, dem Gründer und Besitzer des Kellerlokals, vorgestellt. Mehr als vierzig junge Mädchen, die singen und tanzen wollten, waren auf das Inserat hin gekommen. Und ich als einziger Mann. Ich habe immer schon improvisieren können – und zwar in Reimen. Bis dahin hatte ich davon aber nur in privaten Gesellschaften und unter Kollegen Gebrauch gemacht.«

Egon Dorn fragt den jungen Schauspieler: »Na, was können Sie denn?«

»Sagen Sie mir ein Thema, geben Sie mir die handelnden Personen, rufen Sie mir ein paar Sätze, Sprichworte, Zitate zu. Was Sie wollen, ich mach Ihnen ein Gedicht draus.«

Dem »Simpl«-Direktor gefällt die Idee, er ruft Farkas Worte zu – Ingredienzien, die dieser spontan zu einem heiteren Fünfminutengedicht verwendet. Es sind aber nicht bloß Reime um des Reimes willen, das ganze ergibt einen Sinn; Philosophie und Wehmut dringen durch und vermischen sich mit Aktualitäten.

»Berberitze«, ruft Dorn, »Karakorum, Maschansker, Pennsylvanien, Beludschistan . . .«

Das Stegreifgedicht kann heute nicht mehr rekonstruiert werden. Nur an zwei Reime erinnerte sich Farkas später noch:

Bei dem Maschansker
Bleibt kein Heller mir, kein anz'ger.

Und:

Selbst im kältesten Beludschistan
Kauft sich Kohn a Eis und belutscht es dann.

Dorn, ein aus Lübeck stammender Schauspieler, ist ob der Improvisationskunst des humorbegabten jungen Mannes perplex. »Das war ein nettes Gedicht«, sagt er, »aber werden Sie das immer können, jeden Abend?«

»Worauf Sie sich verlassen können, Herr Direktor«, versicherte ihn Farkas, »das Reimen ist mein Steckenpferd, das kann ich jederzeit und hab ich immer können. Schon aus dem Gymnasium wäre ich fast einmal hinausgeflogen, weil ich die Namen unserer Professoren dermaßen zusammenfügte, daß ein für sie nicht gerade schmeichelhaftes Gedicht entstand.«

»Sie sind engagiert!«

Die Gage war auf Anhieb zehnmal so hoch wie sein Theatergehalt. Unter »Verwendung« stand in Karl Farkas' erstem »Simpl«-Vertrag: »Blitzdichter«.

Damit war eine neuartige Kunstgattung geboren, und das sprach sich in Wien schnell herum. Der Krieg war vorbei, Frauen hatten ihre Männer und Söhne verloren, aufrechte Patrioten waren verkrüppelt oder ihrer Existenzgrundlage beraubt. Die Menschen wollten vergessen. Und da stellte sich einer auf die Bühne und schaffte es, das Publikum von seinen Alltagssorgen abzulenken. Mit harmlosen Reimen. »Rufen Sie mir etwas zu«, forderte er die Zuschauer auf. Besonders beliebt war es bald – und blieb es für Jahre –, wenn Farkas Reime auf die Namen populärer Persönlichkeiten fabrizierte. Da fragte er die Leute im Saal: »Wer soll der Held sein?« – und sie riefen ihm die Berühmtheiten ihrer Tage zu: Paula Wessely, Hans Moser, Leo Slezak, die Reichsgräfin Triangi ... je nachdem, wer gerade aktuell war.

Seine »Krankheit«, noch vom Gymnasium her, unmögliche Reime erfinden zu müssen, wurde jetzt zur Profession. Und das hörte sich dann so an:

Die Frau, der ich mein Interesse lieh,
Das ist die Paula Wessely.

Oder:

Er ist ein famoser,
Darsteller – der Moser.

Oder:

Glaubt, mir, daß ich euch keinen Schmäh sag:
Der beste Sänger ist der Slezak!

Oder:

Die Reichsgräfin Triangi
Ging stets mit blütenweiße Handschi...

Karl Farkas am »Simpl«. Dieses Kabarett schien für ihn – ohne daß er es vorerst selbst wahrhaben wollte – geradezu maßgeschneidert. Nicht zu groß – rund dreihundert Menschen fanden im Saal Platz. Die Atmosphäre verraucht und heimelig. Wer im Wiener Kabarettleben Rang und Namen hatte, war hier bereits aufgetreten. Während des Ersten Weltkriegs schon Fritz Grünbaum. Als dieser in die k. u. k. Armee eingezogen wurde, war Paul Morgan sein Conférence-Nachfolger. Weitere frühe Stars des Kellers auf der Wollzeile: Armin Berg, Hermann Leopoldi, Szöke Szakall, Roda Roda und Gisela Werbezirk. Hans Moser brachte seine Ordinationsszene, Egon Friedell seinen berühmten Goethe-Sketch, von dem Peter Altenberg sagte: »Das ganze Stück ist ein Schmarrn. Außerdem ist alles von mir!« Theatergrößen wie Raoul Aslan waren zeitweise als Gaststars unter Vertrag. Zu den musikalischen Begleitern zählten Robert Stolz und Ralph Benatzky.

Egon Dorn hatte das Lokal erworben und am 25. Oktober 1912 als »Biercabaret Simplicissimus« eröffnet. Wie die meisten vergleichbaren Etablissements in dieser Zeit war der »Simpl« ein reines Nummernkabarett. Ein Programmpunkt schloß übergangslos und ohne jegliches dramaturgisches Konzept an den anderen an. In den Worten Fritz Grünbaums war das Nummernkabarett »eine geistreiche Aneinanderreihung unzusammenhängender, Auge, Ohr und Vernunft beleidigender Szenen«.

Die Vortragenden brachten stets ihr eigenes Repertoire – entweder selbst verfaßt oder von einem Textdichter auf den Leib geschrieben. So reiste Armin Berg jahrzehntelang mit seinen »gesungenen Anekdoten« von einem Kabarett zum anderen. Otto Reutter hatte für ihn den »Überzieher« und den »Gewissenhaften Maurer« geschrieben, von Louis Taufstein stammten die Armin-Berg-Songs »Ich glaub, ich bin nicht ganz normal« und »Sparsam muß man sein«. Und der bullige Armin Berg sang all das mit derselben Leidenschaft, mit der er im »Simpl« conférierte:

Sie wollen wissen, wo ich angefangen hab? Also hören Sie zu: Am Burgtheater – nicht! Am Deutschen Volkstheater – auch nicht! Aber beim Reinhardt – scho gar nicht! Eines versteh ich nicht: Entweder hat mich der Reinhardt noch nicht gesehen, oder er muß mich vergessen haben. Sie fragen mich, wieso ich Schauspieler geworden bin? Ich hab einmal die Pawlowa tanzen geseh'n. Da hab ich mir gedacht: Tanzen kann ich nicht. Dann hab ich die Jeritza singen gehört. Da bin ich draufgekommen: Singen kann ich auch nicht. Aber dafür bin ich schön, und das ist doch alles, was man fürs Kabarett braucht. Kürzlich hab ich in einer Revue mitgewirkt, da hat man mich gefragt, ob sie gehen wird. Sie *muß* gehen, genauso wie dieses Programm im »Simpl«. Überlegen Sie sich: Wien hat zwei Millionen Einwohner. Wenn sich jeder unser Programm nur zehnmal anschaut, sind wir schon auf mindestens zehn Jahre ausverkauft...

Für Farkas war der »Simpl« sofort – wie man in Wien sagt – »a g'mahte Wies'n«. Nicht nur, weil er ein Unterhalter im besten Sinn des Wortes war. Neben Geist, Witz und darstellerischem Urtalent spielte ihm das Schicksal auch noch die nötige Portion Glück zu.

Denn bei seinem Einstand war die Stadt der Leichtlebigkeit wie ausgestorben – zumindest was die Komiker betraf. Berlin hatte die Elite der Wiener Kabarettisten und Klavierhumoristen entdeckt und zog sie – mit weit höheren Gagen – magisch an. Grünbaum und Morgan wirkten an der Spree; der Wiener Kurt Robitschek hatte dort das »Kabarett der Komiker« aufgemacht und Landsleute wie Paul Hörbiger, Hans Moser und Gisela Werbezirk unter Vertrag. Und Ralph Benatzky war mit seiner Ehefrau Josma Selim in Sachen Wienerlied auf Welttournee gegangen. In San Franzisko sagte sie den Beginn ihrer Vorstellungen genauso stereotyp an wie in Wien: »Text und Musik von Dr. Ralph Benatzky. Am Flügel der Komponist.« Diese Ansage war ihr derart in Fleisch und Blut übergegangen, daß sie sich am Telefon gemeldet haben soll: »Hier Josma Selim. Am Flügel der Komponist.«

Während andere für eine vergleichbare Karriere Jahre, oft sogar Jahrzehnte brauchten, hatte Farkas – weil alle Konkurrenten ausgeflogen waren – die »historische Chance«, über Nacht zum Lokalmatador des Wiener Kabaretts zu werden. Und er nützte sie. Die Wiener gingen in den »Simpl«, um die neuesten Farkas-Reime zu hören. Mit der Zeit reimte er nicht mehr nur auf Zuruf – er reimte einfach drauflos. Eine berühmt gewordene Farkas-Strophe:

Pflückt ein Mädel Ribisel,
Zwickt man sie ins Knie bissel.
Pflückt das Mädchen Orchideen,
Kriegt es häufig Storch-Ideen ...*

Den meisten Applaus erhielt er nach wie vor als »Blitzdichter«. Das Publikum machte es sich zum Sport, Farkas scheinbar un-reimbare Ausdrücke entgegenzuschleudern. Worte wie »Mensch« oder »Silber«. Kein Problem für Farkas:

Meine Tabatière aus Silber
Wird durch Patina gelb und gilber ...

Franz Stoß, der spätere Direktor des Theaters in der Josefstadt, erlebte bereits diese ersten Gehversuche des Blitzdichters Karl Farkas als junger Besucher des »Simpl«. Er erinnert sich: »Es war wirklich atemberaubend, ich war tief beeindruckt. Die Leute riefen ihm die dümmsten Sachen zu – und er machte daraus innerhalb von Sekunden, scheinbar ohne nachzudenken, ein sehr kluges Gedicht.«

Oder – wie es das »Neue Wiener Tagblatt« vom 3. Mai 1925 ausdrückte: »Autoren, die nur sich selbst abschreiben, sind heute selten. Farkas ist im Hauptberuf ›Blitzdichter‹. Aus ihm zugerufe-

---

* Siehe Anhang Seite 248

nem Stumpfsinn formt er Poesie. Andere machen es umgekehrt... Er ist Wortjongleur, Reimvirtuose, er schlitzt den Worten den Leib auf und schüttelt sie so lange, bis sie klingen und klingen.«

Ja, Farkas beherrschte auch die Kunst des Schüttelreims wie kaum ein zweiter. Und er verstand es von Anfang an, aktuelle Geschehnisse in seine Blitzdichtungen einzubauen. Als der in Genf beheimatete Völkerbund am 27. September 1922 den Sanierungsplan für Österreich genehmigte, »schüttelte« Farkas noch am selben Abend im »Simpl« den Unterschied zwischen »Frankfurtern« und »Wienern« genial aus dem Ärmel:

Die Frankfurter werden mit Senf garniert
Die Wiener werden in Genf saniert!

Natürlich gab's Kollegen vom Theater, die dem aufstrebenden »Wunder« Farkas mit Skepsis und Neid begegneten. Als der Operettenkomiker Oskar Sachs im »Griechenbeisl« gefragt wurde, wer denn der Herr mit der großen Nase da drüben am Künstlertisch sei, sagte er: »Das ist der Farkas, unser Blitzdichter.« Dann folgte der ätzende Nachsatz: »Weil – langsam kann er's nicht!«

Aber das Publikum jubelte ihm zu, wie er es am Theater nie erlebt hatte. Farkas war ein Schauspieler mit erfreulichen Erfolgen – im Kabarett jedoch, war er *die* Sensation. Trotzdem sagte er sich: »Ich bin am Theater engagiert, und ich werde es nie verlassen.« Seine Kabarettauftritte empfand er immer noch als Opfer, das er bringen mußte, um nicht zu verhungern.

Farkas spielte also an der Neuen Wiener Bühne und im »Simpl«. Technisch war dies insofern möglich, als das Kabarett in der Zwischenkriegszeit erst um neun Uhr abends mit seinem Programm startete. Die Theater fingen hingegen meist bereits um halb acht Uhr an. War die Vorstellung also gegen zehn zu Ende, raste Farkas zu seinem »Simpl«-Auftritt im zweiten Teil des Programms.

Bald sollte sich herausstellen, daß auch das Doppelengagement

Bühne – Kabarett finanziell nicht ausreiche. Die Zeiten waren so miserabel, daß Farkas (für ein Wortspiel auf der »Simpl«-Bühne) beschloß, den Urlaub zu streichen, und zu Hause zu bleiben:

> In Wien geht man so gern auf Urlaub
> Genießt die Wälder im Naturlaub
> Doch muß man, ist die Kasse klein,
> Sich in Gastein
> Kastei'n.
> Und statt ans Mittelmeer zu fahren,
> Hat man keine Mittel mehr zu fahren ...

Die Gage, heute ausbezahlt, war morgen ein Haufen wertlosen Papiers. Die Schauspieler schleppten allabendlich einen Koffer voll Geld heim – und ließen sich am nächsten Tag dafür die Schuhe doppeln.

Neue, zusätzliche Einnahmequellen mußten her. Farkas hatte sich schnell einen Namen gemacht – mehr im Kabarett als am Theater. Aber wo man spielte, sollte jetzt nicht zählen. Nur eines war wichtig: überleben. Also mußte er arbeiten, arbeiten, arbeiten.

Das fiel ihm nicht schwer, denn Farkas war ein begeisterter Arbeiter – und er kam mit wenig Schlaf aus. An Angeboten war kein Mangel. Hier der »Stundenplan« eines durchschnittlichen Arbeitstages von Karl Farkas in den zwanziger Jahren.

Vormittags: Proben an der Neuen Wiener Bühne. Während des Mittagessens: Bearbeitung einer Inszenierung für die Kammerspiele. Nachmittags: Konzipierung eines neuen Stücks im Café Central. 19 Uhr 30: Auftritt in der »Komödie« als Charakterdarsteller. Nach Ende des ersten Akts: Neue Wiener Bühne, wo er glücklicherweise nur eine kleine Rolle darzustellen hat (sonst käme der gesamte Zeitplan in Unordnung). Dann: Blitzdichten im »Simpl«, Gastauftritt im Kabarett »L.W.«, das den Komikern Hermann Leopoldi und Fritz Wiesenthal gehörte. Schnell noch eine Szene im »Apollo« – und dann hinüber zu einem Solo ins Café Lurion. Arbeitsschluß: drei Uhr früh. »So sportlich wie damals war ich nie mehr wieder«, sagte Farkas, »wie der Nurmi lief ich von Theater zu Theater.« Er ist erschöpft, aber überglücklich. Der Applaus ist für ihn ein Aufputschmittel.

Bei diesem Terminkalender konnte auch folgende Episode passieren, von der er erzählte: »Silvester gab's bis zu vierzehn Auftritte. Und das in einer Nacht! Man hetzte von einem Kaffeehaus zum anderen. Fünfter Auftritt, sechster Auftritt. Beim siebenten werde ich schon erwartet. Der Beifall ist mehr als zufriedenstellend, man vergißt, auf die Uhr zu schauen, die Conférence wird immer länger. Plötzlich ist's viel zu spät, ich hab überzogen, muß zum nächsten Auftritt. Ich gehe zum Besitzer des Lokals, um mein Honorar abzuholen. Der strahlt und schüttelt mir beide Hände: ›Das war ganz reizend von Ihnen, mein lieber, guter Herr Farkas!‹

›Gar nicht der Rede wert. Man tut, was man kann.‹ Es ist spät, ich dränge zum Aufbruch. ›Dürfte ich ... äh, Sie verstehen, um meine Gage ...‹

›Gage?‹ lacht der Cafétier, ›Herr Farkas, ich hab Sie gar nicht engagiert. Ihr Auftritt hätte im Kaffeehaus nebenan sein sollen. Aber es war sehr nett von Ihnen, Herr Farkas, wirklich ganz reizend ...‹«

»Herr Farkas, Sie sind ein widerlicher Mensch!«

Hochzeit mit Anny Hán

Im Juni 1922 legte Emil Geyer die Geschäftsführung der Neuen Wiener Bühne nieder. Sein Nachfolger ist Dr. Eugen Robert, ein gewiegter Theatermann, verheiratet mit Ida Roland, Gründer des Berliner Hebbeltheaters und der Münchner Kammerspiele. Die Neue Wiener Bühne wird damit ein Teil des Bühnenkonzerns Robert, dem in Wien auch das Renaissancetheater und die Kammerspiele angehören. Der Aufgabenbereich des jungen Farkas kann also ausgeweitet werden, er braucht nicht mehr um Urlaub anzusuchen, wenn er in einer der anderen Bühnen des Verbandes Regie führen oder mitspielen will.

Seine nächste Regietätigkeit führt ihn an die Kammerspiele in der Rotenturmstraße. Die Komödie heißt *Konsul Max* und stammt von den Boulevardautoren Armin Friedmann und Fritz Lunzer. Heinrich Eisenbach ist Stargast der im amerikanischen Filmmilieu spielenden Groteske. Eisenbach agiert als jüdischer Hausierer, dessen affenähnliche Häßlichkeit von einem findigen Filmproduzenten erkannt wird. Der bettelarme Mann wird in dem Stück zum Filmstar. Maria Eis spielt eine Filmdiva, Hans Moser ein Faktotum. Als »Filmrequisiteurin« tritt eine junge, bildhübsche Schauspielerin namens Anny Hán auf. Sie sollte in Zukunft die wesentliche Rolle im Leben von Karl Farkas spielen. Zunächst gab's allerdings Krach.

Anny Hán sah – neben der Tätigkeit an den Kammerspielen – ihre große Chance gekommen: Der Film rief. Der Produzent der Sascha-Film hatte sie – neben Paul Wegener und Maria Eis – in

Strindbergs *Vater* am Renaissancetheater gesehen. Die sechsundzwanzigjährige Naive hatte die fünfzehnjährige Tochter der beiden gespielt und war dem Filmproduzenten angenehm aufgefallen. Nun drehte die »Sascha« einen Kurz-Stummfilm mit dem eigenartigen Titel *Das Plappergirl* – und Anny Hán wurde für die Titelrolle ausgewählt.

Die Innenaufnahmen waren bereits »im Kasten«, jetzt wartete man auf Schönwetter, um auch außen drehen zu können. Endlich war es soweit. Regisseur Arthur Gottlein setzte einen Drehtermin an – ausgerechnet an jenem Vormittag, da die erste Arrangierprobe für *Konsul Max* an den Kammerspielen angesetzt war. Mit Farkas als Regisseur.

Anny Hán, die spätere Frau Farkas, erzählte, wie es zur ersten Begegnung kam: »Ich war also beim Roland-Theaterverband als Naive beschäftigt, das waren die Mädchen, die errötet sind, wenn man ihnen auf der Bühne einen Heiratsantrag machte. Da kam das Angebot von der ›Sascha‹, eine Hauptrolle zu spielen. Im Kino wurde damals vor dem Hauptfilm immer ein kleines Lustspiel gezeigt – und so ein Film war *Das Plappergirl*. Die Gagen am Theater waren nicht hoch, der Film zahlte wesentlich besser – also habe ich begeistert angenommen. Als endlich die Sonne schien, sollte ich zum Außendrehtermin. Ich hab zu den Leuten von der ›Sascha‹ gesagt, daß ich zuerst mit dem Regisseur in den Kammerspielen reden müßte, ›ein gewisser Farkas, den ich nicht kenne. Hoffentlich gibt er mich frei.‹«

Anny Hán wandte sich also an Karl Farkas. Der lehnte brüsk ab. »Nein, nein, es ist Arrangierprobe, die ist sehr wichtig, ich kann Sie morgen keinesfalls weglassen.«

»Ich bitte Sie«, erwiderte Fräulein Hán, »was heißt schon Arrangierprobe, da werd ich doch nicht unbedingt gebraucht, ich werde alles nachholen. Herr Farkas, geben Sie mir frei, nur den einen Vormittag…«

»Nein, nein, nein«, der Regisseur blieb hart, »ausgeschlossen, nichts zu machen.«

Anny Hán, ein Mädchen aus gutem Haus, ansonsten sittsam und

artig, war zornig und schnauzte ihn an: »Herr Farkas, Sie sind ein widerlicher Mensch!«

Als am selben Abend noch *Plappergirl*-Regisseur Gottlein bei Kollege Farkas anrief, erhielt auch er einen abschlägigen Bescheid. Am nächsten Tag war dann die Arrangierprobe.

Anny Hán: »Die ›Sascha‹ mußte für mich ein Double engagieren, die ganze Sache war höchst unangenehm und ein großer finanzieller Verlust, da mir die kommenden Drehtage natürlich nicht bezahlt wurden. Ich war brav bei jeder Farkas-Probe dabei, habe natürlich immer ein böses Gesicht gemacht, sozusagen passive Resistenz, habe den Farkas geschnitten und immer nur schief angeschaut. Das muß ihm irgendwie imponiert haben, daß eine ganz Junge sich das traut. Und so ist er eines Abends, die Proben waren schon vorbei, nach der Vorstellung zu mir gekommen, um sich mit mir auszusöhnen.«

»Schau'n Sie«, versuchte Farkas zu erklären, »ich hab Sie damals wirklich gebraucht.« Er fand auch Worte der Entschuldigung und kam von nun an jeden Abend – obwohl seine Arbeit als Regisseur an und für sich beendet war – in die Garderobe von Anny Hán.

»Er hat nachgeschaut, ob alles in Ordnung ist und mir immer eine kleine Aufmerksamkeit mitgebracht. Zuckerln oder Mandarinen.«

Anny Hán war damals scheinbar ähnlich naiv wie die Rollen, die sie zu verkörpern hatte. Denn im Kollegenkreis sagte sie mehrmals: »Ich weiß nicht, was der Farkas von mir will, er verfolgt mich ja regelrecht.«

Kollege Eisenbach lächelte wissend und meinte: »Der is a lieber Kerl, der Farkas!«

Es vergingen ungefähr vier Wochen, Farkas kam immer wieder mit Zuckerln und Mandarinen auf Besuch, lud die junge Schauspielerin auch mehrmals ins Kaffeehaus ein. Man wurde per du. Eines Abends gab man im Carltheater eine vielbeachtete Nachtvorstellung, alle Starkomiker Wiens sollten auftreten, Anny fragte Karl, ob er ihr nicht eine Karte besorgen könne.

Am Tag vor dem Ereignis kam Farkas wieder mit Mandarinen in

die Kammerspiele – aber mit dem Bedauern: »Ich hab für morgen leider keine Karte mehr bekommen, es ist schon ausverkauft.«

Anny in der Erinnerung: »Ich war bitterbös. ›Du hast dich gar nicht richtig dafür interessiert.‹ Dann hab ich mich umgedreht und wollte ihn nie wieder sehen. ›Ich möchte von dir nichts mehr wissen‹, habe ich gesagt. Noja, wie man halt so ist in jungen Jahren.«

Anny Hán hatte damals eine Freundin, die gemeinsam mit ihrer Mutter am Rudolf-von-Alt-Platz im dritten Bezirk wohnte. Die junge Schauspielerin war dort öfters zu Besuch und hatte mit den beiden Damen auch immer wieder von Farkas gesprochen. Als sie jetzt erzählte, daß es »aus« sei, redeten Mutter und Tochter der Freundin ins Gewissen: »Das ist so ein großer Künstler«, sagten sie, »ein wunderbarer Blitzdichter, ein Mann mit Zukunft und ein guter Mensch. Eine hervorragende Partie sozusagen.«

Aber das alles interessierte Anny Hán nicht. Als wenige Wochen später die erste Wut verflogen war, wurde sie von der Freundin aus dem dritten Bezirk zu einem Bunten Abend im Löwenkino eingeladen. Die Attraktion war: Karl Farkas.

»Der Farkas kommt also auf die Bühne und sagt: ›Meine Herrschaften, wollen Sie mir was zurufen?‹ Die Leute haben ihm wie immer einzelne Worte, Zitate und irgendwelche Sätze entgegengeschrien, dann hat er gefragt: ›Wer soll der Held sein?‹, da wurden Namen genannt. Da fiel mir ein: Ich werde ihm auch etwas zurufen.«

Die junge Schauspielerin rief ihm einen Satz ihrer Rolle aus *Konsul Max* zu. Da vergaß Farkas, daß er vor vielen Menschen auf der Bühne stand und fragte ins Dunkel des Kinosaals hinein: »Anny, wo bist du?«

»Ich habe mich nicht gerührt, die Umsitzenden haben mich aber alle angeschaut, denn sie haben ja gewußt, daß ich den Satz gesprochen habe. Der Farkas macht also sein Gedicht weiter, und am Schluß kommt er herunter von der Bühne und sucht und sucht. Bis er mich gefunden hat.«

»Du bist da?« fragte er verlegen. »Können wir uns nicht wiedersehen?«

»Noja, dann komm halt«, antwortete Anny Hán.

»Zwei Tage später haben wir uns getroffen. Das war der 10. Jänner 1923, ich weiß das noch ganz genau, weil wir den Tag dann
später immer gefeiert haben. Wir gingen zur Jause ins Café
Heinrichshof vis-à-vis der Oper. Und von dem Tag an waren wir
unzertrennlich.«

Anna Bozena Hán war am 13. Jänner 1896 in der böhmischen
Wallfahrtsgemeinde Březnice in der Nähe von Budweis zur Welt
gekommen. In ihrem Heimatort steht übrigens das Schloß des
Grafen Kolowrat – des »Sascha«-Produzenten des verhängnisvol-
len *Plappergirls*. Annys Eltern trugen ursprünglich noch den
deutschen Namen »Hahn«, mußten ihn aber der tschechischen
Schreibweise angleichen. Ihr Vater war Tischler und Baumeister,
neben der einzigen Tochter hatte er auch noch drei Söhne.

Eines Tages war Annys Tante – die in Wien lebende Schwester
ihrer Mutter – auf Besuch nach Březnice gekommen. Anny,
damals ganze neun Jahre alt, war in böhmischer Sprache erzogen
worden, beherrschte aber durch den Schulunterricht auch
Deutsch. Das Mädchen wollte sofort und unbedingt mit der Tante
nach Wien fahren. Die Eltern erlaubten Anny zunächst, einen Teil
der großen Schulferien in der k. u. k. Haupt- und Residenzstadt zu
verbringen. »Und wie wir – es war im Sommer des Jahres 1905 –
am Franz-Josephs-Bahnhof angekommen sind, hat die Tante
gleich einen Fiaker genommen, wir sind durch die Porzellangasse gefahren, ich hab die großen, schönen Häuser gesehen und
unaufhörlich geschrien: ›Schön, schön, schön!‹«

Tante Maria und Onkel Alexander Szaivert waren kinderlos und
hatten sich sofort in das blonde Mädchen verliebt. Anny wurde
verhätschelt und verwöhnt und wollte »nie wieder nach Hause«.
Nach vierzehn Tagen ging's aber doch heim nach Březnice.
Onkel und Tante schrieben oft und oft: »Gebt uns doch die Anny
nach Wien«, und auch die Anny schwärmte unaufhörlich von der
Kaiserstadt. Zwei Jahre später gaben die gutmütigen Eltern nach,

der Jungmädchentraum wurde wie durch ein Wunder wahr. Anny übersiedelte nach Wien.

»Der Onkel hatte eine sehr gute Position bei einem großen Parfümeriekonzern, und wir gingen andauernd ins Theater. Ich hatte sogar einen Stammplatz im Bürgertheater – zweiter Rang, erste Reihe – und dort versäumte ich keine Nachmittagsvorstellung. Man gab gute Stücke mit erstklassigen Schauspielern. Fallweise besuchte ich auch das Deutsche Volkstheater und die Hofoper. Einmal war ich Zeuge einer denkwürdigen *Lohengrin*-Aufführung mit Erik Schmedes in der Titelrolle. Es war alles wunderbar – nur der Chor war nicht da. Er hatte an diesem Abend gestreikt ...«

Anny Hán absolvierte die Handelsschule und hätte im Anschluß daran zum Onkel in die Firma kommen sollen. Doch davon wollte sie nichts wissen. »Für mich gab's nur eines: ›Zum Theater!‹ Die Tante hat also meiner Mutter einen Brief geschrieben. Als Antwort kam postwendend zurück: ›Keinesfalls! Wir wollen kein Kind, für das wir uns schämen müssen.‹«

Die Eltern aus der böhmischen Kleinstadt kannten nur die umherziehenden Theatergruppen, und wenn die kamen, rief man auch in Březnice: »Hängt's die Wäsch' weg, die Schauspieler kommen.«

»Daß es in mittleren und großen Städten feste Theater gab, haben meine Eltern gar nicht gewußt.« Monatelang gingen die Briefe zwischen Wien und Březnice hin und her – bis die Mutter endlich wieder einmal nachgab.

Anny Hán besuchte die Arnau'sche Theaterschule – geführt von Ernst Wieland, dem Vater des später bekannten Schauspielers Guido Wieland. Nach einem Jahr schon wollte sie Josef Jarno an die »Josefstadt« holen, aber Anny war vernünftig genug, die Schule abzuschließen. »Man weiß ja, was für ein Mädchenjäger der Jarno war.« Nach Engagements in Kattowitz, Brünn und Reichenberg kam sie an die Wiener Kammerspiele.

Am 17. Juli 1924 heirateten Anny und Karl Farkas standesamtlich in Wien.

Karl Farkas erinnerte sich viele Jahre danach, daß auch seine Trauung kabarettreif war. Die Termine am Standesamt waren genau eingeteilt: zuerst eine Hochzeit Pollitzer, dann die Hochzeit Farkas.

Die Pollitzer-Braut war da. Nur Pollitzer fehlte. Die Zeit verging. Pollitzer kam nicht. Er hatte es sich vermutlich im letzten Moment anders überlegt.

Anny Hán und Karl Farkas warteten geduldig, doch als der Termin um mehr als zwanzig Minuten »überfällig« war, klopfte Farkas schüchtern an und betrat den Trauungssaal. Zwei Standesbeamte stürzten sich auf ihn und riefen erleichtert: »Da ist ja der Herr Pollitzer!«

Fast hätte er die falsche Braut ehelichen müssen. Doch er bekam dann die richtige.

Den Namen Pollitzer hat Farkas aber nie vergessen. Die Geschichte amüsierte ihn dermaßen, daß er einen Herrn Pollitzer immer wieder in Stücken und Sketchen vorkommen ließ. Erstmals in seiner Revue *Die Reise um die Halbwelt in 120 Minuten*, 1925 an den Kammerspielen uraufgeführt. Da spielte er den Pollitzer auch selber.

Zurück zur Hochzeit. Sie war streng geheim. Anwesend waren nur die Trauzeugen Benno Smytt – ein Kollege von der Neuen Wiener Bühne – und dessen Frau. Sonst sollte kein Mensch etwas von der Heirat wissen. Und zwar aus folgendem Grund: Karls Mutter war kurz bevor er Anny kennengelernt hatte – erst achtundfünfzig Jahre alt – verstorben. Die beiden Farkas-Schwestern Elisabeth und Käte hatten inzwischen selbst geheiratet. Obwohl Karl, mittlerweile dreißigjährig, bereits ein angesehener und bekannter Autor, Kabarettist, Regisseur und Schauspieler war, lebte er nach wie vor gemeinsam mit dem strengen Vater in der Grünen Thorgasse. Er grüßte immer noch »Küß die Hand, Papa«. Eine Verehelichung seines einzigen Sohnes mit einer Nichtjüdin hätte der Herr Gremialrat, wie man vermutete, nur höchst ungern gesehen.

Und auch Anny Hán hatte Hemmungen vor ihrer Verwandtschaft,

»obwohl ich sehr judenfreundlich erzogen worden war. Aber wir wollten sie einfach alle vor vollendete Tatsachen stellen.«

Nach der Hochzeit fuhren das Brautpaar und die Trauzeugen in ein Ausflugsrestaurant in Ober St. Veit zum Mittagessen. Frau Farkas erinnerte sich: »Ich war schon eine Woche vor meiner Hochzeit dermaßen aufgeregt gewesen, daß ich die ganze Zeit keinen Bissen heruntergebracht habe. Jetzt war alles vorbei – und da habe ich gleich zwei Backhendln gegessen!« Scherzhafter Kommentar des jungen Ehemanns: »Zwei Backhendln – das fängt ja gut an.«

Während des Hochzeitsmahles kam ein Kolporteur der Mittagszeitung »Die Stunde«. Karl Farkas kaufte ein Exemplar und schlug gewohnheitsgemäß die Seite, auf der die neuesten Theaterereignisse gemeldet wurden, auf. Und da stand als »neuestes Theaterereignis«: »Karl Farkas verheiratet. Heute vormittag ehelichte der bekannte Blitzdichter Karl Farkas seine Kollegin Anny Hán von den Kammerspielen ...«

Gremialrat Moriz Farkas war gerade auf Kur in Marienbad. Später erzählte er dann seiner Schwiegertochter die Geschichte, die er dort erlebte: »Ich sitz auf der Terrasse des Café Egerländer und die Leut rufen mir von der anderen Straßenseite zu: ›Gratuliere, gratuliere!‹ Ich hab mich gefreut, schließlich war ich schon recht stolz drauf, so einen bekannten Sohn zu haben, dazu dürften die mir gratulieren. Da kommt wieder einer: ›Gratuliere!‹ und dann der Kellner: ›Gratuliere, Herr Gremialrat!‹ Endlich frage ich: ›Warum gratulieren mir denn heute alle Leut?‹

›Na, haben Sie's noch net g'wußt?‹ Und dann knallte er mir ›Die Stunde‹ mit der Hochzeitsmeldung auf den Tisch. So hab's auch ich erfahren.«

Die Flitterwochen führten das Brautpaar nach Venedig. Unter dem Eindruck der weltberühmten Kulisse fand Farkas – für spätere Kabarettconférencen – heraus:

Venedig braucht keinen Bürgermeister.
Venedig braucht einen Regisseur.

Karl Farkas über die Institution der Ehe:

Ehe ist, wenn ein bis dahin vollkommen normaler Mann das unbezwingliche Bedürfnis in sich fühlt, für eine ihm bis zu diesem Zeitpunkt wildfremde Frau auf Lebzeiten Kost, Quartier, Kleider und Wäsche gratis beizustellen. Wofür die Gattin ihrerseits sich wiederum verpflichtet, getreulich all jene Sorgen mit ihm zu teilen – die er nie haben würde, wenn er sie nicht geheiratet hätte.

Das sagte er auf der Kabarettbühne. Er selbst war ein begeisterter Ehemann.

»Weil Brünn überhaupt keinen Krieg führen kann«

Fritz Grünbaum und die Doppelconférence

Karl Farkas hatte also eine Familie gegründet. Eine Rechnung der »Möbelfabrik Sigm. Oppenheim, Wien II. Praterstraße 30« vom 3. November 1924 – gefunden in seinem Nachlaß – zeigt, daß er jetzt Geld brauchte. Zwei der fünf Zimmer in Vaters Wohnung hatten Anny und Karl zunächst für sich eingerichtet. »Schlafzimmer, Hartholz, elfenbeinig lackiert, matt geschliffen« sowie »Herrenzimmer, Nußholz poliert, innen Mahagoni, gewichst« kostete stolze 53 Millionen Kronen.*

Karl Farkas mußte mehr denn je verdienen. Noch dazu bestand er darauf, daß seine Frau sofort ihren Beruf aufgäbe. »Er war ja so eifersüchtig«, erinnerte sich Anny Farkas, »und eine Naive steht doch immer mit einem Partner – in den sie sich zu verlieben hat – auf der Bühne. Und den muß sie dann noch – laut Rolle – küssen. Ich habe mich noch von den Kammerspielen her erinnert, wie das gewesen ist, vor allem wenn's ein hübscher Bursch war. Da ist der Karl im Zuschauerraum gestanden und hat sich darüber aufgeregt. Ich hab mir aber auch gedacht: Einer am Theater – das genügt! Ich wußte es von den Kollegen: Der eine ist der Große – und der andere... Ich hätte seine Stufe nie erreichen können, obwohl ich anfangs schöne Erfolge hatte. Ich bin dann nicht einmal mehr zu seinen Proben gegangen, um ihn zu beobachten. Man hat mich dort meist gar nicht gekannt. Gott sei Dank, ich

---

* Entsprechen lt. Berechnung des Statistischen Zentralamts Wien im Jahre 1993 ca. 125 000 Schilling.

habe ja das oft bei Ehepaaren erlebt: Da kam die Frau des Direktors zur Probe, alle waren viel nervöser als sonst. Und hat sie dann auch noch mitgespielt, wurde schon wieder getuschelt: ›Typisch, sie *muß* natürlich dabei sein...‹ Ich hab mich um den Haushalt gekümmert – und das war auch besser so.«

Karl Farkas mußte jetzt für zwei arbeiten. Er hatte mehr Auftritte denn je. Die Wiener Kabaretts waren immer mehr zu seinem Hauptbetätigungsfeld geworden. Vor allem seit er am »Simpl« den – aus Berlin zurückkehrenden – Mann kennengelernt hatte, der bald zu seinem kongenialen Partner werden sollte. Fritz Grünbaum, der lachende Philosoph unter Wiens Spaßmachern.

Grünbaum, dreizehn Jahre älter als Farkas, war 1880 in Brünn zur Welt gekommen, hatte dort das Gymnasium besucht und in Wien Jus studiert. Während des Ersten Weltkriegs wurde er als Kabarettist bekannt und beliebt.

Er gilt als der eigentliche Schöpfer der deutschsprachigen Conférence. Während sich seine Vorgänger meist mit der bloßen, recht trockenen Ansage des kommenden Programms begnügt hatten, gestaltete er die Worte zwischen den einzelnen Nummern zu geistreichen, witzigen Plaudereien.

Als Farkas in den »Simpl« kam, war Grünbaum bereits als vielgefragter Conférencier und Schauspieler im ganzen deutschsprachigen Raum unterwegs. Bei der Rückkehr Grünbaums erkannte Farkas in ihm sofort den idealen Lehrmeister. Lange nach Grünbaums Tod, als der alternde Farkas auf der Bühne stand, hörte man in seiner Sprache immer noch den Tonfall und die Schule des »leisen Weisen« heraus. Karl Farkas über Grünbaum: »Eine einmalige Erscheinung in einer einmaligen Brettlzeit. Der kleine Mann mit den ganz großen Pointen, die immer ins Schwarze trafen, ohne zu verwunden – weil ihre ätzende Wirkung durch Güte entschärft wurde. Er dachte mit dem Herzen. Ein rührender Philosoph als drastischer Komiker. Ich lernte ihn bewundern und lieben. Aus scheinbarer Pointen-Fehde, die wir allabendlich vor dem Publikum ausfochten, entwickelte sich ein neuer Stil des monoton gewordenen Nummernkabaretts.«

Nun, was war das Bestechende an diesem Fritz Grünbaum? Einige unter uns haben ihn noch erlebt. So etwa Franz Stoß, der in jungen Jahren Direktor des Stadttheaters von Troppau war und Grünbaum für drei Soloabende engagiert hatte: »Hätte man ihn bloß gesehen, hätte man gesagt: ein kleiner, sehr häßlicher Handelsjud, stark kurzsichtig, dicke Brille. Der Prototyp des Juden, wie er später im ›Stürmer‹ abgebildet war – jüdischer ging's gar nicht. Im Gespräch bekam man dann nur den allerbesten Eindruck. Da stand ein blitzgescheiter, geistreicher Mensch vor einem, ein Mann mit bestechend positiven Eigenschaften, wie ich's in meinem Leben kaum wieder gesehen habe. Im Gegensatz zu seinen spitzen Bosheiten auf der Bühne, war er ein grundgütiger und liebenswürdiger Mensch. In sein Äußeres konnte man sich schwer verlieben, in seinen Geist, seine Güte aber sehr wohl.«

Bestechend war seine Selbstironie. Sein wenig vorteilhaftes Aussehen nahm er zum Anlaß, um sich über seine scheinbar geringen Chancen bei Damen lustig zu machen. Etwa in dem Couplet »Glück bei den Frauen«:

> Ich möcht Ihnen gerne was anvertrau'n.
> Unglaublich! Ich hab kein Glück bei den Frau'n!
> Bitte, sagen Sie nicht »Ach Gott« und »I wo!«
> Ich weiß, was ich weiß, es ist einmal so!
> Ich werd mich auch trösten, ich bin nicht so dumm;
> Aber eins möcht ich gerne nur wissen: warum?
> Den Grund möcht ich kennen, prägnant und schlicht:
> Warum gefall ich den Frauen nicht?
> Am Körper kann's doch nicht liegen!
> Zugegeben, es gibt größere Vergnügen
> Als mich im Reiz meiner Anmut zu seh'n,
> Aber im ganzen und großen bin ich hinreichend schön ...

Als anläßlich seines fünfzigsten Geburtstags eine Auswahl der ansonsten im Kabarett vorgetragenen Gedichte in Buchform erschien, strengte der Doktor juris einen Prozeß »Grünbaum gegen Grünbaum« an. Begründung: »Gröbliche Beleidigung des öffentlichen Geschmacks.« Er schien als öffentlicher Ankläger, Verteidiger und Richter in einer Person auf. Als Staatsanwalt verlangte er »die Gedichte aus dem Buchhandel zurückzuziehen«. Grünbaum sei dazu zu verurteilen, seine Gedichte ausschließlich selbst zu lesen. Als Advokat beantragte er »die Untersuchung meines Geisteszustands. Die Lektüre meiner Dichtungen wird zweifellos ergeben, daß ich geistesgestört bin, und ein Meschuggener ist für seine Handlungen nicht verantwortlich.« Als Richter Grünbaum wies er die Klage Grünbaums zurück. »Begründung: die inkriminierten Gedichte sind ein Dreck. Daher wird sie niemand kaufen. Folglich wäre es zwecklos, ihren Verkauf zu verbieten.«

Fritz Grünbaum, der unübertroffene Meister der Selbstironie, wurde und blieb ein Leben lang Farkas' Vorbild.

Als Grünbaum also wieder in Wien war, *mußte* es förmlich zu jener Kabarettform kommen, als deren Väter er und Farkas heute gelten: zur Doppelconférence. Was ist eine Doppelconférence?

Karl Farkas:

> Das Wesen der Doppelconférence besteht darin, daß man einen äußerst intelligenten, gutaussehenden Mann nehme – das bin ich – und einen zweiten, also den Blöden, dazustellt. Das bist, nach allen Regeln der menschlichen Physiognomie, natürlich du!

Also Fritz Grünbaum. So war es dann auch: Farkas war »der Gescheite«, Grünbaum »der Blöde«. Hugo Wiener, der als Hausautor der »Femina« schon in ganz jungen Jahren eine gewichtige Rolle im Kabarett der Zwischenkriegszeit gespielt hat – und mit Grünbaum persönlich befreundet war –, erinnerte sich, worin der primäre Effekt der Doppelconférence bestand: »Grünbaum war der Blöde! Schon darüber haben sich die Leute schiefgelacht. Denn jeder wußte genau, wie intelligent Grünbaum in Wirklichkeit ist.« Fritz Grünbaum als »der Blöde« wurde auch in der

Doppelconférence wieder einmal seiner Rolle als Meister der Selbstironie gerecht. Farkas, der im Grunde »ein sehr eitler Mensch war« (Anny Farkas), wäre sicherlich nie in die Rolle des »Blöden« geschlüpft. Er blieb sein Leben lang – wer immer auch später, nach Grünbaums Tod – sein Doppelconférencepartner war, ob Ernst Waldbrunn oder Maxi Böhm, »der Gescheite«. »Blöd« hatten die anderen zu sein.

Die oft verbreitete Geschichte, wie die Doppelconférence entstanden sei, ist eine Legende: Grünbaum wäre einmal aus Berlin nach Wien gekommen, und hätte dem »Simpl« einen Besuch abgestattet. Farkas forderte – wie gewohnt – das Publikum auf: »Rufen Sie mir etwas zu!«, und da hätte ihm Grünbaum die verzwicktesten Wortbildungen entgegengeworfen. Farkas reagierte, es entstand ein Schlagabtausch von Pointen... und die Doppelconférence war geboren.

Hugo Wiener: »So war's nicht. Die Doppelconférence kommt aus Budapest – und die Wiener Humoristen waren häufige Besucher der ungarischen Kabaretts (Farkas beherrschte die ungarische Sprache selbstverständlich perfekt, Anm. d. A.). In Budapest gab es eine tägliche, von Laszlo Vadnay verfaßte Zeitungskolumne, die unter dem Titel ›Hacsek und Sajó‹ erschien. Die Artikel wurden so gern gelesen, daß Vadnay eines Tages das Angebot erhielt, diese Figuren für die Bühne entstehen zu lassen. Genau wie bisher in der Zeitung, stellte der eine, jeweils zu einer Aktualität, möglichst blöde Fragen, der andere versuchte gescheit zu antworten. Die beiden wurden von den ungarischen Schauspielern Ernö Herczeg und Vilmos Konlós auf verschiedenen Budapester Kabarettbühnen dargestellt.«

Wilhelm Gyimes, selbst ungarischer Herkunft und Besitzer der Wiener Femina-Bar, und Farkas »importierten« die Idee praktisch gleichzeitig nach Wien. In der »Femina« traten Fritz Imhoff und Fritz Heller als »Gescheiter« und »Blöder« auf, im »Simpl« waren es Fritz Grünbaum und Karl Farkas. Grünbaum-Farkas sind also nicht die »Erfinder« der Doppelconférence, als die sie immer bezeichnet werden, sie haben die Idee nur – gemeinsam mit Wilhelm Gyimes – für den deutschen Sprachraum »entdeckt«.

Wie auch immer, die Sache schlug ein. Bei Grünbaum-Farkas mehr als bei allen anderen – vermutlich auch deshalb, weil die beiden sich im Gegensatz zu den bloßen Darstellern sonstiger Doppelconférencen die Texte maßgeschneidert auf den eigenen Leib schreiben konnten. Die Kabaretts begannen sich um das Erfolgsgespann zu reißen. Es trat in sämtlichen Wiener Kellerbühnen auf, in Kinos und Cafés – die »Szene« war damals sehr groß.

Neben dem »Simpl« gab es noch die »Hölle« im Keller des Theaters an der Wien, das »Chat Noir« und »Rideamus« – beide auf der Mariahilfer Straße – dann »Max und Moritz«, das Kabarett »Kronprinz« beim Schwedenplatz, das Café Capua und das »Nachtlicht«. Das damalige »Moulin Rouge« war nicht dort, wo sich das Nachtlokal gleichen Namens heute befindet, sondern in der Liliengasse. Am Platz des heutigen »Moulin Rouge« in der Walfischgasse befand sich die »Schiefe Laterne«, dann existierte eben die »Femina«, in der spätnachts neben den Wiener Komikergrößen vor allem auch schöne Frauen auftraten. Weiters das »Apollo« des aus Amerika mit sehr viel Geld nach Europa zurückgekehrten Theaterunternehmers Ben Tiber. Sein sagenhafter Reichtum kam den österreichischen Schauspielern verdächtig vor – man munkelte, er hätte sein Geld »drüben« eher mit zwielichtigen denn mit künstlerischen Geschäften verdient. Farkas witzelte daher im Kollegenkreis: »Ben Tiber kommt aus Amerika. Er war dort Besitzer von einem Sing-Sing-Spielhaus!« Direktor des »Apollo« war übrigens Viktor Eckhardt, der Vater Fritz Eckhardts. Und all diese Wiener Lokalitäten wurden jetzt zum Betätigungsfeld für Karl Farkas. Manchmal allein, sehr oft gemeinsam mit Fritz Grünbaum.

Aus der Doppelconférence:

FARKAS: Fritz, kannst du Rätsel lösen?
GRÜNBAUM: Sehr gut sogar.

FARKAS: Also, hör zu. Du gibst es mir heute, und ich geb's dir nächste Woche zurück. Was ist das?
GRÜNBAUM: Nicht ein Schilling!

»Manchmal« schreibt Friedrich Torberg, Zeuge vieler Grünbaum-Farkas-Doppelconférencen, »besonders wenn Grünbaum Begriffstutzigkeit zu mimen hatte, verstieg sich die Ungeduld des vergeblich Belehrenden in fast schon surrealistische Dimensionen. Ein Beispiel dafür:

GRÜNBAUM: Ich bitt dich, tu mich informieren über was ich nicht weiß: Wie macht sich ein Krieg?
FARKAS *erklärt und erklärt, der wissensdurstige* GRÜNBAUM *lauscht aufmerksam, bis er's zu verstehen glaubt:* Aha, also wenn zum Beispiel Brünn mit Bulgarien nicht Krieg führen will, dann –
»Brünn kann mit Bulgarien nicht Krieg führen, du Tepp!«
»Nein? Warum nicht?«
»Weil Brünn überhaupt keinen Krieg führen kann.«
»Olmütz ja?«
»Olmütz ja!«

Apropos Olmütz. Als ihm einmal beim Blitzdichten ein »Simpl«-Besucher den Namen seiner alten Theaterstadt zurief, reimte Farkas:

Mein Onkel aus Olmütz
Trägt immer a Wollmütz ...

Es lag in der Natur der Sache, daß im Rahmen der Doppelconférence – zunächst nur auf der Bühne – eine gewisse Rivalität entstand. Maxi Böhm erinnerte sich, daß er als junger Mann in der »Schiefen Laterne« Zuhörer einer Conférence war, in der Grünbaum den ewigen Widersacher Farkas wie folgt ansagte:

Meine Lieben! Sie haben doch sicher schon davon gehört, daß ein Mensch, der plötzlich einer drohenden Gefahr gegenübersteht, in Sekundenbruchteilen sein ganzes Leben an sich vorbeiziehen sieht? Mir ist das heute so ergangen: In der Kärntner Straße rast ein Automobil auf mich zu – ich wollt grad die Straße überqueren – und ich hab schon deutlich geseh'n, wie ich in Lebensgefahr und unter die Räder komm. Und in diesem Moment, als mein ganzes Leben an mir vorüberhuschte, hab ich ein Gelübde getan: Wenn ich heut noch einmal aus dieser Gefahr gesund herauskomme, werd ich ab jetzt immer zu allen Menschen gut und freundlich sein! Ich werde jeden Menschen – auch wenn ich ihn nicht schmecken kann und er mir noch so auf die Nerven geht – behandeln, als wäre er mein bester Freund! Als nächster im Programm kommt jetzt mein bester Freund Karl Farkas!

Die anfängliche Rivalität auf der Bühne weitete sich aus und griff dann auch aufs Privatleben über. War Grünbaum über Farkas vergrämt und er wurde befragt, was er von seinem Kompagnon hielte, antwortete er spitz: »Der Farkas? Hut auf!« Als sie bereits *das* Kabarettduo Wiens waren, standen sie im Mittelpunkt ganzer Revuen, ja mehr noch: Humorabende wurden nach ihren beiden immer populärer werdenden Protagonisten benannt. So etwa das Programm *Robinson Farkas auf der Grünbauminsel*. Ein anderes hieß *Ali Farkas und die 40 Grünbäume* (Farkas witzelte übrigens: »Wir haben lange überlegt, wie wir unser Programm nennen sollen. Ursprünglich wollten wir's umgekehrt machen: ›Ali Grünbaum und die 40 Fark... –‹. Aber das wär dann doch nicht gegangen.«)

Mit dieser »Simpl«-Erfolgsrevue waren sie auch auf Tournee und kamen nach Marienbad, wo der junge Maxi Böhm wieder einmal auf die beiden stieß. Und zwar, als sie mit ihrem Ensemble privat das Ausflugsrestaurant »Bellevue« besuchten. Der spätere Farkas-Doppelconférencepartner Maxi Böhm saß am Nebentisch und hörte zu »wie ein Haftelmacher«. Er wurde nochmals Zeuge der Grünbaum-Farkas-Rivalität: »Grünbaum erzählte irgendwelche sehr witzige Dinge. Alle lachten, nur Farkas verzog keine Miene. Auf die Frage einer Ensembledame, warum er Grünbaums Plaudereien nicht auch komisch fände, murmelte er nur: ›Ich werd erst lachen, wenn er weg ist!‹«

Tatsächlich litt Farkas lange Zeit unter der Wucht der Persönlichkeit Grünbaums. So sehr sie ein »Paar« wurden, einander künstlerisch näherkamen, ergänzten und brauchten – Grünbaum war in den Augen des Publikums der Überlegene. Grünbaum war Satiriker, Farkas »nur« Humorist. Oder, wie es der berühmte Hans Liebstöckl in einer Kritik ausdrückte: »Grünbaum hat Witz, Farkas hat Witze.«

Grünbaum hatte also auch die Journalisten auf seiner Seite, obwohl er nicht davor zurückschreckte, sie schüttelreimend auf offener Bühne zu beschimpfen:

> Man kann, wenn sie Bericht erstatten,
> Genau, wer sie besticht, erraten!

Beim Publikum hatte Grünbaum dem »Newcomer« Farkas jahrelange Popularität voraus. Diesen Vorschuß konnte sich Grünbaum nicht einmal – oder schon gar nicht – durch seine berühmten »Publikumsbeschimpfungen« verscherzen:

> Ich hab einen Haß auf das Publikum,
> Ich schwör's – ich schau mich nicht einmal um,
> Wenn ich hier auf dem Podium steh
> Und notgedrungen hinunterseh –

Oder – in einem anderen Gedicht:

> Wenn ich so abends im Cabaret
> Schmonzes plaudernd auf dem Podium steh,
> Da grübel ich oft so in mich hinein:
> Wie reizend könnt mein Beruf doch sein,
> Und wie wär mir beim Cabaret alles doch recht –
> Wenn's nur kein Publikum geben möcht!

Das solcherart »beschimpfte« Publikum kam zum großen Teil aus intellektuellen Kreisen. Grünbaum galt dort als Prototyp des Intellektuellen, als Schriftsteller – Farkas als »Komiker«. Das alles machte Farkas zu schaffen, hat ihn gekränkt, tat ihm weh. Aber er mußte damit leben.

Manchmal waren sie dermaßen zerstritten, daß sie getrennt auftraten – Farkas hatte in diesen Fällen den Wiener Komiker Franz Engel als Doppelconférencepartner. Hier ein Auszug aus einer Farkas-Engel-Nummer, die den Titel »Dichterschlacht am Mikrophon« trug. Farkas trat als Blitzdichter auf und wurde von Engel rüde unterbrochen:

ENGEL: Wenn Sie ein Dichter sind, müssen Sie auf schwere Sachen reimen. Ich werd Ihnen was zurufen! Machen Sie mir einen Reim auf: U-fünfzehnfünfsechsund*siebzig*.

FARKAS: Ihre Lektüre, das Telefonbuch! Also U-fünfzehnfünfsechsund*siebzig*.

ENGEL: Nicht *siebzig* – das gibt sich. Das kennen wir schon: *Siebezig!* U-fünfzehnfünfsechsund*siebezig*!

FARKAS *denkt nach*

ENGEL: Sie sind Blitzdichter?

FARKAS: Ja.

ENGEL: Ein langsamer Blitz ist das.

FARKAS *(reimt jetzt prompt)*:
Es kann wohl jeder bei uns seh'n,
Den Engel mir auf die Nerven geh'n.
Bald schon ruft er mich an:
Unter U-fünfzehnfünfsechsund*siebezig* –
Denn, was sich neckt, das liebet sich!

Darauf verlangt ENGEL *einen weiteren Reim. Und zwar auf den Satz:* Wenn der Feber vorbei ist, dann märzelt's.

FARKAS *(will ihn korrigieren)*: Es wird März.

ENGEL: Nein – »Dein ist mein ganzes Herz«, das könnt Ihnen so passen.« »Märzelt's!«

FARKAS *reimt also*:
Ich kannt eine Maid voll raffinierter Finessen,
Die ist bei einem Frühlingsfest gesessen,
Und da spricht sie im Innersten des Likörzelts –
Wenn der Feber vorbei ist, dann märzelt's!
ENGEL: Likörzelts – märzelt's. Das sind doch Krampfreime, Herr
Farkas!...

In den zahlreichen Wiener Kabaretts wimmelte es geradezu von
Conférenciers. Doch der Qualitätsstufe Grünbaum-Farkas kam
niemand auch nur nahe. Bei aller persönlicher Rivalität himmelte
Farkas seinen Guru beruflich geradezu an – und Grünbaum
schätzte auch Farkas als Mitarbeiter immer.
Im Gegensatz zu dem Conférencier Hans Kolischer, den Grünbaum nicht leiden konnte, weil er ein »Witzeerzähler mit Büh-
nenpraxis« war. Kolischer besaß eine immense Witzesammlung,
hatte Hunderte Witze im Kopf – aber es konnte passieren, daß er
während einer Conférence zweimal denselben erzählte. So etwas
ärgerte Grünbaum maßlos. Als er Kolischer einmal im Zuschauerraum des »Simpl« entdeckte, hob er mit giftsprühenden Worten zu einer – wie er sagte – »historischen Conférence« an. Aus
folgendem Grund:

Ich bringe Ihnen heute, meine hochverehrten Damen und
Herren, drei sehr gute Witze. Doch ich erzähle sie zum letzten
Mal. Ausgezeichnet, werden Sie sagen – aber warum erzählt
der Grünbaum drei Witze zum allerletzten Mal, wenn sie doch
angeblich so gut sind? Ich werd's Ihnen erklären: Der Kolischer sitzt heute im Publikum, und der schreibt alle Witze mit!

Dadurch waren sie für Grünbaum »gestorben«, denn Kolischer
erzählte alles »nach«. (Übrigens: Kolischers berühmtester Witz,
von ihm Tausende Male erzählt, macht gelegentlich immer noch
die Runde: »Kommt ein Mann zur Burgtheaterkasse, fragt: ›Was
spielen Sie heute?‹ Sagt der Kassier: ›*Was ihr wollt!*‹ Daraufhin
der Mann: ›Dann spielen S' mir *Othello*‹!«)

Kolischer war das, was Liebstöckl (in zweifellos übertriebener Form) Farkas vorgeworfen hatte. Doch dieser wuchs und wuchs an der Seite seines geistigen Vaters. Langsam erarbeitete sich auch Farkas jene Publikumsgunst, die ihm sein Partner voraus hatte. Das »Neue Wiener Journal« bezeichnete Farkas schon 1927 als »eine Art Grünbaum in Dur«, und der Schriftsteller Rudolf Weys, der den Weg beider Kabarettisten von Anfang an verfolgt hatte, urteilte: »Je älter Farkas wurde, desto näher kamen seine Conférencen dem Vorbild Grünbaum. Auch für ihn gab es kein banales Ausgleiten im Balancieren zwischen Amüsement und Weisheit.« Grünbaum und Farkas mußten sich jedenfalls zusammenraufen.

Mittlerweile mußte Egon Dorn, der Gründer und Besitzer des »Simpl«, mit ansehen, wie sich sein beträchtliches Vermögen in Nichts auflöste. Nachdem er bereits als Direktor des »Ronacher«, das er nebenbei geführt hatte, in Konkurs gegangen war, schlitterte er nun auch mit dem »Simpl« in die roten Zahlen. Der Grund: Seine Hauptattraktion wurde ihm im Herbst 1923 von der Konkurrenz weggeschnappt. Grünbaum übernahm die Direktion der »Hölle«, und dieser nahm Farkas mit. Hier, im Keller des Theaters an der Wien, wurden jetzt die Doppelconférencen weitergeführt. Auch Ralph Benatzky, Josma Selim und Franzi Ressel folgten den beiden.

Und das Publikum. Der aus Tradition täglich ausverkaufte »Simpl« war von einem Abend zum anderen schlecht besucht. Dorns finanzielle Reserven waren bald verbraucht, er mußte seine Rennpferde verkaufen und die ehemals lukrativen Grundstückspekulationen einstellen. Ein Selbstmordversuch mißlang. Dorn kehrte Wien den Rücken zu und wurde schließlich Direktor des Berliner Residenztheaters.

»Nie wieder eine ernste Rolle«

Nebenbei noch am Theater

Neben seiner Tätigkeit in diversen Kabaretts blieb Farkas, was er ursprünglich immer sein wollte: Schauspieler und Regisseur – vorerst vor allem noch an den Bühnen Eugen Roberts. An der neuen Wiener Bühne inszenierte er im September 1922 *Frau Lohengrin*, ein dreiaktiges Lustspiel von Armin Friedmann und Fritz Lunzer. Denkwürdig an dieser Aufführung: Hans Moser, bisher – obwohl bereits einundvierzig Jahre alt – fast nur in Schwänken und als »Dritter-Akt-Komiker« eingesetzt, wird in der Farkas-Inszenierung als Charakterschauspieler entdeckt.

Frau Lohengrin – Gisela Werbezirk in der Titelrolle – ist die Geschichte einer jüdischen Kaufmannstochter aus Czernowitz, die einen berühmten Operettentenor heiratet und durch ihn in für sie völlig neue und ungewohnte Kreise gerät, in denen sich zu bewegen sie ihre liebe Not hat. Moser erhielt von Farkas die an sich nicht besonders große Rolle des jüdischen Matrikelbeamten David Delikat, der in der Kultusgemeinde von Czernowitz amtiert und Frau Lohengrin beraten soll.

Anläßlich einer Hans-Moser-Gedenksendung im Fernsehen erinnerte sich Farkas: »Moser hat über die Rolle des kleinen Beamten so intensiv nachgedacht, sich dermaßen hineinversetzt, daß er sich ein kleines Kissen unter die linke Schulter gestopft hat. Ich fragte ihn: ›Sag, was machst du da?‹

›Schau‹, antwortete Moser, ›das ist ein kleiner Matrikelbeamter, der sitzt dauernd beim Schreibtisch und schreibt. Davon hat er mit der Zeit eine höhere Schulter bekommen.‹«

Farkas weiter: »So sehr hat er sich in eine Figur hineinversetzt.

Und den großen Aufstieg, den er nachher nahm, verdankt er wirklich nur dem Sichversenken in den Charakter einer Rolle und nicht dem äußerlich Komischseinwollen, wie das so viele Komiker nach ihm gemacht haben.«

Nach *Frau Lohengrin* begann der kometenhafte Weg Hans Mosers zum Volksschauspieler. Karl Farkas hat dazu durch seine Inszenierung einiges beigetragen.

Seine Regietätigkeit wird von der Kritik auch immer mehr anerkannt. So schreibt das »8-Uhr-Blatt« nach der Premiere des Lustspiels *General Goldschein* von Armin Friedmann und Gustav Beer an der Neuen Wiener Bühne: »Karl Farkas zeigt als Spielleiter und Darsteller seine schon wiederholt anerkannten Fähigkeiten. Der Erfolg war enorm.«

Als Karl Kraus, Wiens großer Kulturkritiker, am 28. April 1924 seinen fünfzigsten Geburtstag feiert, führt die Neue Wiener Bühne ihm zu Ehren seine beiden Einakter *Traumstück* und *Traumtheater* auf. In Berthold Viertels Regie spielen Oskar Homolka, Lothar Müthel, Egon von Jordan und Karl Farkas. Kraus selbst tritt als Sprecher auf, der Abend wird zum kulturellen Ereignis: Sogar Wiens Bürgermeister Karl Seitz wohnt der Aufführung »bis zum Schlusse bei«, wie die »Wiener Allgemeine Zeitung« vermerkt.

Obwohl Kraus in jeder Ausgabe seiner »Fackel« sämtliche Zeitungen Wiens »in der Luft zerreißt«, wird der Abend nur von der antisemitischen »Reichspost« boykottiert. Alle anderen Blätter berichten – und zwar einhellig positiv. So schreibt die »Arbeiter Zeitung«: »Die Aufführung brachte den Triumph des Dichters, seiner Helfer und vielleicht des Publikums, das Karl Kraus in Treue anhängt.«

Mit dem Stil der folgenden – wenn auch noch so hymnischen – Rezension wird Kraus, der jede, auch die kleinste stilistische Entgleisung anprangerte, seine helle Freude gehabt haben. Die Zeitschrift »Komödie« schreibt nach *Traumstück – Traumtheater* ziemlich holprig: »Selten noch ward eines zornigen Spötters bitteres Weh um der Zeiten große Kleinheit stärker gestaltet, als

Karl Kraus, dessen ätzende Feder die Sprache bewegt, es getan…«

Der Dichter – ganz allgemein – ist Held und Hauptperson der beiden Einakter. Wie so oft tritt Karl Kraus auch in *Traumstück* als wortgewaltiger Kritiker Sigmund Freuds an. Seine Psychoanalyse verhöhnt er durch die Verkörperung dreier »Psycho-Annalen«, wobei er sich des Wortwitzes »Anus = das menschliche Hinterteil« oft und gerne bedient. Einer dieser »Psycho-Annalen« wird von Farkas gespielt, und er findet in dieser Rolle höchstes Lob der Kritik.

Aber auch Einzelerfolge können nicht darüber hinwegtäuschen: Die Situation der Wiener Bühnen wird immer schlimmer. Ein Theater nach dem anderen muß zusperren – auch die Neue Wiener Bühne und die übrigen zum Robert-Konzern gehörenden Häuser schließen zeitweise ihre Pforten. Die »Allgemeine Zeitung« meldet am 30. Mai 1925: »Gegenwärtig sind gesperrt: die Volksoper, die Neue Wiener Bühne, das Moderne Theater und das Carltheater. Diese Bühnen sind im Ausgleich, zweien droht der Konkurs. Im Komödienhaus und Stadttheater finden Gastspiele fremder Personale statt, so daß diese Theater letzten Endes auch den geschlossenen beizuzählen sind.«

Zwischendurch müssen immer wieder zusperren: die Kammerspiele, das »Ronacher«, das Apollotheater sowie die Kabaretts »Max und Moritz«, »Hölle«, »Femina« und »Simpl« – Egon Dorns Nachfolger hatten mit dem Wollzeilenkeller ohne Grünbaum-Farkas ebensowenig Glück wie dieser. Wien ist um rund ein Drittel seiner Bühnen ärmer geworden.

Die wirtschaftliche Lage Österreichs ist katastrophal. Mit Einführung der Schillingwährung im Dezember 1924 ist zwar die Inflation gestoppt, dafür melden schon im darauffolgenden Jahr über dreitausend Firmen ihre Zahlungsunfähigkeit an. Und die Zahl der Arbeitslosen steigt auf zweihunderttausend.

Zum Radio und den sonstigen neuen Vergnügungsarten kommt in verstärktem Maße der Film als Konkurrenz fürs Theater. Farkas in einem Interview: »Ich war 1929 mit meiner Frau im Kino, wir haben uns *Die Nacht gehört uns*, einen der ersten deutschen Tonfilme, angeschaut. Die Ufa hatte ihn produziert. Nach ein paar Minuten kam plötzlich im Dialog zwischen Hans Albers und Ralph Arthur Roberts eine Pointe. Die Leute lachten. Da sagte meine Frau zu mir: ›Du, das ist das Ende des Theaters. Jetzt lacht man schon über Dialoge auf der Leinwand.‹«

Bis dahin war ja alles stumm gewesen – Stan Laurel und Oliver Hardy fielen ins Wasser und schlugen sich lautlos die Köpfe an. Viel mehr hatte es nicht gegeben.

»Was werden wir anfangen?« ängstigte sich Anny Farkas. »Die im Film haben doch ihre großartigen Freilichtmöglichkeiten, die wir am Theater mit den armseligen Bäumen und Pappendeckeldekorationen nicht haben. Und dazu haben sie die besten Schauspieler. Und jetzt wird auch noch gelacht! Um Gottes willen, in ein paar Jahren wird es überhaupt kein Theater mehr geben.«

Frau Farkas' Pessimismus war etwas übertrieben – aber die Bühnen litten natürlich unter der neuen starken Konkurrenz. Doch Karl Farkas fand auch im Film Beschäftigung. Er war als Autor und Darsteller an Dutzenden Produktionen beteiligt. Er schrieb für die oder war Partner der damaligen Filmgrößen. Von Attila Hörbiger bis Lizzie Holzschuh, von Hermann Thimig bis Mizzi Zwerenz, von Pat und Patachon bis Magda Schneider.

Dementsprechend war die allgemeine Theaterkrise keine rein Wienerische Sache. Auch in anderen großen Städten sperrte eine große Bühne nach der anderen zu. Die berühmte Schauspielerin und Komikerin Rosa Valetti – Chefin des Berliner Kabaretts »Größenwahn« – feierte in der Farkas-Inszenierung von Alexandre Bissons *Die fremde Frau* an der Neuen Wiener Bühne wahre Triumphe. Anläßlich ihres Wien-Gastspiels erklärte sie in der Zeitschrift »Komödie«: »Der Unterschied zwischen Wien und Berlin ist am deutlichsten in den Theaterverhältnissen zu erkennen. Hier wie dort ist man eigentlich pleite, nur daß die ehrliche Pleite in Wien viel humorvoller und weniger unangenehm empfunden wird als in Berlin, wo man die Köpfe ganz jämmerlich hängen läßt. In Wien wurstelt man sich halt schlecht und recht durch, aber die Laune, womit dies praktiziert wird, ist wirklich wohltuend im Vergleich zu Berlin, wo man die Sache weniger auf die leichte Achsel nimmt.«

In dieser Zeit wirtschaftlicher Not beschließt ein Mann, dem allgemeinen Trend entgegenzuwirken. Robert Stolz, der mit seinen Kompositionen bereits international sehr viel Geld verdient hat, gründet im Sommer 1924 die Robert Stolz-Bühne in der Wiener Annagasse, dort wo einst das pleitegegangene Kabarett »Max und Moritz« untergebracht war.

Das Buch der Eröffnungspremiere *Das Mädchen aus 1001 Nacht oder Ein Rivieratraum* stammt von Karl Farkas – er hat es gemeinsam mit Bruno Hardt-Werden verfaßt –, die Musik ist selbstverständlich von Stolz selbst.

Das neue Theater galt in Wien als *die* Sensation. Farkas, Hardt-Werden und Robert Stolz waren eigens an den Lido gereist, um so die Atmosphäre – das Stück spielt in Venedig – »besser einfangen zu können«. Es gab zwar seit sechs Jahren keine Monarchie mehr, aber »da doch nur aristokratische Schicksale interessieren« (Hardt-Werden), ging's in der »dreiaktigen Vaudeville-Operette« um die Verehelichung einer blonden Comtesse mit einem feschen Freiherrn. Doch der hat ein G'spusi mit einer Balletteuse ...

Aus dem Premierenbericht der Zeitschrift »Komödie«: »Das anheimelnde und elegante Theater, ein wahres Schmuckkästchen intimer Raumkunst, sah ein mondänes Publikum in festlicher Stimmung, wie man es nur bei wirklichen Sensationen gewohnt ist. Das gesellschaftliche Bild war einfach blendend: Unter den Herren dominierte Frack oder Smoking, die Damenwelt überbot sich an herrlichen und raffiniertesten Toiletten, ein farbenfroher Eindruck machte das Auge trunken, noch bevor der Vorhang sich hob.«

Doch dann hob sich der Vorhang. Robert Stolz in seiner Autobiografie *Servus, Du*: »Es gab das größte Fiasko meiner gesamten Laufbahn – und immerhin habe ich einige davon erlebt!«

Wie er in seinen Lebenserinnerungen weiters zugibt, hatte Stolz das Theater eigentlich vor allem gegründet, um seiner damals gerade aktuellen dritten Ehefrau, der minderbegabten Operettensängerin Fini Zernitz, eine Bühne zu schaffen. Bis dahin hatte er nämlich einen Agenten beauftragt, »für Fini Engagements zu finden«, die er dann heimlich bezahlte.

Fini spielte also in *Das Mädchen aus 1001 Nacht* die weibliche Hauptrolle. Und auch sonst lief in der von Farkas getexteten Operette alles schief. Robert Stolz über die Premiere:

»So ließen zum Beispiel in einer Meeres-Szene, in der ein Schiffchen quer über die Bühne segeln sollte, die Bühnenarbeiter das Schiff – entweder aus Pech oder aus schierer Unachtsamkeit – verkehrt herum fahren, so daß die Segel im Wasser waren und der Rumpf nach oben gekehrt. Diese ganze Szene sollte eigentlich eine ernste sein, aber das Publikum hat sich totgelacht. Auch ich (Stolz stand am Dirigentenpult, Anm. d. A.) hatte das Gefühl zu sterben, aber nicht eben vor Lachen. Dann kam der Augenblick, da der Held voller Wut einen Stuhl in einen Spiegel werfen und, sobald der Spiegel in tausend Stücke zerbarst, rufen sollte: ›Dies ist meine Rache!‹ Normalerweise glaubt man, ein zerbrochener Spiegel bringe Unglück – in diesem Falle wollte es das Unglück, daß er *nicht* zerbrach. Der Schauspieler schleuderte seinen Stuhl, und der Spiegel gab, anstatt zu bersten, ein dröhnendes ›Gongg!!!‹ von sich. Erst zehn Sekunden später, als der Dialog wieder begann, erklang hinter der Bühne das Klirren des in tausend Stücke zerberstenden Spiegels. Zehn Sekunden – zehn Sekunden auf der Bühne sind wie eine Ewigkeit. Nein, er wurde kein Erfolg, mein *Rivieratraum*. Das einzig Positive war noch, daß Fini, nachdem das Stück abgesetzt wurde, mit einem Darsteller durchbrannte. Dennoch sollte mir die Rechnung – Bankrott inklusive – präsentiert werden...«

Die Robert Stolz-Bühne mit der Farkas-Stolz-Operette zum Auftakt wurde bald ein weiteres Opfer der allgemeinen Theaterkrise. Während zahlreiche Schauspieler arbeitslos sind, hält sich Karl Farkas über Wasser. Erstens hat er bereits einen sehr guten Namen, und zweitens findet er durch seine ungeheure Flexibilität Beschäftigung als Kabarettist, als Autor, als Regisseur und als Schauspieler. Wobei sich seine Möglichkeiten in letzterer Sparte immer mehr einschränken. Es fällt ihm zusehends schwerer, ernste Rollen zu spielen.

»Nicht, weil ich sie nicht spielen wollte, im Gegenteil, der Grund lag woanders: Die Leute hatten sich bald an mich vom Kabarett her gewöhnt und haben – kaum war ich auf der Bühne – immer gleich gelacht. Das ist ein großer Kredit, wenn man herauskommt und schon nette und freundliche Gesichter vor sich sieht. Man muß dann nur antupfen und schon verwandelt sich das Lächeln in ein Lachen. Mein Problem war nur: wie sollte ich die Leute am nächsten Tag ›auf ernst‹ zurückkriegen? Das war sehr schwer. Ich habe lange geschwankt, ob ich beruflich ernst oder heiter weitermachen soll.«

Die Entscheidung kommt eines Tages wie von selbst. An der Neuen Wiener Bühne spielt Farkas in dem russischen Schauspiel *Eifersucht* von Michail Arzibaschew eine sehr ernste Rolle – die des Militärarztes Dr. Kowalenko. Die weibliche Hauptrolle verkörpert Leopoldine Konstantin.

»Ich sollte sie um Liebe anflehen. Mir war das furchtbar peinlich. Mit Bart und russischer Uniform stand ich da und sagte während einer Probe zu unserem Regisseur Ernst Stahl-Nachbaur: ›Du, die Leute werden lachen, ich hab das so im Gefühl. Ich glaub, ich bin falsch besetzt!‹«

»Das wär ja noch schöner«, reagierte der Regisseur, »du bist doch Schauspieler und mußt wandlungsfähig sein!«

»Also schön, Vorstellung. Bevor ich auf die Bühne geh, sag ich noch zum Paul Morgan, der auch mitgespielt hat: ›Du, jetzt kommt meine Hinrichtung!‹ Ich gehe also hinaus, bei Aktschluß soll ich auf die Konstantin zugehen und ihr mit Gewalt einen Kuß abverlangen. Sie stößt mich empört zurück. Jetzt muß sie auch noch ihr Taschentuch fallen lassen. So etwas Kitschiges. Und ich als Liebhaber!«

Kaum hat sich Farkas nach dem Taschentuch gebückt, braust stürmisches Gelächter auf. »Die Konstantin war natürlich stink-

71

sauer – aber was hätt ich denn machen sollen? An diesem Tag habe ich beschlossen, nie wieder eine ernste Rolle zu spielen und nur mehr lustig zu sein.«

Und auch das bald nicht mehr auf den Brettern der Neuen Wiener Bühne. Er verlängert seinen 1924 auslaufenden Vertrag nicht mehr – und kurze Zeit später schließt das einst angesehene Theater seine Pforten. Das Otto-Wagner-Gebäude wird niedergerissen und weicht einem Wohnhaus.

Aus Amerika kommt eine neue »Welle«: die Revue. In dieser Sparte sollte Farkas bald seine allergrößten Erfolge feiern.

»Wenn die Elisabeth nicht so schöne Beine hätt'...«

Die Revue oder: Ein Farkas-Schlager geht um die Welt

Anny und Karl Farkas hatten sich schon sehr bald nach der Hochzeit geschworen, »niemals Kinder in die Welt zu setzen«. Sie wollten zu zweit bleiben. Karl ging ganz in seinem Beruf auf, und die karge Freizeit verbrachte er am liebsten allein mit seiner Anny. Bis das Jahr 1927 kam. Das Ehepaar hatte sich mit den legendären Theaterbrüdern Ernst und Hubert Marischka angefreundet, die den Sommer am mondänen Wörthersee zu verbringen pflegten. Die Monarchie war noch keine zehn Jahre tot, aber schon hatte sich im sommerlichen Kärnten ein neuer Adel niedergelassen – der Geldadel. »Der Wörthersee ist zum neuen Ischl geworden«, schreibt ein Redakteur der »Bühne« anläßlich eines Interviews mit Hubert Marischka in dessen prunkvoll eingerichtetem Haus, das er vom Grafen Pallavicini erworben hatte. Hier tummelte sich die Prominenz.

Die Marischkas waren die Besitzer des Theaters an der Wien und des Stadttheaters. Huberts Villa stand in Velden, Ernst besaß ein Haus im nahe liegenden Pörtschach. Bei Ernst verbrachten Anny und Karl – übrigens gemeinsam mit Fritz Grünbaum – den Sommer. Die Herren feilten tagsüber an neuen Theaterideen, die Damen saßen am Marischka-eigenen Badeplatz in der Sonne. »Der Ernst hatte eine kleine Tochter, die Mädi, das war ein entzückendes, achtjähriges Kind, wohlerzogen und immer guter Laune. Den ganzen Tag war das Mädchen um uns – und einmal sagte ich zu meinem Mann: ›Karl, ich möchte auch so ein Mädchen haben, ich möcht so gern ein Kind.«

Und es hat sehr bald geklappt. Am 19. August 1928 kam der Nachwuchs zur Welt. Kein Mädchen, wie sich's Frau Farkas ursprünglich gewünscht hatte – ein Bub. Das Ehepaar nannte ihn Robert, gerufen wurde er Bobby. Und Farkas war sofort ein begeisterter Vater. So sehr er sich anfangs dagegen gesträubt hatte, für Nachwuchs zu sorgen, so sehr liebte und verwöhnte er jetzt sein bildhübsches, blondes Kind. Jede freie Minute verbrachte er bei seinem Robert.

Karl Farkas fand nun als glücklicher Ehemann und Vater auch privat seine Erfüllung. Das Ehepaar ließ sich gerne mit seinem Sprößling fotografieren, alle Zeitungen waren voll mit Bildern des »jüngsten Farkas«, die »Wiener Illustrierte« fragte sogar: »Werden wir Bobby in einigen Jahren auch auf der Bühne bewundern können?« Das Glück schien perfekt. Doch die Folgen einer heimtückischen Krankheit des Sohnes führten so weit, daß es sogar zur vorübergehenden jahrelangen Trennung des Ehepaares kommen sollte.

Aber davon war jetzt noch keine Rede. Farkas eilte von einem beruflichen Erfolg zum anderen. Jetzt ging's erst richtig los! Eine der Modeerscheinungen der zwanziger Jahre hieß Revue. Und Farkas wurde zu einem der meistbeschäftigten Autoren und Darsteller dieses Genres. Eine seiner ersten Revuen trug den Titel *Alles aus Liebe* und ihr Held hieß Bobby. Dieser Figur verdankt das geliebte Söhnchen seinen Namen.

Die Revue – genauer: die große Ausstattungsrevue – war über New York, London, Paris und Berlin nach Wien gekommen. Inflation und Rezession schienen überstanden, die Leute wollten leben – oder sich auf der Bühne vorspielen lassen, wie man lebt. Jener Teil der zwanziger Jahre war angebrochen, der als die »goldenen« in die Geschichte dieses Jahrhunderts Eingang fand. Die Revue brachte Sensationen, neue Rhythmen, Stars, Humor, Schmuck und prächtige Ausstattung, schöne Frauen, Tanz und nacktes Fleisch auf die Bühne. Kleinbürger und bildungsunwillige Neureiche ersetzten die infolge der Inflation vielfach verarmten »klassischen Theaterbesucher« aus den intellektuellen

Schichten. Mit dem scheinbaren Ende der »schlechten Zeiten« wurden die deutschen und österreichischen Städte von einer Welle der Vergnügungssucht überschwemmt – die Krise des anspruchsvollen, literarischen Theaters fand ihre Fortsetzung, die Revue konnte gleichzeitig ihren Durchbruch feiern.

Die Ära der »Silbernen Operette« war zu Ende gegangen. Aber die Funktion der Wunschtraumerfüllung blieb auch in der Revue erhalten. Die Welt taumelte im Jazzfieber, Charleston und Shimmy waren die neuen Modetänze, Aufregendes und Extravagantes war gefragt. So überboten sich die aus dem Boden sprießenden Revuen von einer Vorstellung zur anderen an Rekorden. Bis zu zwölfhundert Kostüme wurden von zweihundertfünfzig Mitwirkenden – Solisten, Chor, Ballett, Musiker, Statisterie – zur Schau getragen. Kaum jemand bemerkte, daß die Revue eigentlich die »Vorspiegelung falscher Tatsachen« war. Ein Kritiker traf den Nagel auf den Kopf: »Zwei, drei Stunden lang bekommt das Publikum vorgesagt: Es gibt keine Not, es gibt keine Sorge, es gibt keinen Daseinskampf… Alles ist so spaßhaft, so sonnig, heiter und frohgestimmt… das Leben ist eine Freude! Die Revue verleugnet den grauen Alltag!«

Hubert Marischka und die Brüder Arthur und Emil Schwarz waren die »Väter« der großen Wiener Revuen, deren Siegeszug Mitte der zwanziger Jahre begann. Bürgertheater, »Apollo«, »Femina«, »Ronacher« und Stadttheater waren in ihrem Besitz oder von ihnen gepachtet – und als erstes erhielt jedes dieser Bühnenhäuser das wichtigste Requisit der Revue: die große Treppe. Weiters teure Dekorationsstücke, Stoffe, Kostüme.

Neben der Ausstattung war noch eines wichtig: die Fleischbeschau. Die strenge Zensur war gefallen, man wollte Beine und nackte Brüste sehen. Diejenigen, die das verkörperten, das waren die – wie alles in der Revue, stammte auch dieser Ausdruck aus Amerika –: Girls!

Die Girls. Was die Ziegfeld-Girls für die USA, waren bei uns die Tiller-, Fischer- oder Jackson-Girls. Alfred Polgar, der auch den Ausdruck »Girls-Industrie« prägte, im Programmheft der Farkas-

Revue *Alles aus Liebe* über diese Mädels: »Der Zweck ihres Erscheinens und Tuns ist, Zuschauer erotisch anzuregen und diese hierdurch über das, was sonst noch auf der Bühne vorgeht, zu trösten... Eine Girl-lose Revue, eine vegetarische Revue also, hat gar keinen Nährwert. Für den Zuschauer so wenig, wie für den Unternehmer... Warum eigentlich Frauen (als Besucherinnen) ins Revuetheater gehen, verstehe ich nicht recht. Kein Ensemble von halbnackten Boys bietet ihnen Anregung, wie uns die Girls sie bieten. In den Revuen zeigt sich das Primat des Mannes noch unerschütterlich. Für die Damen geschieht gar nichts... Gespenstisch an den Girls ist, daß sie auch Gesichter haben. Das menschliche Antlitz als Zugabe, als eigentlich sinnloser Annex von Büste, Bauch und Beinen, das ist ein wenig unheimlich. Darum lächeln tüchtige Girls auch ohne Unterlaß, um, den empfindenden Zuschauer tröstend, anzudeuten, daß ihre Physiognomie sich über die Nebenrolle, die ihnen zugewiesen ist, nicht kränkt.«

Den Girls war also eine Nebenrolle zugedacht. Die Hauptrolle spielte der Star. Um ihn drehte sich alles. Maurice Chevalier, die Mistinguett, Josephine Baker waren die Pariser Stars, bei uns wurden Christl Mardayn, Arnold Korff, Mimi Shorp, Hans Unterkircher und Lizzie Holzschuh als solche aufgebaut.

Der Star war Traumobjekt des Mannes und Wunschbild der Frau, die die Ausstattungsrevue besuchten.

Die Revue war eine Mischform aus Varieté, Operette, Posse und Kabarett – sie war die Vorgängerin des Musicals. Die Musik bringt hier wie dort den Schwung in die Handlung, sie besteht in der Revue aus zwei Teilen: aktuelle Schlager aus dem In- und Ausland, die in die Revue eingebaut wurden, und neu komponierte Melodien. Zu den erfolgreichsten Revuekomponisten zählten Ralph Benatzky in Wien und Walter Kollo in Berlin. Über die Art und Weise, wie letzterer es verstand, »Gassenhauer« oder »Ohrwürmer« nach Maß anzufertigen, meinte ein Kritiker der »Vossischen Zeitung« sehr treffend: »Schon beim ersten Zuhören glaubt man, ein Da capo zu vernehmen.«

Tatsächlich wurde ein großer Teil der Revuekompositionen zu den Schlagern dieser Zeit, etliche gelten heute noch als Evergreens.

Ansonsten war in der Wiener Revue all das vertreten, was in Österreich gut und teuer ist: ein bißl Kaiser Franz Joseph, ein bißl Sissi, ein bißl Johann Strauß, ein bißl Schubert-Franzl, ein bißl Deutschmeister. Sie alle traten in »bis zu 50 reich dekorierten Bildern« auf. Neben den historischen Kulissen gab es auch solche der Gegenwart und Zukunft. Man sah mondäne Kurorte und exotische Länder.

Wien gib acht! hieß eine der ersten Farkas-Revuen, Erstaufführung 4. November 1923 im »Ronacher« der Gebrüder Schwarz. Die Stars waren Arnold Korff und Christl Mardayn, zur eigentlichen Attraktion des Programms wurde aber Hans Moser mit seinem in dieser Revue kreierten *Dienstmann*-Sketch (»Auf gebaut kommt's net an!«) und der *Pompfunèbrer*-Szene, die ihm Farkas auf den Leib geschrieben hatte: Moser als Leichenträger irrt sich im Stockwerk eines Hauses und gerät – statt in die Wohnung, wo »sein« Toter liegt – in eine schon leicht angeheiterte Hochzeitsgesellschaft. »Berufsmäßig« schwarz gekleidet und die Trauer schon im Gesicht tragend, ist Moser fassungslos über die scheinbar »fidelen Erben« und sucht überall den Toten. Zwei Monate nach der Premiere saß der in Wien weilende Charlie Chaplin in der Vorstellung. Er beglückwünschte Moser und Farkas insbesondere zum *Pompfunèbrer*-Sketch und kaufte bei Farkas die Aufführungsrechte, ohne davon allerdings je Gebrauch zu machen. Wie der weltberühmte Komiker einmal sagte, hätte er sich »nach Mosers einmaliger Leistung nie an die Sache herangetraut«. Die Farkas-Revue, angereichert durch die Nackttänzerin Edmonde Guy und ihren Partner Ernest van Dueren, erlebte inklusive monatelanger Auslandstourneen sensationelle siebenhundert Aufführungen.

Alles per Radio! war die nächste Farkas-Revue – verfaßt gemeinsam mit Gustav Beer – und sie wurde am 21. März 1924, wieder im »Ronacher«, uraufgeführt. Der Titel ist kein Zufall: im selben

Jahr war in Wien die »Radio-Verkehrs-AG.«, kurz Ravag, gegründet worden. Zehntausende Hörer begeisterten sich an der faszinierenden Möglichkeit, mit selbstgebastelten Geräten über »Ätherwellen« Musik und »Bildendes Wort« empfangen zu können. Die für den Eigenbau des sogenannten Detektorempfängers notwendigen Gerätschaften erhielt man bei Fahrrad- sowie in Eisen-, Papier- und Schirmfachgeschäften! Radio- und Elektrohändler gab es ja so gut wie keine. Als von der Industrie nach wenigen Monaten der sogenannte Ein-Röhren-Empfänger angeboten wurde, war Farkas bereits auch in diesem Medium ein gefragter Mann. Er zählt zu den Pionieren des österreichischen Rundfunkwesens. Über diese Anfangszeit im Radio sprach er viele Jahre später – natürlich im Radio:

»Es ist alles ganz primitiv gewesen. Der Senderaum war im Dachgeschoß des Heeresministeriums auf dem Stubenring untergebracht, das Aushilfsstudio, von dem aus ich meine ersten Übertragungen durchführte, lag in den Räumlichkeiten eines ehemaligen Nachtlokals neben dem ›Ronacher‹. Berichterstattung war nur live möglich, es existierten weder Tonbänder noch Schallplatten – die Musik war ›lebendig‹.

Wenn einem der Zettel, von dem man gelesen hat, heruntergefallen ist, mußte man so lange ›ins Blinde hinein‹ reden, bis man ihn wiedergefunden hat. Ins Studio waren immer wieder neugierige Zuschauer gekommen, die uns verwundert beobachteten, wenn wir da in so eine Art Sardinenbüchse hineingesprochen haben. Es war für die Menschen wie ein Wunder, daß man uns überall hören konnte. Vor jeder Sendung war das wichtigste, daß wir das Publikum angefleht haben: ›Bitte nur kein Geräusch! Nur ja nicht husten oder lachen, man kann alles hören – Gott behüt, das könnt ja stören.‹ Es hat viele Jahre gedauert, bis wir draufkamen, wie gut es einer Sendung tut, wenn das Publikum im Saal lacht. Das animiert natürlich auch die Leute zu Hause an den Empfängern.«

Farkas conférierte zu aktuellen Ereignissen und brachte Couplets. Für Radiopionier Farkas war klar, daß ein in aller Munde befindliches, aktuelles Ereignis wie das »Wunder Radio« Anlaß für eine ironisch-beschwingte Revue wäre. In *Alles per Radio!* ging natürlich – ärger noch als im echten Rundfunkstudio – alles drunter und drüber. Naheliegend, daß Hans Moser als durchgehende Figur für so ein Chaos die Idealbesetzung schlechthin war. Ganz hinten auf dem Programmzettel fällt ansonsten nur noch ein Name auf. Das »I. Radiogirl« wurde von einem völlig unbekannten, damals achtzehnjährigen Mädchen dargestellt. Es hieß Lilian Harvey. Und sollte direkt von der Farkas-Revue im Wiener »Ronacher« den Sprung zum höchstbezahlten Ufa-Star – und sogar nach Hollywood – schaffen.

Die Engländerin Lilian Harvey war ein Paradebeispiel dafür, daß sich die großen österreichischen Revuen mangels einer entsprechenden Anzahl hübsch-»g'stellter« Wienerinnen vornehmlich aus ausländischen Girls rekrutierten. In einem 1927 von Farkas verfaßten »Revuelexikon« schreibt er unter »G« wie »Girls«: »Man unterscheidet New Yorker und Londoner Girls. Erstere sind aus Berlin, letztere aus Manchester...«

Farkas-Freund Hubert Marischka hatte eine glänzende Karriere hinter sich. Ihr Ausgangspunkt war das Theater von St. Pölten gewesen, wohin der Zweiundzwanzigjährige zum Vorsprechen bestellt worden war. Als ihn der dortige Direktor »Was können S' denn?« fragte, erhielt er die bescheidene Antwort: »Alles!« Und Marischka wurde engagiert.

Drei Jahre später war er Schauspieler und Sänger am Theater an der Wien Wilhelm Karczags. Doch der feuerte ihn nach kurzer Zeit wieder mit dem Hinweis »Vollkommen untalentiert!« Was beim »künstlerischen Weitblick« Karczags nicht unbedingt ehrenrührig war. Denn der Theaterbesitzer und ehemalige Pferdehändler hatte auch einmal Franz Lehár, als ihm dieser ein paar Melodien seiner *Lustigen Witwe* am Klavier vorspielte, mit den Worten »Dös is ka Musi net« hinauskomplimentiert.

Marischka landete nach dem Hinauswurf durch Karczag am Carltheater, wo er innerhalb kürzester Zeit zum großen Star und Publikumsliebling avancierte. Ganz Wien kopierte ihn: Man trug den Frack mit der gleichen selbstverständlichen Eleganz wie er, man schwang den Zylinder wie Marischka, man legte sich ein Marischka-Lächeln zu. Um Marischka entstand ein Kult, wie dies zuvor nur bei Alexander Girardi der Fall gewesen war. Und ganz Österreich-Ungarn sang in Marischka-Manier: »Grüß mir die süßen, die reizenden Frauen im schönen Wien...«

Direktor Karczag holte Marischka daraufhin nicht nur reumütig – und für sehr viel Geld – zurück, er gab dem »Talentlosen« auch seine Tochter Lilian zur Frau. Vorerst führte der Sänger das Theater an der Wien gemeinsam mit dem Schwiegervater, als dieser 1923 starb, trat Hubert Marischka-Karczag, wie er sich nun nannte, als Alleinerbe die Regentschaft an und führte das Operettenhaus einer neuen Blüte entgegen.

Seinem künstlerischen G'spür war es zu danken, daß es in Wien zur Ära der »Silbernen Operette« hatte kommen können. Er verwirklichte sein Motto »Man muß das Geld beim Fenster hinauswerfen, damit es bei der Tür wieder hereinkommt«, indem er die luxuriösesten und teuersten Ausstattungen schuf und Stars von Maria Jeritza bis Richard Tauber engagierte. Bald nannte man ihn den »Reinhardt der Operette«; die wichtigsten Lehár-, Kálmán-, Leo-Fall- und Oscar-Straus-Operetten erlebten ihre Uraufführungen unter Marischkas Direktion und Regie. Außerdem verkörperte er darin fast immer die männlichen Hauptrollen selbst.

1926 übernahm er das – neben so vielen Bühnen damals – auch in ein wirtschaftliches Fiasko geschlitterte Neue Wiener Stadttheater in der Skodagasse am Alsergrund. Während er das Theater an der Wien als Stätte der Wiener Operette weiterführen wollte – was ihm auch bis 1935 gelang –, hatte er den Plan, das Stadttheater durch die modern werdende große Ausstattungsrevue zu sanieren.

Fritz Grünbaum und Karl Farkas waren in den vergangenen Jahren nicht nur seine Freunde und Co-Autoren geworden – Marischka wollte sie auch fest in sein Bühnenimperium einbinden. So übertrug er den beiden Kabarettisten gemeinsam die künstlerische Leitung des Stadttheaters. Und sie waren es auch, die der Ausstattungsrevue – gemeinsam mit Marischka selbst – in Wien zum durchschlagenden Erfolg verhalfen.

Grünbaum-Farkas waren gleichzeitig ihre beiden besten Autoren. Für die erste Revue am »eigenen Haus« erfand das Erfolgsduo einen Namen, der genau dem entsprach, wonach sich die Menschen damals am meisten sehnten: Optimismus. Sie wollten endlich wieder mit Freude in die Zukunft blicken können. Und so gesehen war der Titel *Wien lacht wieder!* ideal gewählt.

Die Wiener lachten wirklich wieder. Schon als sie das Programmheft für diese Stadttheater-Revue aufschlugen. Hier nahm nämlich Fritz Grünbaum in satirischer Form zu der Frage Stellung: »Wie schreibt man eine Revue?« Seine Anleitung: »Vor allem fährt man nach Paris. Dort fällt einem nichts ein. Dann fährt man wieder nach Wien heim. Hier fällt einem ein, daß einem schon in Paris nichts eingefallen ist. Aber es fällt einem noch ein, daß einem in Paris ein schöner Vorhang aufgefallen ist, ein delikates Farbenwunder von Toilettenkombination, ein Gedicht von Dekoration...«

In den Hauptrollen waren wieder Mimi Shorp und Hans Unterkircher zu sehen, auch Toni Girardi, der Sohn Alexander Girardis, spielte mit. Farkas und Grünbaum selbst »repräsentieren die komische Nebenhandlung auf der Bühne«, wie der Kritiker Ludwig Hirschfeld – übrigens einer der besten Farkas-Freunde – schreibt. Und weiter: »Beim Anblick Grünbaums frage ich mich jedesmal, was witziger ist: seine Melancholie oder sein Gestell. Und Farkas ist ebenso hinreißend lustig, als die Girls hinreißend nackt sind!«

Einer der ersten Kritiker hingegen, die die Trivialität der Ausstattungsrevue schlechthin erkannten, war ausgerechnet Farkas-Onkel Felix Salten. In seiner Rezension zu *Wien lacht wieder!* schreibt er am 5. Oktober 1926 in der »Neuen Freien Presse«: »Eine Revue ist die Armut des Theaters, ausgestattet mit verschwenderischer Pracht, ... sie ist nur der flimmernde Schutthaufen, die glänzende Konkursmasse nach dem Niederbruch ... sie ist das Großstadtvergnügen für die Reichen wie für den Mittelstand, für alle die Fahrigen, Nervösen, Unruhigen, die nicht zuhören und sich in Aufmerksamkeit nicht recht sammeln können...«

Mit diesen Worten des eigenen Anverwandten wird Farkas wohl keine rechte Freude gehabt haben. Aber die kritischen Worte Saltens konnten den ersten großen Farkas-Erfolg als Direktor des Stadttheaters nicht verhindern. Hubert Marischka hatte in die Revue – wie die »Wiener Allgemeine Zeitung« meldete – 200 000 Schilling* investiert, wovon 35 000 auf die Kostüme und allein 18 000 auf den Samtstoff für Vorhänge entfielen. Und machte damit doch enormen Gewinn. Gastspiele vom Raimundtheater bis in die Niederlande sorgten dafür. Und die schwungvolle Musik Ralph Benatzkys hatte an diesem Erfolg natürlich auch ihren wesentlichen Anteil. Der hochgebildete und humorvolle Komponist zählte neben Marischka und Grünbaum zu den wertvollsten Farkas-Stützen der Revuezeit.

Alles aus Liebe – mit dem gertenschlanken weiblichen Star La Jana »in einem Kostüm aus hautfarbenem Tüll«, weiters Hans Unterkircher, Hans Moser, Sigi Hofer – war der Titel der nächsten Stadttheaterrevue. Musik: wieder Ralph Benatzky, Text: Hubert Marischka und Karl Farkas, der selbstverständlich auch mitspielte. Nun traf er Richard Tauber wieder, der unter seiner Regie vor wenigen Jahren noch in Linz im *Evangelimann* aufgetreten war. Die Geschichte des Wiedersehens erzählt Farkas selbst:

»Es war knapp nach der *Turandot*-Premiere in Wien. Tauber trat an der Staatsoper in der Rolle des Prinzen Kalaf auf. Da dieses Werk eine Nachlaßoper Giacomo Puccinis ist – er war noch vor der Vollendung verstorben –, stand der Kapellmeister der Wiener Premiere im zweiten Akt auf und sagte: ›An dieser Stelle starb der Meister.‹ Was jetzt folgte, war von einem Schüler Puccinis zu Ende komponiert worden.

Das war damals natürlich eine große Sensation und ganz Wien lief in die Oper. Für mich Grund genug, um in die Stadttheater-

* lt. Statistischem Zentralamt Wien 1993 ca. 4,8 Millionen Schilling.

revue eine *Turandot*-Parodie einzuflechten – unter dem Titel ›Turantrotterl‹. Die damals grassierende Kreuzworträtselmode nahm ich zum Vorwand, um die Rätsel, die Prinzessin Turandot dem Prinzen Kalaf gibt, auf diese Weise lösen zu lassen. Ich selbst hab den Kalaf gesungen – also: gesungen ist übertrieben, ich habe ihn dargestellt. Der Tauber ist jeden Abend, natürlich ohne einen Groschen dafür zu bekommen, nach der Oper ins Stadttheater gekommen, um während dieser Parodie im Frack das Orchester selbst zu dirigieren.

Die Arie des Kalaf«, erzählte Farkas weiter, »ließ Tauber an der Staatsoper jedes Mal mit einem sehr hohen Ton abschließen. Einen Ton, den ich natürlich niemals schaffen hätte können. Und immer, wenn der hohe Ton kam, habe ich auf ihn geschaut – und er hat ihn vom Dirigentenpult aus gesungen. Ich hab einen stürmischen, völlig unverdienten Applaus bekommen, habe mich immer wieder tief verbeugt, und die Leute haben geschrien: ›Da capo, da capo!‹ Da habe ich ihn angeschaut, ob er's noch einmal machen will. Was soll ich Ihnen sagen: an einem Abend hab ich die Stelle zwölfmal wiederholt. Bis er mir gezeigt hat: Jetzt geht's nicht mehr!«

Durch solche und ähnliche Aktionen, die natürlich mittels Presse ein aufsehenerregendes Echo fanden, verstand es Farkas jedesmal, für seine Revuen ausgiebig Reklame zu machen – sicherlich ein Teil seines Erfolgsgeheimnisses als Direktor des Stadttheaters. *Alles aus Liebe* lief mehr als ein Jahr – und zwar in Wien, Leipzig, Hamburg, Mannheim und in den Niederlanden.

Nach einer Spielsaison verließ Grünbaum das Stadttheater, um wieder die künstlerische Leitung des völlig heruntergekommenen »Simpl« zu übernehmen. Farkas war jetzt der alleinige Direktor des Stadttheaters.

Die Revue blühte einige Jahre lang – doch wurden die Wiener mit der Zeit »schenkelsatt«, wie man das nachlassende Interesse an nackten Frauenbeinen bezeichnete. Karl Farkas schaltete schnell – und erfand innerhalb der Revue ein neues »Fach«, das die schwungvolle Leichtigkeit in bescheidenerer Form weiterhin ermöglichte: geringere Ausstattungskosten, weniger Darsteller, ein kleineres Orchester führten zur sogenannten Kammerrevue. Und in dieser Sparte sollte Farkas seinen international größten Erfolg feiern.

Und zwar als Co-Autor der *Wunder-Bar*, der am 17. Februar 1930 in Wien uraufgeführten Revue. Die Bühne des Stadttheaters wäre für die Kammerrevue zu groß gewesen, also erlebte *Die Wunder-Bar* ihren Siegeszug von den Kammerspielen aus.

Die *Wunder-Bar* verlangte eine für Europa überhaupt völlig neue Art der szenischen Realisierung. Das ganze Theaterhaus war Bühne, das Publikum spielte – in der Programmankündigung als »Hauptdarsteller« bezeichnet – mit. Die Kammerspiele wurden für diese Revue komplett umgebaut, der gesamte Theatersaal war jene Bar, die nach ihrem Eigentümer Sam Wunder hieß – die Wunder-Bar eben. Schon beim Straßeneingang begann die Dekoration des Stückes. Die Leute im Zuschauerraum waren die Besucher der Wunder-Bar.

»Die Wunder-Bar wird in den Kammerspielen nicht gespielt, sondern die Kammerspiele sind zur Wunder-Bar geworden«, erklärte Kammerspiele-Direktor und *Wunder-Bar*-Regisseur Franz Wenzler. Der Kritiker Ludwig Ullmann in der »Wiener Allgemeinen Zeitung«: »Der ganze Abend ist ein einziger Einfall, aber der Einfall ist bestechend. Vielleicht sogar ein Anfang, eine Umwälzung, Revolution der Routine...«

Farkas spielte die Hauptrolle des Sam Wunder bei der Premiere selbst – später wurde sie von Fritz Wiesenthal übernommen. Unter den weiteren Mitwirkenden: Vera Molnár, Fritz Heller, Franz Engel und wieder Hans Unterkircher.

Diese Wiener Theaterrevolution bedeutete natürlich ein mächtiges Stück Arbeit für Farkas, der die *Wunder-Bar* gemeinsam mit Géza Herczeg verfaßt hat. Man muß bedenken, daß er in dieser, seiner produktivsten Zeit als Autor nach wie vor auch als Regisseur und als Schauspieler tätig war und fast täglich, wo immer er auch spielte, nach der Vorstellung in einem Kabarett auftrat.

Wann der vielbeschäftigte Farkas also seine Stücke, Kabarettsketche und Revuen schrieb? Er selbst beantwortete die Frage anläßlich der *Wunder-Bar*-Premiere: »Von einer Probe im Theater wurde ich plötzlich in die Kammerspiele gerufen. Wollen Sie in einem Stück mitarbeiten, das Stück heißt *Die Wunder-Bar*, es ist ein Stück im Nachtleben, es muß so rasch wie möglich fertig werden, Premiere am 15. Oktober. Es war so Ende September (1929) und Direktor Wenzler war derjenige, der diese freundliche Aufforderung an mich gestellt hat. Er drängte auf Antwort auf die wichtigste Frage: Können Sie mit vereinten Kräften, in angestrengter Arbeit in zwei Wochen fertig werden? Ja, habe ich geantwortet, und zwischen diesem Ja und der Premiere liegen viereinhalb Monate ununterbrochener Arbeit, Tag und Nacht, mehr Nacht als Tag. Da es sich um ein Spiel im Nachtleben handelt, ist das Stück wirklich im Nachtleben fertiggestellt worden.«

Weil er seine »Hände in Unschuld« waschen wollte, erklärte Farkas über seinen Co-Autor: »Alles ist von Herczeg.« Dieser wiederum stellte, ebenfalls in der Programmankündigung, fest: »Alles ist von Farkas.« Die Musik, das jedenfalls ist sicher, stammt von Robert Katscher.

Der große Schlager dieser Revue – so war's geplant – sollte das Lied »So wunderbar, wie in der Wunder-Bar, wo man so wunderbar sich unterhält ...« sein. Während diesen Song heute kein Mensch mehr kennt, wurde eine andere Melodie der *Wunder-Bar* zum Evergreen. Zum wahrscheinlich meistgesungenen Schlager der zwanziger Jahre überhaupt: »Wenn die Elisabeth nicht so schöne Beine hätt'.« Musik: Katscher, Text: Farkas.

Wie es zu diesem Schlager mit sensationellem Erfolg kam, erzählte Karl Farkas selbst einmal im Radio:

»Der Komponist Dr. Katscher und ich hatten die größten Ambitionen, literarisch und niveauvoll zu sein und haben feine Texte ziseliert, da kam Franz Wenzler, der Kammerspiele-Direktor und Regisseur, zu uns und sagte: ›Das ist zu schwach, man muß da noch einen Schlager hineintun, irgend etwas Derbes.‹

Der Komponist und ich, wir waren bitterbös, wir wollten ja etwas

Großes leisten. Setzt sich der Dr. Katscher zum Klavier hin, haut lieblos in die Tasten, singt aus Zorn dazu: ›Bibibibibibibibibibibi-bibibibi – –‹ Das war schon die Melodie des späteren Welterfolgs. Ich lache und sage aus Trotz zu Katscher: ›Paß auf, dem Wenzler werden wir's zeigen, wir machen einen Schlager, der ganz unmöglich ist, ein Lied, das morgen wieder abgesetzt wird, weil es so schlecht ist. Du nimm ruhig dieses Bibibibi – –, das du da gerade gespielt hast, und ich mach den blödesten Text meines Lebens, und zwar so, daß er abgesetzt werden *muß*.«

Farkas nahm die Mode der damaligen Zeit zum Anlaß für seinen Text. In der Inflationszeit waren die Damenkleider kurz gewesen. Mit der Konsolidierung der Wirtschaft wurden sie wieder länger. Innerhalb weniger Minuten hatte er den Schlager getextet:

Wenn die Elisabeth
Nicht so schöne Beine hätt',
Hätt' sie viel mehr Freud
An dem neuen langen Kleid...

Farkas-Kommentar: »Also gut ist der Reim ›Freud/Kleid‹ nicht.«
Und es ging weiter, »möglichst blöd«, wie er's mit Katscher vereinbart hatte:

Doch da sie Beine hat,
Tadellos und kerzeng'rad
Tut es ihr so leid,
Um das alte kurze Kleid...

Wieder ein Farkas-Kommentar: »Nicht sehr aufregend – schon wieder ›Kleid‹. Und jetzt das Reimlexikon zur Hand und weiter geht's«:

Das kann man doch verstehen
Beim Gehen,
Beim Drehen,
Kann man jetzt nichts mehr sehen
Und niemand weiß Bescheid...

Farkas: »Also, das sind Reime! Grad ›Krähen‹ hab ich ausgelassen. Das ganze in einem Zorn heruntergedichtet – und wieder den Anfang genommen. Ohne jegliche Pointe«:

Wenn die Elisabeth
nicht so schöne Beine hätt'...

Wieder Farkas: »Der schlechteste Text der Welt also. Hab ich mir gedacht, das wird schon bei der Premiere nicht gefallen und spätestens in ein paar Wochen, wenn die Mode wieder kürzer ist, ist auch die Aktualität wieder vorbei... Was soll ich Ihnen sagen: Der Blödsinn ist zugleich mit dem ganzen Stück in sämtliche Sprachen der Welt übersetzt worden. Die *Wunder-Bar* wurde mit ›My friend Elisabeth‹ auf dem Broadway aufgeführt. Die Rolle, die ich mir geschrieben hatte, wurde dort von Al Jolson gespielt. In Paris hat man's auf französisch gesungen. Man sang auf italienisch ›Ah! la Lisetta va / alla moda in verità‹, auf spanisch und was weiß ich noch alles. Und all das für den größten Blödsinn, der je von einem Menschen geschrieben wurde.«

»Leute mit Plattfüß sind die glücklichsten...«

»Im weißen Rößl«

Dieser »größte Blödsinn« machte Farkas zum Millionär. Die Tantiemen aus aller Welt flossen auf sein Konto. Allein für die Hollywood-Verfilmung der *Wonder Bar* erhielt er von den Warner Brothers dreißigtausend Dollar, also ein Vermögen. Der Name Farkas wurde zum Synonym für Erfolg. Jedes Theater wollte ihn haben. Er reiste höchstpersönlich nach New York und Hollywood, um die Film- und Theaterproben mit Al Jolson zu überwachen, er war ein gefragter Gaststar in Berlin, in allen Kurorten und Bädern – kurz, wo es in Europa eine Bühne gab, wurde nach Karl Farkas verlangt.

Die erfolgreiche »Elisabeth« mit ihren schönen Beinen machte Farkas zu einem der gefragtesten Schlager-, Chanson- und Couplet-Textdichter überhaupt. Seine bekanntesten Liedtexte aus dieser Zeit: »Mein Schatz, ich bin in dein Parfüm verliebt«, »Ein bißchen Feuer«, »Es geht die Lou lila, von Kopf bis Schuh lila«, »Du hast mich nie geliebt«, »Seit der Emil die Marie kennt«...

Niemand wußte, daß Farkas der Erfolgreiche, gleichzeitig ein gebrochener Mann war. Etwa in der Zeit, die seinen Welterfolg brachte, brach das persönliche Unglück über ihn herein. Ein Unglück, über das er in seinem Leben nie sprechen wollte, das er verdrängte, von sich zu schieben versuchte, das ihn aber doch nie verlassen sollte.

Zunächst trachtete Farkas, seiner jungen Familie alles zu bieten, was er für das immer schneller hereinfließende Geld kaufen konnte. Man hatte Angst vor einer neuen Inflation und flüchtete in Sachgüter. Da die Familie trotz des Nachwuchses einige Zeit immer noch bei Vater Moriz Farkas in der Grünen Thorgasse wohnte, sagte Anny eines Tages zu ihrem Mann: »Karl, es wird Zeit, daß wir eine eigene Wohnung kaufen.«

Etwas später kam Farkas mit einer Erfolgsmeldung nach Hause: »Anny, ich hab etwas gefunden!«

»Sie freute sich. »Wo denn?«

Ein wenig kleinlaut antwortete er: »Es ist ein Haus in Edlach an der Rax.«

»Bist du verrückt?« erwiderte Anny. »Wir suchen eine Wohnung in Wien, und du kommst mit einem Haus in Edlach an der Rax daher. Du mußt doch jeden Tag ins Theater...«

Es gab lange Diskussionen, aber dann fuhr das Ehepaar doch die rund hundert Kilometer südlich von Wien – und war begeistert. Das Haus wurde gekauft. Edlach ist übrigens jener Ort, in dem Theodor Herzl, der Begründer des politischen Zionismus, im Jahre 1904 verstorben ist. In unmittelbarer Nähe der Villa Farkas befindet sich heute noch ein Denkmal, das an Herzl erinnert.

Nun suchte man also weiterhin eine Wohnung in Wien. »Ein Makler erhielt zweitausend Schilling Anzahlung von uns – und wir haben ihn nie wieder gesehen«, erzählte Frau Farkas. »Er hat, wie wir später erfahren haben, eine einzige Wohnung insgesamt achtmal verkauft.«

Durch einen anderen Makler fand man dann eine geräumige Mietwohnung im Haus Ungargasse Nr. 59a – im dritten Bezirk. Rechnung der eleganten »Möbelfabrikation Portois & Fix an Hochwohlgeboren Herrn Karl Farkas vom 23. Oktober 1928 über eine Bibliothek, ausgeführt in afrik. Rosenholz, feinst poliert; Speisezimmer, ausgeführt in Nußholz mit farbigen, plastischen Ornamenten...«, Schilling 16780.–* Frau Farkas: »Das war damals unsere beste Zeit. Mein Mann hat weder vorher noch nachher je wieder so gut verdient.«

Die nächste Investition war die eines eleganten Automobils. Ein amerikanischer Buick, der von der Polizeidirektion Wien das

---

* lt. Statistischem Zentralamt Wien im Jahre 1993 ca. 380000 Schilling

amtliche Kennzeichen A 4.203 erhielt. Die Wochenendfahrten ins eigene Haus an der Rax mit Kind und zahlreichem Gepäck sollten erleichtert werden.

Gemeinsam besuchten Anny und Karl Farkas eine Fahrschule, um nach einigen Wochen zur Führerscheinprüfung anzutreten. Anny war von Anfang an eine sichere, gute Fahrerin. Karl hatte stets andere Gedanken, er dachte an kommende Revuen, die neueste Inszenierung, hatte tausend Ideen – anstatt auf den Straßenverkehr zu achten. Er war damals schon – ohne noch den Titel zu führen – ein »zerstreuter Professor«.

Mit Glück kam er trotzdem bei der Prüfung durch. Er stieg aus dem Wagen, da hielt ihn der Prüfungskommissär am Ärmel fest und sagte: »Herr Farkas, Sie bekommen heute Ihren Führerschein.« Dann lächelte der Prüfer freundlich: »Und jetzt lernen S' bitte fahren!«

Es passierte der seltene Fall, daß der Humorist über die Pointe eines anderen lachen mußte. Der Ausspruch war hart, aber gerecht. Farkas versuchte sich nun auf den Straßenverkehr zu konzentrieren – vergeblich. Nach einiger Zeit gab er auf. Anny chauffierte ihn von da an mit dem großen Buick zu all seinen Verpflichtungen, zeitweise beschäftigte er auch einen Chauffeur.

Wenn er schon mit dem Autofahren konfrontiert wurde, dann höchstens in seiner Eigenschaft als Blitzdichter – und auch da war er sich stets der Gefahren dieses Beförderungsmittels bewußt. Als ihm einmal auf der »Simpl«-Bühne der Name der bekannten österreichischen Personenkraftwagenfabrik »Gräf und Stift« zugerufen wurde, dichtete Farkas »blitz«:

Ja, Unfälle sind immer
Für Wagenlenker Gift.
Das Auto ging in Trümmer,
Vom »Gräf« blieb kaum ein Stift...

Sohn Robert schien sich zunächst nur zu seinem Besten zu entwickeln. Im Alter von zweieinhalb Jahren erkrankte das Kind aber plötzlich. Vorerst wurde vom Hausarzt eine gewöhnliche

Grippe diagnostiziert. Doch schon bald erwies sich das Leiden als Gehirnhautentzündung.

Anny Farkas in einem Zeitungsinterview im Jahre 1975: »Mein Mann hat in seinem Leben eine Unzahl von Interviews gegeben, aber über unseren Sohn wurde nie geredet, geschweige denn geschrieben. Nun, da mein Mann tot ist, breche ich dieses Schweigen. Wir konsultierten die berühmtesten Ärzte und Heilpädagogen. Äußerlich merkte man Bobby nichts an. Doch als er fünf Jahre alt war, ging eine Veränderung in ihm vor. Er sonderte sich von den anderen Kindern auf dem Spielplatz ab. Wir waren verzweifelt, wir wollten uns sogar umbringen. Aber dann sagten wir uns, es muß weitergehen, denn Bobby braucht uns – mehr als irgendein Kind seine Eltern braucht. Außerdem schöpften wir ein bißchen Hoffnung: Vielleicht würde in der Pubertät wieder alles in Ordnung kommen.«

Alexander Fleming hatte zwar genau im Geburtsjahr Bobbys, 1928, das auch für diesen Fall Heilungschancen versprechende Penicillin entdeckt. Jedoch die erste erfolgreiche Behandlung durch dieses Jahrhundertmedikament glückte erst dreizehn Jahre danach. Zu spät für Bobby.

Alle Zuversicht der Eltern sollte sich in den kommenden Jahren in nichts auflösen. Im Gegenteil, die Krankheit nahm einen derartig unglücklichen Verlauf, daß es dem Ehepaar in späteren Jahren nicht mehr möglich war, den Sohn zu Hause zu halten. Das »Kind« lebt übrigens heute noch, mehr als fünfundsechzig Jahre alt, in der Pflegestation einer Psychiatrischen Anstalt in Wien.

Nur ein einziges Mal nach seiner Erkrankung sollte der Name des kleinen Bobby in die Öffentlichkeit getragen werden. Radio Wien verlautbarte am 7. April 1934, daß »der sechsjährige Robert Farkas, der einzige Sohn des Schauspielers Karl Farkas«, abgängig sei. Der Bub war mit seiner Erzieherin durch die Ungargasse gegangen. Als diese von einem Passanten um eine Auskunft gebeten wurde, machte sich Bobby selbständig und blieb unauffindbar.

Die Kinderfrau verständigte sofort die Eltern, der Vater unterbrach seine Probe, erstattete die Abgängigkeitsanzeige und machte sich gemeinsam mit seiner Frau und zahlreichen Polizei-Wachmännern auf die Suche. Sämtliche Gassen und Straßen in der Umgebung wurden durchkämmt – ohne Erfolg.

Erst vier Stunden später, die Eltern irrten immer noch verzweifelt durch den Bezirk, rief der Filmverleiher Arthur Spitzer, der die Meldung im Radio gehört hatte, in der Farkas-Wohnung an, um dem Dienstmädchen mitzuteilen, daß er auf der Weißgerberlände einen Knaben, der der verlautbarten Beschreibung entsprach, entdeckt hätte. Tatsächlich war das der kleine Bobby.

Noch immer waren die Eltern zuversichtlich, daß sich die zunehmende Verwirrung des Kindes bessern könnte. Man lebte in der eleganten neuen Wohnung, neben Dienstmädchen, Kinderfrau und Chauffeur gehörte auch eine Köchin zum Personalstand, das Haus an der Rax wurde mit viel Aufwand renoviert und ausgebaut, der elegante Wagen stand vor der Tür. Sie führten das Leben einer gutbürgerlichen Familie, die Wiener Prominenz zählte zum Freundeskreis, und Farkas selbst wurde mit jedem seiner Auftritte populärer. Niemand ahnte etwas von der Krankheit des Sohnes, denn Bobby wurde von allem ferngehalten. Sicherlich wäre das Bekanntwerden der Familientragödie für den Komiker Farkas beruflich ruinös gewesen – denn wer kann schon über einen Mann auf der Bühne lachen, dem das persönliche Schicksal so übel mitgespielt hat.

Beruflich geht's also weiter aufwärts. Während Farkas ungeahnte Erfolge erlebt, begibt sich die Weltwirtschaft – nach rund fünfjährigem Aufwärtstrend – in eine nie dagewesene Talfahrt. Der New Yorker Börsenkrach verzeichnet Rekord-Kurseinbrüche. Die Spekulationswut, die mit der sogenannten Prosperity in den USA einherging, endet mit einer Katastrophe in der Wallstreet. Die Gesamtverluste an der Börse werden mit fünfzig Milliarden Dollar beziffert. Etliche Banken schließen auf Tage, als Reaktion auf den Massenansturm des verunsicherten Publikums. Der Börsenkrach bleibt nicht auf die Vereinigten Staaten beschränkt.

Durch die Verflechtung der internationalen Kredit- und Zahlungsmechanismen ist Europa – vor allem aber Deutschland und Österreich – empfindlich getroffen. In der Folge verursacht der Börsenkrach auch den Zusammenbruch der Österreichischen Creditanstalt.

Die Auswirkungen der Katastrophe sind noch nicht vorhersehbar. Am Abend der New Yorker Börsen-Baisse – es war der 24. Oktober 1929 – conférierte Farkas noch auf der Bühne der »Hölle« ein für ihn typisches Wortspiel:

> Die Baisse ist der Haß gegen die Hausse. Und die Hausse ist die Buß gegen die Baisse ...

Wenige Monate vor dem Börsenkrach, der die Weltwirtschaftskrise auslösen und den Beginn der Depressionsjahre markieren sollte, war der Berliner Regisseur Eric Charell Gast des Schauspielers Emil Jannings in dessen Haus am Wolfgangsee im Salzkammergut. Die dunklen Wolken, die bald über Europas Wirtschaft hereinbrechen sollten, nicht ahnend, gingen die beiden gemeinsam mit einigen Freunden in das dem Landhaus Jannings' gegenüberliegende Hotel-Restaurant »Weißes Rößl« zum Mittagessen. Sie saßen auf der Terrasse, und der Erzkomödiant Jannings bestellte beim Kellner nicht einfach wie ein normaler Gast, sondern mit dem komischen Text seiner Lieblingsrolle, als Berliner Hemdenfabrikant Giesecke aus dem Lustspiel *Im weißen Rößl* von Oskar Blumenthal und Gustav Kadelburg.

Charell, der schon seit längerem auf der Suche nach einer Musikpremiere für das Große Schauspielhaus in Berlin war, schaltete schnell. »Daraus machen wir eine Operette. Wir werden das Theaterstück vertonen!«

Am Tisch saß auch Arnim Robinson, der Musikverleger Ralph Benatzkys, und dieser hatte schon am nächsten Tag den Auftrag in der Tasche. Tatsächlich war der Farkas-Freund und damals wohl erfolgreichste und zugleich witzbegabteste Vertreter der leichten Muse für diese Aufgabe prädestiniert. Über seine eigene Musikalität machte sich Benatzky lustig: »Schon als kleiner Goi beschäftigte ich mich damit, die Fensterscheiben meiner Nachbarn mit Steinen einzuwerfen, und der melodische Klang des klirrenden Glases, vermischt mit den Ausrufen des Entzückens der Betroffenen, findet sich in allen meinen Werken wieder...« Andere Komponisten wie Bruno Granichstaedten und Robert Stolz steuerten die übrigen *Rößl*-Lieder bei. Jedes von ihnen wurde zum Schlager der damaligen Zeit: »Die ganze Welt ist himmelblau«, »Im weißen Rößl am Wolfgangsee«, »Zuaschau'n kann i net«, »Mein Lieblingslied muß ein Walzer sein« und »Was kann der Sigismund dafür, daß er so schön ist«.

Die Uraufführung des Singspiels fand am 8. November 1930 in Berlin statt. Die Besetzung war famos: Camilla Spira als Rößl-Wirtin Josepha Vogelhuber, Max Hansen als Zahlkellner Leopold, Otto Wallburg als Wilhelm Giesecke, Siegfried Arno als Sigismund Sülzheimer und (der noch junge) Paul Hörbiger in der Rolle des alten Kaisers Franz Joseph.

Das *Weiße Rößl* wurde zum erfolgreichsten deutschsprachigen Singspiel dieses Jahrhunderts. Das Große Schauspielhaus war auf Monate ausverkauft. Für Hubert Marischka war klar, daß das Werk nicht an seinem Stadttheater vorbeigehen konnte. Und hier sollte das *Rößl* eine weitere Station seines Welterfolgs feiern.

Mit den Vorbereitungen nahm es der als Regisseur ausersehene Farkas sehr genau. Er reiste nach Berlin und schrieb im Stadttheater-Programmheft »von den Probentagen bei Charell, wo ich das heutige Stück, Stück für Stück entstehen sah... Das Einfühlen in die Idee war ein derart intensives, das Durcharbeiten jedes Details ein so genaues, daß aus dem internationalen Erfolg ein spezifisch österreichischer wurde.«

Ähnlich wie bei seiner *Wunder-Bar* machte er wieder das gesamte Haus zum Schauplatz des Geschehens. Die Inszenierung sollte »alles bisher Dagewesene in den Schatten« stellen. »Die Straße vor dem Theater, das Theater selbst, der Zuschauerraum, die Seitengänge, das Foyer, das Buffet, Bühne, Dekorationen, Kostüme, Zuschauerraum, Personal und Ensemble, alles ein harmonisches Ganzes, eine künstlerische Einheit!«

Gemeinsam mit Marischka bearbeitete Farkas den ganzen Sommer über das Singspiel für österreichische Augen und Ohren. Bei den bisherigen Aufführungen in Berlin und London hatte es schwerwiegende Fehler gegeben, die dem dortigen Publikum nicht aufgefallen waren, über die sich aber die Wiener in ihrem Lokalpatriotismus fraglos alteriert hätten. So mußte die Figur des Kaisers im Stück verändert werden, Szenen wurden komplett umgeschrieben – und auch das Bühnenbild neu geplant; immerhin war bei den vorherigen Inszenierungen der Hintergrund des sommerlichen St. Wolfgang mit schneebedeckten Bergen ausgestattet worden.

In einem Brief vom 21. Juli 1931 schreibt Hubert Marischka seinem Freund Farkas von Velden nach Wien:

»Liebster, im Anschluß an unsere gestrige telefonische Aussprache bitte ich Dich nochmals, so bald wie möglich mir das Ischler Bild und die anderen Umänderungen, die Du gemacht hast, zu senden. Ich bin von vornherein überzeugt, daß es Dir ausgezeichnet gelungen ist und viele Lachmöglichkeiten in sich hat. Sollen wir nicht für Österreich von der Figur des Kammerdieners Ketterl, welcher für unsere Empfindungen doch ganz unmöglich als Suite des Kaisers mitkommen kann, absehen und die neue Figur eines Flügel- oder Generaladjutanten hineinschreiben? Der Graf Paar, beispielsweise, hat dem Kaiser ziemlich ähnlich gesehen und würde diese Ähnlichkeit, unterstützt durch eine Generalsuniform, im dritten Akte leicht zu einer Verwechslung Sigismund-Giesecke-Adjutant führen können. Wie denkst Du darüber?... Hoffentlich habt Ihr bei der Auswahl des Balletts hauptsächlich Gewicht auf Schönheit gelegt. Schönheit bei einem Girl ist alles. Tanzen braucht sie – wenn sie schön ist – überhaupt nicht zu können. Ich lege gar keinen Wert auf schwere Tanzschritte, Spitze und dergleichen, nur *hübsche* Girls und Boys ist die Hauptsache. Die Leute sehen miese Gesichter zuhause genug und wollen sich im Theater an dem Anblick schöner Menschen erfreuen. Vielleicht annonciere! Das macht nur Reklame...«

Bei der Premiere am 25. September 1931 war Hubert Marischka höchstpersönlich Wiens erster Leopold, Paula Brosig spielte und sang die Josepha Vogelhuber. Weiters waren dabei: Otto Langer als Kaiser, Fritz Imhoff als Giesecke, Lizzie Holzschuh und Mimi Shorp. Und der Sigismund, der nichts dafür konnte, »daß er so schön ist« – das war natürlich Karl Farkas, der damit eine seiner populärsten Rollen kreierte. Die Lied- und Zwischentexte von Robert Gilbert adaptierte er für sich:

...was kann der Sigismund, der Sigismund dafür *(die Musik wird unterbrochen)*. Wissen Sie, meine Herrschaften, man soll schön sein. Häßlichkeit ist ja dauerhafter. Aber Schönheit ist ein göttliches Geschenk. Wie überhaupt die Erschaffung des Menschen eine Erfindung Gottes ist. Leider hat er nur vergessen, sie sich seinerzeit patentieren zu lassen, so macht's ihm jetzt ein jeder Trottel nach. Aber Schönheit ist bewundernswürdig. Wie viele Künstler haben mich schon angefleht, ich möge ihnen Modell stehen, liegen oder sitzen. Ein Maler wollte mich porträtieren, ein Bildhauer wollte mich aushauen. Ja, als Reiterstatue. Drei Wochen bin ich ihm Modell gesessen auf einem Pferd mit dem Helm am Kopf, mit der Lanze in der Hand, ohne mit der Wimper zu zucken. Drei Wochen lang, das ist furchtbar schwer. Nach drei Wochen hab ich's mir dann endlich angesehen. War nur das Pferd da. Sag ich: Hallo, Meister! Wo bleib ich? Sagt er: Verzeihen Sie vielmals, ich wollte ja ursprünglich nur das Pferd modellieren, aber das Luder bleibt nicht ruhig stehen, wenn nicht einer draufsitzt. No, was sagen Sie: Das sind Skeptiker meiner Schönheit. Es gibt aber auch Enthusiasten... Schon seinerzeit, bei meiner Geburt, war ich ein schönes Kind. Alle Nachbarinnen sind zu meiner Mama gelaufen und haben gesagt: F r ä u l e i n, so etwas Schönes war überhaupt noch nicht da... Und diese Schönheit hat sich bis auf den heutigen Tag erhalten. Und was steht am Rande aller geknickten Mädchenherzen mit ehernen Lettern geschrieben? Was? Was? *(Musik setzt wieder ein)*:

Was kann der Sigismund dafür, daß er so schön ist?
Ist nicht der Sigismund ein süßer Kavalier?
Und daß er immer bei den Damen gern gesehen ist,
Ja, was kann der Sigismund, der Sigismund dafür?

Wie im Kabarett versteht es Farkas, auch als Sigismund Sülzheimer das Publikum durch aktuelle Pointen zum Lachen zu bringen. Seine Anspielung auf den Zusammenbruch der Creditanstalt und anderer Banken:

Leute mit Plattfüß sind jetzt die glücklichsten. Sie sind die einzigen, die ihre Einlagen herausnehmen können!

Der Wiener Erfolg stand dem Berliner Kassenschlager um nichts nach. Die Kritik jubelte, nur die »Neue Freie Presse« wunderte sich, »daß ein Theaterdirektor in einer Zeit, in der von Genf aus fortwährend die strengste Sparsamkeit diktiert wird, so tief in die Tasche greift...« Ansonsten nur Lob: »Marischka übertrifft sich selbst, alle guten Erinnerungen an Girardi reflektiert er«, heißt es in der »Bühne«, und »Sigismund« Farkas findet nicht weniger Anerkennung: »Mit Farkas kommt der leibhaftige, uralte Kasperl – natürlich in höchst zeitgemäßer Aufmachung und mit zeitgemäßem Idiom – aufs Theater... er ist die literarische Errungenschaft seit Blumenthal, der sich darob im Grabe umdrehen dürfte...«
Farkas hat in seinem Leben keine Rolle öfter gespielt als die des Sigismund. Während Marischka kurz vor der Premiere noch in einem Zeitungsinterview erklärt hatte, daß er die bestimmte Hoffnung hegte, das *Weiße Rößl* würde sechs Monate den Spielplan beherrschen, lief das Singspiel mehr als dreimal so lang. Es wurde eineinhalb Jahre en suite ohne Sommerpause aufgeführt – mit Ausnahme einer kurzen Unterbrechung im Januar 1932 infolge eines Streiks der Bühnenarbeiter. Farkas zu dem Sensationserfolg: »Achthundertmal hab ich den Sigismund gespielt. Tag für Tag, immer dasselbe, an Wochenenden täglich zweimal. Obwohl die Rolle kurzweilig ist, kann man nicht verhindern, daß sich mit der Zeit alles automatisiert. So wußte ich eines Samstag

nachmittags mitten im Entréelied nicht – hab ich jetzt die erste oder die zweite Strophe gesungen? Es war zu blöd. Also fing ich nach dem Refrain mit der dritten Strophe an – ich dachte mir, es wäre immer noch besser, eine Strophe auszulassen, als sie zu wiederholen. Gott sei Dank hatte ich die zweite tatsächlich bereits hinter mir, das hab ich sofort an der Reaktion vom Kapellmeister Anton Paulik bemerkt, denn der hätt mich schon strafend angeschaut, wenn ich eine ausgelassen hätte.«

Farkas wäre nicht Farkas gewesen, hätte er sich nach dem täglichen Sigismund-Auftritt gleich nach Hause begeben. Er war 1931 wieder zu Fritz Grünbaum an den »Simpl« zurückgekehrt, wo er jetzt spät nachts in der Revue *Im schwarzen Rößl* sein eigenes *Weißes Rößl* parodierte. Anny holte ihn allabendlich mit dem Buick vom Stadttheater ab, und während der Fahrt zum »Simpl« zog er sein Sigismund-Kostüm aus, um den Backenbart des Kaisers Franz Joseph anzulegen. Den spielte er nämlich im Kabarett.

Mit ähnlichem Erfolg wie am Stadttheater. »Kein Wunder«, urteilte das »Wiener Volksblatt« in seiner »Simpl«-Kritik, »Farkas ist ein Meister der Persiflage, der Regie und Darstellung, er reiht witzreiche Pointen aneinander, die von harmonieerfüllter Rhythmik der Musik umrahmt werden... er ist ein Quell unaufhörlicher Zwerchfellerschütterung.« Fritz Wiesenthal war in dieser Parodie der Leopold, Louise Kartousch die Rößl-Wirtin.

Ein Gutteil des Farkas-Erfolges am Stadttheater lag in der komisch anmutenden Diskrepanz zwischen der Rolle des Sigismund, der nichts dafür konnte, daß er so schön ist, und dem Äußeren seines Darstellers, der – allen herkömmlichen Geschmacksrichtungen zufolge – doch nicht unbedingt dem Idealbild des von der Weiblichkeit angehimmelten Mannsbildes entsprach. Der ziemlich eitle Farkas muß innere Kämpfe überwunden haben, die Rolle selbstironisch anzulegen. Jedenfalls war er – im Gegensatz zum Berliner Sigismund, Siegfried Arno – nicht bereit, den Part mit Glatze zu spielen.

Als das *Weiße Rößl* wegen des sensationellen Erfolgs seiner achthundertsten Aufführung entgegentrabte – es wurde inzwischen in der Wiener Fassung auch in Rom als *Al Cavallino Bianco* sowie in Kairo und Alexandrien aufgeführt –, Farkas aber bereits wieder anderen Verpflichtungen nachzukommen hatte, gab er die Rolle zugunsten verschiedener Komiker als Zweitbesetzung ab. Darunter der Schauspieler Rudolf Carl, der von der Eitelkeit Farkas' betroffen war. Irgendein Kritiker, der offensichtlich das Komödiantische an der Farkas-Darstellung überhaupt nicht erfaßt hatte, meinte nämlich, mit Rudolf Carl käme »endlich ein appetitlich aussehender, wunderbarer Tänzer« als Sigismund auf die Bühne.

So etwas freute Farkas nicht. Rund dreißig Jahre später (!) traf Rudolf Carl Farkas in der Wiener Stadtbahn. Rudolf Carl schreibt über diese Begegnung in seinen Memoiren *Mein Leben war lebenswert*: »Ich sah mich um, dachte mir: Die Nase kennst du doch. Saß Karl Farkas vor mir am Fenster. Ich grüßte ihn, er blickte verächtlich weg. Ich dachte: Aber das ist doch Blödsinn, ging zu ihm, sagte: ›Muß ma bes sein deswegen, weil ich gehabt hab an Erfolg als Sigismund? Wo ich die Rolle doch angelegt hab ganz anders?‹

Farkas grinste: ›No na!‹ Er gab mir die Hand, wir waren versöhnt.« Nach immerhin dreißig Jahren!

Das tausendjährige Öster-Reich

Farkas als Patriot

Die Rolle des Sigismund hatte Farkas zugunsten einer Alternativbesetzung abgeben müssen, weil er 1932 – die Direktion des Stadttheaters hatte er inzwischen zurückgelegt – gemeinsam mit Franz Engel die künstlerische Leitung der Revuebühne »Moulin Rouge« übernahm.

Seine erste Revue dort trug den Titel *Küßt österreichische Frauen* und war von ihm selbst verfaßt. Nicht nur in Wien sprachen sich die ungeheure Vielfalt und der Fleiß Farkas' herum, auch der Redakteur der »Berliner Fremden-Zeitung« staunte in seinem Bericht über das österreichische Kulturleben: »Was die Jeritza in der Oper, ist Karl Farkas auf den Brettern der Operette, der Revuebühne, des Kabaretts: der erkorene Liebling des Wiener Publikums. Ein Allesmacher zeigt hier seine vielseitige Kunst. Denn Farkas ist Theaterdirektor, Revuestar, Dichter, Schauspieler, Sänger, Tänzer, Conférencier. Aber zwischendurch findet dieser Tausendsassa, während andere an seiner Stelle dem Wahnsinn verfallen oder an Erschöpfung zusammenbrechen würden, noch immer zu Neugründungen Zeit, verwandelt Wiens mondänsten Tanzpalast, das ›Moulin Rouge‹, in ein modernes Revuetheater und führt dort in einer von ihm selbst verfaßten Revue *Küßt österreichische Frauen* nicht bloß eine Galerie rassiger Frauenschönheiten vor, sondern zaubert auch gleichzeitig ein Raketenwerk sprudelnder Laune und moussierender Musik aus dem Nichts. Nein, man kann wirklich nicht behaupten, daß Wien als Vergnügungsstadt vor der Wirtschaftskrise das Hasenpanier ergreift...«

Neben den Direktoren Farkas und Franz Engel wirkten in dieser Revue Mimi Shorp und der damals blutjunge Schauspieler Erik Ode mit. Ode, Jahrzehnte später als Fernseh-Kommissar populär geworden, erinnerte sich wenige Wochen vor seinem Tod, für diese Biografie über Farkas befragt, an den künstlerischen Leiter des Unternehmens:

»Mit Farkas hatte ich die Gagenverhandlungen zu führen. Er war, ich muß es sagen, furchtbar knausrig. Die Proben liefen bereits seit Wochen – aber Farkas wollte keinen Vorschuß zahlen. Eines Tages war es mir zu dumm. Ich bin in sein Büro im ›Moulin Rouge‹ gegangen und habe ihn verprügelt.«

»Wirklich fest verprügelt?«

»Jaja, so richtig verprügelt.«

»Und – hat er dann gezahlt?«

»Ja, dann hat er gezahlt.«

In Berlin war Farkas längst kein Unbekannter mehr. Während seines Engagements im Charlott-Casino hatte er große Erfolge gefeiert und war innerhalb kürzester Zeit zu einem Liebling des dortigen Kabarettpublikums geworden. Mit seinen großen Revuen hatte er – nachdem sie in Wien ausgelaufen waren – in Düsseldorf, München und den anderen großen Städten Deutschlands Sensationsgastspiele absolviert. »Aus Frankfurt am Main wird uns telegraphiert«, schreibt das »Neue Wiener Journal« am 27. September 1930, »die neueste Revue von Karl Farkas *Auf Liebe eingestellt* hat hier unter der Aegide der Brüder Schwarz am Schumann-Theater mit großem Erfolg ihre Premiere erlebt. Farkas wurde als Autor, Regisseur und Hauptdarsteller sehr gefeiert...«

Das alles sollte sich über Nacht ändern. Adolf Hitler wird am 30. Januar 1933 zum Reichskanzler ernannt. Der Reichstag geht in einem Flammenmeer auf, kurze Zeit später werden in ersten »Säuberungsaktionen« in zahlreichen Städten die Bücher »nichtarischer« oder politisch nicht genehmer Schriftsteller verbrannt. Darunter die Werke so prominenter Autoren wie Franz Werfel, Joseph Roth, Jakob Wassermann, Max Brod, Lion Feuchtwanger,

Egon Erwin Kisch, Thomas und Heinrich Mann, Arthur Schnitzler, Kurt Tucholsky, Stefan und Arnold Zweig...Jüdische Beamte – in erster Linie Hochschullehrer, Juristen und Ärzte – werden aus ihren Ämtern entfernt. Viele vorwiegend in Deutschland wirkende Künstler gehen in die Emigration. Darunter Max Reinhardt, Paul Morgan, Ernst Deutsch, Albert und Else Bassermann, Fritz Kortner, Oskar Karlweis, Siegfried Arno, Max Hansen, Franz Lederer, Peter Lorre, Friedrich Hollaender, Richard Tauber, Joseph Schmidt, Roda Roda, Fritzi Massary, Gitta Alpar, Grete Mosheim, Therese Giehse, Szöke Szakall, Fritz Lang...

Die meisten siedeln sich aus naheliegenden Gründen – hier konnte man in der eigenen Sprache arbeiten – vorerst in Wien an. Nur wenige – wie Farkas-Schulkollegin Elisabeth Bergner, die nach London ging, schaffen gleich den Absprung ins anderssprachige Ausland.

Der deutschsprachige »Markt« wurde jedenfalls viel zu klein. Wesentlich mehr Künstler – unter ihnen die hervorragendsten und berühmtesten – mußten sich immer weniger Bühnenhäuser teilen. Allein 1500 Schauspieler aus Wien waren arbeitslos! Neben den österreichischen Städten gab es jetzt nur noch die böhmische Provinz. Karl Farkas wurde bei einem Auftritt in Brünn zwar immer noch vom dortigen »Tagesboten« als »einer der einfallsreichsten Köpfe Wiens« gefeiert, aber wie sollte es weitergehen? Wie lange würde es dauern, bis die Nazis auch Österreich und die Tschechoslowakei beherrschen würden?

Die Auswirkungen der neuen Machthaber von Berlin machten sich überall bemerkbar. Das vermehrte Angebot von Künstlern drückte die Gagen. Franz Stoß – wie erwähnt damals Intendant des Theaters der schlesischen Stadt Troppau – weiß davon zu berichten: »Grünbaum war in der Zeit nach 1933 dreimal bei mir engagiert. Er war natürlich immer noch genauso gut wie vorher. Aber er, Farkas, Engel, Wiesenthal, Armin Berg, Hermann Leopoldi und all die anderen konnten nicht mehr in Deutschland auftreten – was ihren Preis ziemlich verringerte.«

Stoß glaubt sich zu erinnern, daß Grünbaum bei ihm damals pro

Auftritt rund tausend Kronen verdiente, »das war nicht schlecht, aber keine wirkliche Spitzengage mehr, wie er sie noch Jahre vorher für ein Gastspiel erhalten hätte«.

Wiens berühmteste Kabarettisten haben bis zu diesem Zeitpunkt wirklich hervorragend verdient. So hatte es Grünbaum, der mit seiner Frau bescheiden lebte, zu einer ansehnlichen Kunstsammlung gebracht. Er besaß kostbare Blätter, insbesondere von französischen Impressionisten, aber auch Kokoschka-Originale sowie Zeichnungen von Adolph von Menzel und Moritz von Schwind. In einer seiner zahlreichen Mappen befanden sich wertvolle alte Kupferstiche von Rembrandt bis Dürer.

Das Programm am Kabarett wurde ab 1933 den neuen Zeiten angepaßt. Stoß: »Grünbaum conférierte politischer als vorher, ohne deshalb ›politisches Kabarett‹ zu bringen, er verteilte seine Hiebe nach allen Seiten – vor allem natürlich jetzt gegen die Nazis. Er brachte satirische Schilderungen des Dritten Reichs, aber auch der Zustände in Österreich.«

Grünbaum, Farkas & Co. erhielten nicht nur geringere Gagen, auch die Zuschauerzahlen gingen zurück. Der aus Deutschland in die östlichen Nachbarländer strahlende, staatlich gelenkte Antisemitismus war in Österreich stärker zu spüren als je zuvor. Dazu kam, daß die nach 1918 versprochene Selbständigkeit der Völker nicht eingetreten war, dreieinhalb Millionen Sudetendeutsche wollten nicht länger Tschechoslowaken sein. Das ließ auch dort den Antisemitismus erblühen, denn »schuld« waren daran – wie in so vielen Fällen – »die Juden«.

Auch in den Wiener Kabaretts kam es zu antisemitischen Äußerungen. Als Farkas wieder einmal als Blitzdichter auf der Bühne stand, rief ihm ein Zuschauer entgegen: »Judenbengel!« Farkas war auch dadurch nicht aus der Fassung zu bringen. Er nahm eine Rose aus der Vase eines Tisches in der ersten Sitzreihe und sagte:

Das ist die Rose.
Hier ist der Stengel.

Ich bin der Jud *(auf den Zuschauer deutend)*:
Und dort sitzt der Bengel!

Da die Konkurrenz groß geworden war, hatten sich die Zeiten für Künstler wesentlich verschlechtert. Aber noch konnten die österreichischen Kabarettisten – sie waren fast zu hundert Prozent jüdischer Abstammung – spielen. Karl Farkas in einem Zeitungsinterview über diese Zeit: »Gute Schauspieler und erstklassige Komiker liefen scharenweise herum, es gab Tenöre und Soubretten in Hülle und Fülle, ganz zu schweigen von guten Stücken. Bei einer Kartenpartie im Café Museum saßen Lehár, Kálmán, Eysler, Granichstaedten, Leo Fall und Oscar Straus an einem Tisch. Gekiebitzt hat noch Robert Stolz!«

Trotz des Überangebots an Autoren und Schauspielern konnte Farkas in dieser schweren Zeit noch einige große Erfolge feiern. Der erste, im November 1933, war gleich ein bewußt österreichischer Protest gegen die neuen Machthaber in Berlin. Farkas adaptierte Roda Rodas *Feldherrnhügel* und brachte die alte Militärschnurre als patriotische Revue unter dem Titel *O du mein Österreich* heraus. Die Farkas-Bearbeitung wurde zu einem theatralischen Bekenntnis zum politisch selbständigen Österreich. Als Höhepunkt der Vorstellung im Stadttheater bildete der Festzug »1000 Jahre Österreich« eine wohl eindeutige Anspielung auf das für eine ebensolche Zeitspanne vorgesehene »Reich« des Adolf Hitler. Die berühmtesten Protagonisten der langen österreichischen Geschichte waren – in gekonnter Maske – die »Hauptdarsteller« dieser imposanten Szene. Hubert Marischka, der – neben Farkas, Camilla Spira und Mimi Shorp – selbst mitspielte, betonte im Programmheft die Absicht der Revue, zur Stärkung des Nationalbewußtseins beitragen zu wollen: »... der Geist der Zeit kommt uns jetzt entgegen... das Werk soll dem zum vaterländischen Geist erwachten österreichischen Bewußtsein die weitere Konjunktur erleichtern...« Das offizielle Österreich wußte solche Art von Patriotismus zu schätzen. Bundeskanzler Dr. Engelbert Dollfuß nahm – ein halbes Jahr vor seiner

Ermordung durch nationalsozialistische Putschisten – an der Spitze einer Regierungsabordnung an der Premiere teil.

Den nächsten großen Erfolg hat Farkas im Jahre 1936 als Co-Autor und Regisseur des Stücks *Hofloge*. Der Inhalt der – achtzehn Jahre nach der Abdankung Kaiser Karls I. – wieder einmal im monarchistischen Milieu spielenden Komödie: Ein König hat Angst vor Attentaten und engagiert sich ein Double, das damit zum Selbstmordkandidaten wird. Wie's so zugeht im Lustspiel, verliebt sich der falsche König in die Königin. Doch stellt sich im dritten Akt heraus, daß auch sie glücklicherweise nur Ersatzmonarchin ist, womit dem Happy-End trotz diverser Turbulenzen nichts mehr im Wege steht. Als falscher König konnte für die Inszenierung an der Wiener »Scala« – dem ehemaligen Johann-Strauß-Theater – der aus Berlin emigrierte Oskar Karlweis gewonnen werden. Weiters spielten Otto Wallburg als Ministerpräsident und Annie Rosar als Obersthofmeisterin mit.

Aber noch fehlte der weibliche Jungstar. Farkas in einer Radiosendung, wie er zur Darstellerin der »falschen« Königin kam – und was für einen »Fang« er dabei machte: »Es war gar nicht so leicht, eine Hauptdarstellerin für diese musikalische Komödie zu finden. Sie mußte jung sein, sie mußte hübsch sein, sie mußte wissen, was sie redet, also intelligent sein, sie mußte Humor haben und genügend Stimme, um die Lieder zu interpretieren. So ein Universaltalent war schwer zu finden. Die, die's konnten, waren zu alt, und die, die zu alt waren, waren nicht für diese Rolle einzusetzen. Da ging ich zu einer Vorstellung der jungen Bühne ›Literatur am Naschmarkt‹, wo ich in einer glänzenden Parodie auf Paula Wessely ein Mädchen sah, das diesem von mir gesuchten Ideal genau entsprach. Ihr Name: Hilde Krahl.«

Farkas ließ die Nachwuchskünstlerin zum Vorsprechen kommen – und sie war engagiert. Über Nacht war das junge Mädchen »gemacht«. Die »Wiener Zeitung« entdeckte schon im Premierenbericht »eine Schauspielerin von ganz erlesenen Qualitäten und entzückendem Können; sie singt nicht nur reizend, sie gestaltet und spielt auch mit frischester Anmut«. Hilde Krahl, deren große Theater- und Filmkarriere mit *Hofloge* beginnen sollte, heute über ihre Zusammenarbeit mit Farkas: »Er war mein erster Regisseur auf einer großen Bühne, und dadurch, daß er sein Handwerk so großartig beherrschte und mich richtig lenken und führen konnte, habe ich ihm sehr viel zu verdanken.«

Unter seiner Regie wirkte in den verschiedensten Theatern überhaupt ein Großteil der angehenden oder bereits etablierten Berühmtheiten dieser Zeit: neben Karlweis und Hilde Krahl auch noch Christl Mardayn, Max Hansen, Hans Albers, Hubert Marischka, Hertha Feiler, Hans Moser... in seinen Stücken und Revuen spielte ebenfalls die Prominenz: Richard Waldemar, Hermann Leopoldi – die späteren Weltstars Marlene Dietrich und Peter Lorre sangen in der Operette *Wenn man zu dritt...* im Jahre 1927 seine Liedtexte an den Kammerspielen.

Durch *Hofloge* gab's aber noch eine Entdeckung. Farkas suchte für die Vertonung des Lustspiels einen Komponisten, der die Musik innerhalb von drei Wochen (!) schreiben würde. Die etablierten Komponisten wie Benatzky oder Stolz hätten so etwas mangels Zeit natürlich nicht fertiggebracht, also suchte Farkas »im Untergrund«. Gerade zu dieser Zeit hatte der Wiener Schriftsteller Peter Herz (»In einem kleinen Café in Hernals...«) dem *Hofloge*-Star Oskar Karlweis einen jungen Mann namens Hans Lang vorgestellt, der von sich behauptete, komponieren zu können. Lang erinnerte sich: »Karlweis machte mich Farkas bekannt. Der redete nicht lange herum, fragte nur, ob ich mich trau, ich sagte mutig ja – und die Sache war perfekt. Farkas kam dann immer in die Wohnung meiner Eltern am Ziehrerplatz, wo wir gemeinsam die Lieder erdachten. Er gab mir eine Zeile – ich setzte mich zum Klavier und innerhalb von Minuten entstanden die Melodien.«

Die bald nach der Premiere zu Schlagern wurden. Wie zum Beispiel: »Es kommt im Leben vor, daß etwas vorkommt«, »Mein Liebster steht im Lesebuch«, »Lieber Raoul, der Dritte, ich hätt' eine Bitte«...

Hans Lang weiter: »Dann fragte mich Farkas, ob ich die Vorstellungen auch dirigieren würde. Ich sagte, obwohl darin völlig unerfahren, wieder mutig zu. Die Proben waren dann eine furchtbare Drängerei, es war ja nur so wenig Zeit, aber es ist alles gutgegangen. Wir hatten großartige Kritiken.«

Seine Lieder wurden von der Presse als »sehr hübsche, anmutende Musik« bezeichnet. Lang war Absolvent der Handelsakademie, der zweimal die dritte Klasse besucht hatte (»Nur meine Eltern dachten, ich wäre in der vierten«), weil er nebenher am Musikkonservatorium studierte. Auch für ihn bedeutete die Zusammenarbeit mit Farkas den entscheidenden Sprung für die spätere Karriere. Sofort nach *Hofloge* erhielt er den Kompositionsauftrag für den Geza-von-Bolvary-Film *Lumpazivagabundus*. Dem »liederlichen Kleeblatt« Paul Hörbiger, Heinz Rühmann, Hans Holt schrieb er die Melodie zu »Wozu ist die Straße da?« Durch vierzig Filmmusiken und fünfundzwanzig musikalische Lustspiele wurde Lang zu einem der erfolgreichsten Wienerliedkomponisten unseres Jahrhunderts. Er schrieb Melodien, die heute schon als Volkslieder gelten: »Mariandl«, »Der Hofrat Geiger«, »Liebe kleine Schaffnerin«, »Der alte Sünder«, »Wenn ich mit meinem Dackel«, »Ich bin ganz verschossen in deine Sommersprossen«...

Von den rund vierhundert Sketchen, Theaterstücken und Revuen, die seiner Feder entstammten, verfaßte Farkas den Großteil gemeinsam mit Co-Autoren wie Grünbaum, Herczeg, Gustav Beer, Robert Katscher oder Ludwig Hirschfeld, bei *Hofloge* wurde als Co-Autor eine mysteriöse Amerikanerin namens J. M. Crawford genannt. Die »Wiener Zeitung« vermutete im Premierenbericht, hinter dem Pseudonym stecke der ungarische Autor Ladislaus Fodor. Farkas nützte das in ganz Wien angeregt diskutierte Rätsel für weitere geschickte *Hofloge*-Public-Relations. In der Zeitung »Das Echo« publizierte er – fünf Tage vor der Premiere – das Gedicht »Wer ist diese Crawford?« und machte das Thema damit noch interessanter:

Hofloge-Probe – Wer ist Crawford?
Im Orchester sitzt Hans Lang
Leise schleicht sich eine Frau fort
Auf der Bühne Zwiegesang
Hilde Krahl und Oskar Karlweis
Der das Stück so reizend führt
Girls und Boys verkommen paarlweis
Von mir selber inszeniert...

Die wahre Identität der rätselhaften Mrs. Crawford ist bis heute nicht restlos geklärt.

Die »Literatur am Naschmarkt«, aus der Farkas Hilde Krahl an die »Scala« holte, war aber nur eines von mehreren jungen Kabaretts, die in dieser Zeit beachtliche Talente hervorbrachten. Es lag in der Natur der Sache, daß sich – mit Machtantritt der Nazis in Deutschland – neben den Wiener Unterhaltungskabaretts um Grünbaum und Farkas auch aggressive, literarische und politisch ambitionierte »Brettln« etablierten.

Da war also zunächst einmal die »Literatur«, im Keller des Café Dobner am Naschmarkt gelegen. Sie wurde bald das »Burgtheater der Kleinkunst« genannt. Neben der Krahl wurden hier Schauspieler wie Heidemarie Hatheyer, Eric Pohlmann, Peter Hey, Relly Gmeiner, Hugo Gottschlich, Manfred Inger und Oskar Wegrostek entdeckt. Im Souterrain des Café Prückel auf der Ringstraße war Stella Kadmons »Der liebe Augustin« untergebracht. Ihre Nachwuchstalente hießen Fritz Eckhardt, Fritz Muliar, Leon Askin, Gusti Wolf. In der Porzellangasse spielten Josef Meinrad und Ernst Hagen für das »ABC«.

Daß die Texte höchsten literarischen Ansprüchen gerecht wurden, dafür garantierten die Autoren dieser Bühnen – darunter Peter Hammerschlag, Jura Soyfer und Hans Weigel.

Hans Weigel erinnerte sich: »Wir waren junge, fortschrittliche Leute. Ein Farkas zählte für uns zum Unterhaltungsestablishment, und mit dem wollten wir nichts zu tun haben. Über die Angehörigen dieses Establishments haben wir uns sogar auf der Bühne der

›Literatur am Naschmarkt‹ lustig gemacht. In einer Bilderfolge zur damaligen Unterhaltungsbranche – der Titel lautete *Prinzessin Publikum* – parodierten wir Armin Berg, Hermann Leopoldi und auch Farkas. Letzterer hatte ja die Aufgabe übernommen, die Kammerspiele mit seinen Revuen wieder flottzumachen, nachdem diese zuvor mit ihrem literarischen Programm Schiffbruch erlitten hatten. Ein Schauspieler, der ›als Farkas‹ auftrat, sprach in der typischen Diktion des Parodierten:

> Früher fragt' man sich in den Kammerspielen
> Jeden Abend ängstlich: Kammer spielen?
> Ohne daß er dabei irgendwas sah
> Schaute der Direktor in die Kassa...

Nachdem Farkas mit seiner *Wunder-Bar* als Retter der Kammerspiele apostrophiert wurde, ging's in typischer Farkas-Reimform weiter:

> Kein anderer kriegt so eine Star-Gage
> Wie der Karl Farkas...«

Hilde Krahl trat in der Bilderfolge, die sich über Farkas lustig machte, als personifizierte Kleinkunst auf. Weigel weiter: »Erst als Farkas nach dem Krieg wieder da war, habe ich ihn dann sehr bewundert und geschätzt. Da war mein Verständnis der Künste, die eben auch die Unterhaltung mit einschließen, gereift.«
Weigel, lange Jahre Wiens führender Theaterkritiker, hatte Farkas vor dem Krieg kein einziges Mal auf der Bühne erlebt. Weder im Kabarett noch im Theater oder in der Revue. Später bedauerte er das: »Ich könnte mich ohrfeigen, daß ich all die Dinge, für die ich mir zu gut war, nicht gesehen habe.«
Zu den Stammgästen der »Literatur am Naschmarkt« zählten neben den ständigen Talent-Suchern Grünbaum und Farkas auch Prominente wie Carl Zuckmayer, Julius Korngold, Robert Stolz, Alfred Polgar oder Egon Friedell. Letzterer, so erzählte man, besuchte eine Premiere der »Literatur«. Gut aufgelegt, wie Friedell stets war, absolvierte er während der Pause einen Besuch in

der Künstlergarderobe, vor allem, um mit bildhübschen weiblichen Ensemblemitgliedern wie Hilde Krahl und Heidemarie Hatheyer zu schäkern. Fräulein Ledermann, die etwas ältliche Sekretärin der »Literatur«, beobachtete dies und stellte Friedell: »Lieber Herr Doktor«, sagte sie streng, »das geht nicht, Sie können doch nicht während der Premiere hinter die Bühne kommen und unsere Mitarbeiterinnen von der Arbeit ablenken, die müssen sich doch konzentrieren!«

»Liebe Dame«, antwortete Friedell, »ich hab schon bei Reinhardt zu einer Zeit Schauspielerinnen abgelenkt, da waren Sie überhaupt noch gar...« (er unterbrach sich für einen Moment, um seine Brille aufzusetzen) »...das heißt: Sie waren schon auf der Welt!«

Nach *Hofloge* bringt Farkas noch *Bei Kerzenlicht* – mit Max Hansen, Gusti Huber, Hans Olden und Mimi Shorp – im April 1937 am Deutschen Volkstheater heraus. Und im Februar 1938 am Theater an der Wien *Dixie*, wieder mit Karlweis sowie Lizzi Waldmüller, Paul Morgan, Franz Engel und Emil Stöhr. Als jugendlicher Liebhaber agierte Peter Hey, der in der Nachkriegszeit noch eine wichtige Rolle spielen sollte: als Regisseur von mehr als hundert Farkas-*Bilanzen* im Fernsehen.

Hey erinnert sich: »Ich war dreiundzwanzig Jahre alt und bei Farkas bereits in *Hofloge* und *Bei Kerzenlicht*, damals noch als ›Einspringer‹, aufgetreten. In *Dixie* hatte ich jetzt meine erste größere Rolle. Meine Partnerin war die wirklich bildhübsche Ellen Lutz, eine Schönheitskönigin dieser Tage. Bei der Arrangierprobe war Farkas schlechter Laune – was manchmal vorkam. Er knurrte, als er uns beide sah, streng, aber ungerecht: ›Habt ihr für die Rollen keine schöneren Leute gefunden?‹ Die wunderschöne Ellen brach gleich in Tränen aus, ich erwiderte – anspielend auf des Meisters ausgeprägte Kinnpartie – ziemlich frech: ›Für Sie wohl schön genug! Entschuldigen Sie, wenn wir keine Revolverschnauze haben.‹ Allgemein betretenes Schweigen, die Lunte der Gegnerschaft beginnt zu glimmen... über Jahre hinaus.«

Begegnungen Farkas-Hey nach dem Krieg fallen frostig aus, auch als Farkas durch Fernsehunterhaltungschef Karl Lackner erfährt, daß Hey sein neuer Regisseur ist, geht's anfangs unterkühlt zu. Erst mit der Zeit »erweist sich der Respekt des Jüngeren nicht mehr als Einbahn« (Hey). Farkas akzeptiert die erfolgreiche Zusammenarbeit. Viele Jahre später, anläßlich einer TV-Sendung zum 75. Geburtstag von Karl Farkas, finden die beiden erst wirklich zueinander. Während einer Pause fragt Farkas seinen bereits langjährigen Regisseur: »Sagen Sie, Peter, wie lange kennen wir einander eigentlich schon?«
Hey wundert sich: Sollte Farkas, der Mann mit dem Computer-Gedächtnis, das wirklich bereits vergessen haben? Er erinnert ihn: *Hofloge, Bei Kerzenlicht, Dixie*... Farkas schweigt, anscheinend verwundert. Dann wieder Fernsehaufnahme, die Gratulationsgeschenke werden dem Jubilar präsentiert, Hey seinerseits überreicht dem »Altmeister« ein Buch. Farkas bedankt sich vor laufender Kamera auf seine Art: »Wie die Zeit vergeht. Heute sind Sie mein Regisseur, vor dem Krieg war ich der Ihre. Ich erinnere mich noch, wie damals ein *bildhübscher*, blonder Bursch auf mich zugekommen ist...«
Peter Hey: »Das war die Wiedergutmachung und die endgültige Versöhnung – nach dreißig Jahren.«
Dixie sollte das letzte Farkas-Stück in der Ersten Republik sein. Premiere: 8. Februar 1938.
Nach zwei Tagen, am 10. Februar, erscheinen die – meist hymnischen – Kritiken. Die »Wiener Zeitung« schließt ihren Bericht mit den Worten: »Das Publikum zollte den Autoren und Darstellern warmen Beifall.«
Einen Monat später »zollt das Publikum« wieder Beifall. Einem ganz anderen. Adolf Hitler spricht vom Balkon der Hofburg aus zu den Menschenmassen, die sich zu seiner Begrüßung auf dem Wiener Heldenplatz eingefunden haben. Österreich ist bereits von deutschen Truppen besetzt.
Für Farkas beginnen – wie für Millionen Menschen – sieben Jahre der Flucht, des Versteckens, der Haft und Verbannung.

»Wenn's nicht anders geht, vergifte ich mich«

Karl Farkas muß Wien verlassen

Die ganz persönliche Tradögie des Ehepaares Farkas weitet sich durch die allgemeine aus. Das behinderte Kind wird lebensbedrohend für die ganze Familie. Es ist halbjüdisch und stellt, weil unheilbar, »unwertes Leben«, so die offizielle Diktion der Nationalsozialisten, dar. Andererseits ist die Einreise in ein Emigrationsland mit dem kranken Kind so gut wie unmöglich.

Aber auch Farkas selbst ist – wie Grünbaum – »doppelt gefährdet«. Rassisch und politisch. Grünbaum durch seine eindeutigen Conférencen, die sich – je länger Hitler in Deutschland an der Macht ist – in verstärktem Maße gegen dessen barbarische Diktatur richten; Farkas unter anderem durch die pro-österreichische Adaptierung des *Feldherrnhügels*. Und beide durch ihre selbstverfaßten, bewußt jüdisch vorgetragenen Komikerauftritte in der Zwischenkriegszeit. Anders als in den Jahren nach dem Zweiten Weltkrieg wurde das jüdische Element im Kabarett damals stark unterstrichen, mehr noch, es war ein fester Bestandteil der Kleinkunst. Grünbaum über seine sehr jüdische Art vorzutragen: »Mein Kopf genügt mir – nur sechs Händ' tät ich brauchen!« Der Kritiker Siegfried Geyer formulierte das so: »Wenn ein Komiker nicht jüdelt, glaubt man, er spricht Esperanto.«

Hier ein Doppelconférence-Ausschnitt als Beispiel für die Unterstreichung des jüdischen Elements in der Grünbaum-Revue *Apollo? Nur Apollo!*, 1925 mit Farkas und Sigi Hofer im Apollotheater aufgeführt.

FARKAS: Alle Juden sind miteinander verwandt. Kennen Sie die Poppers in Perlitz?
HOFER: Nein, aber die Pollaks in Nikolsburg.
FARKAS: Da haben wir's. Die alte Pollak is a Tante von mir.
HOFER: Wirklich? Von mir auch. – Servus, Cousin!

Auch in einem Farkas-Chanson wird die weitverbreitete jüdische Verwandtschaft besungen. Es ist ein weiteres Beispiel für den sich damals öffentlich zu seiner jüdischen Herkunft bekennenden Farkas:

Ich hab eine Tante in Peking,
Von der ich als Säugling schon wegging,
Das war eine brave, zufriedene,
Charmante, süperbeste – Jiddene...

Für Kabarettisten seines Schlags war das Verlassen des von den Nazis »angeschlossenen« Landes also noch dringlicher als für andere »Nichtarier«. Grünbaum und Farkas, die einstigen Rivalen, waren mittlerweile zu echten Freunden geworden. Vor allem seit Beginn der dreißiger Jahre, die ihre Blütezeit besonders im »Simpl« einleiteten. Gemeinsam hatten sie inzwischen die künstlerische Leitung des Wollzeilenkellers übernommen, und gemeinsam traten sie dort jeden Abend mit ihren eigenen Texten – in denen bald auch ein Hund namens »Adolf« vorkam – auf.
Für beide stellte sich jetzt die Frage: »Wie kommt man aus Wien heraus?« Die folgenden Stunden und Tage wurden zum Wettlauf mit der Zeit.

10. März 1938
Letzte »Simpl«-Vorstellung von und mit Grünbaum und Farkas. Der Titel: *Metro Grünbaum-Farkas' höhnende Wochenschau.* Grünbaums Pointe an diesem Abend, als er am Beginn seiner Conférence die – mit Absicht – stockfinstere Bühne betritt: »Ich sehe nichts. Absolut gar nichts. Da muß ich mich in die nationalsozialistische Kultur verirrt haben.«

11. März 1938

Adolf Hitler gibt die Weisung, »mit bewaffneten Kräften in Österreich einzurücken, um dort verfassungsmäßige Zustände herzustellen.«

Am Nachmittag desselben Tages geht das Ehepaar Farkas ins Kino. Anny Farkas erinnerte sich: »In der Wochenschau hat man noch eine Rede Bundeskanzler Schuschniggs gezeigt. Seine letzten Worte waren: ›Rot-weiß-rot bis in den Tod!‹

Wir sind dann nach Hause gefahren, um noch eine Kleinigkeit zu essen. Am frühen Abend hat mein Mann das Haus verlassen, um in den ›Simpl‹ zu gehen. Nach einer halben Stunde kam er wieder zurück und sagte: ›Du, sie lassen den Grünbaum und mich nicht mehr herein. Der Hitler wird einmarschieren, angeblich ist er schon unterwegs.‹«

Gegen 20 Uhr läutet das Telefon. Grünbaum ist am Apparat. »Karl, ich fahre jetzt mit meiner Frau nach Preßburg. Ich bitt dich, verschwind auch du, aber rasch!«

Anny Farkas: »Nach dem Telefonat ist mein Mann verzweifelt in der ganzen Wohnung auf- und abgelaufen. Dann hat er zu mir im vollsten Ernst gesagt: ›Weißt du was, Anny, das gescheiteste ist, wir drehen das Gas auf.‹

Wir sind in die Küche gegangen. Haben uns umarmt und beide geweint. Schrecklich geweint. ›Aber was wird mit dem Kind sein?‹ hat mein Mann gefragt. ›Das arme Kind!‹ Dann hat er den Plan wieder fallengelassen.«

An diesem Abend gibt Dr. Kurt von Schuschnigg im Radio seinen Rücktritt bekannt. »Der Herr Bundespräsident beauftragt mich, dem österreichischen Volk mitzuteilen, daß wir der Gewalt weichen ... So verabschiede ich mich in dieser Stunde von dem österreichischen Volk mit einem deutschen Wort und einem Herzenswunsch: ›Gott schütze Österreich!‹«

In derselben Nacht noch wird vom Balkon des Bundeskanzleramtes die Ernennung einer nationalsozialistischen Regierung unter Arthur Seyß-Inquart bekanntgegeben. Das Ehepaar Farkas verbringt eine schlaflose Nacht.

12. März 1938

Um 5 Uhr 30 früh besetzen deutsche Truppen die Grenzüber-
gänge nach Österreich. Der Einmarsch beginnt.

Frühstück in der Wohnung Farkas, Wien III. Bezirk, Ungargasse 59a. Farkas: »Ja, der Grünbaum hat doch richtig gehandelt.
Ich hätte mitgehen sollen. Er sitzt in Preßburg und ich sitz da.«
Frau Farkas: »Karl, du kannst ja immer noch fahren. Fahr du
allein, ich bleibe mit dem Kind da.«

Sie begleitet ihren Mann, einen kleinen Koffer in der Hand, zum
Ostbahnhof, wo sie ihn verabschieden will.

»Eine Fahrkarte nach Preßburg.«

»Nein«, sagt der Schalterbeamte, »bis nach Preßburg kommen
Sie nicht, Herr Farkas. Die Grenze ist gesperrt, die Tschechen
lassen niemanden einreisen.«

»Siehst du«, sagt der völlig niedergeschlagene Karl Farkas zu
seiner Frau, »ich hätte gestern fahren sollen.«

Dann gehen sie nach Hause. Das Telefon läutet, Grünbaum ist
wieder am Apparat.

»Was, Fritz, du bist da?«

»Ja, sie haben mich nicht über die Grenze gelassen. Komm zu
mir, Karl, ich werde dir alles erzählen.«

Anny Farkas ruft sämtliche Konsulate wegen eines Visums an.
Nichts zu machen. Alle Grenzen sind gesperrt.

Inzwischen haben die deutschen Truppen Oberösterreich besetzt.
Adolf Hitler trifft heftig umjubelt in seiner Geburtsstadt Braunau
am Inn ein. Am Abend hält er eine Großkundgebung in Linz ab.

Grünbaum erzählt Farkas, was sich unterwegs abgespielt hat.
»Wir waren zu spät dran. An der Grenze hat man uns aufgehalten,
wir mußten aussteigen und wurden zu einem anderen Zug
geführt. Wir wußten nicht, wohin es geht. Auf einmal haben wir
bemerkt, daß wir wieder auf dem Rückweg nach Wien sind.«

Optimistisch fügt Grünbaum noch hinzu: »Ich habe einen Schwager in Belgien, der wird mir sicher ein Visum schicken und zu
dem werden wir fahren ...«

Spät abends, während Anny und Karl Farkas mit dem Ehepaar

Grünbaum die Lage besprechen, trifft das Vorkommando der achten deutschen Armee in Wien ein. Kaum ist Farkas wieder zu Hause, reißt er seine Schreibtischladen auf. »Ich habe gewußt, er wird das Luminal suchen. Wir hatten dort einige hundert Stück dieses Schlafmittels versteckt. Aber ich hab es wohlweislich am Vortag, nach der Sache mit dem Gas, weggeworfen. Ich mußte mit dem Schlimmsten rechnen, denn er hat immer zu mir gesagt: ›Anny, wenn's nicht anders geht, vergifte ich mich. Fangen werd ich mich nicht lassen.‹«

Anny Farkas versucht ihren Mann zu beruhigen. »Weißt du, Karl, ich gehe morgen früh auf die tschechische Botschaft, ich war ja früher Tschechin. Und ich werde sagen: ›Mein Mann, der Karl Farkas, hat immer in den tschechischen Bädern mit dem Grünbaum gastiert. Und die beiden haben dort jetzt ein Engagement.‹ Karl, wir müssen es versuchen.«

In der Nachkriegszeit wurde dann gemunkelt, Farkas hätte seinen Freund Fritz Grünbaum im Stich gelassen und sich, ihn in Wien zurücklassend, aus dem Staub gemacht. Farkas hat unter diesem erfundenen Gerücht gelitten, seine Frau brachte nach Karls Ableben Aufklärung in die Sache. »Bei meinem Leben und beim Leben meines Kindes sage ich die ganze Wahrheit. Wir haben, bevor ich also am nächsten Tag zum tschechischen Konsulat gegangen bin, x-mal bei Grünbaum angerufen, immer wieder, immer wieder. Ich habe ja gewußt, als Partner in der Doppelconférence, als Duo, zusammen also, würden sie einfacher herauskommen. Grünbaums Schwägerin ist zum Apparat gekommen.

›Ist der Fritz da?‹
›Nein. Herr Grünbaum ist verreist.‹
›Wo ist er?‹
›Ich weiß es nicht.‹

Immer wieder, immer wieder. Entweder hat er sich irgendwo versteckt gehalten, oder er hat sich selbst vor uns verleugnen lassen. Aus lauter Angst, die Nazis würden ihn suchen und finden.«

13. März 1938

Vormittags. Frau Farkas geht zum tschechischen Konsulat, nachdem sie Grünbaum wieder nicht erreicht hat.

»Ich habe zu dem Beamten auf tschechisch gesagt: ›Schauen Sie, mein Mann gastiert auch heuer wieder in Brünn, Sie können das ja hier in seinem Paß sehen, wie oft er schon dort war...‹ Der Beamte hat mir keine Antwort gegeben, er hat nur zu seiner Sekretärin gesagt: ›Also Fräulein, schreiben Sie, Herr Karl Farkas hat ein Gastspiel in der Tschechoslowakei, und ich bitte die tschechischen Behörden, ihm beim Grenzübertritt keine Schwierigkeiten zu bereiten.‹ Dann hat er mir noch mitgeteilt, daß mein Mann, um Österreich verlassen zu können, unbedingt die schriftliche Einwilligung vom ›Ring der österreichischen Bühnenkünstler‹ benötige.«

Während Frau Farkas am tschechischen Konsulat ist, wartet Karl, einem Nervenzusammenbruch nahe, zu Hause. Werde ich die Ausreise noch schaffen? Warum habe ich so lange gewartet? Was er nun erlebt, schilderte er nach der Befreiung Österreichs in einem Interview mit der Zeitung »Welt am Abend«:

»Ich blieb selbstverständlich in meiner Wohnung... Als plötzlich ein schwarzes Auto vor meinem Haus hielt und mehrere SS-Leute die Stiegen hinaufkamen, glaubte ich schon, daß sie mich holen kämen. Ich verabschiedete mich von meinem Kind, doch die Männer gingen an meiner Tür vorbei und verhafteten einen Stock höher einen bekannten jüdischen Bankier. Sie suchten zunächst die Wirtschaftsgrößen.«

Anny Farkas rast weiter durch Wien. Zunächst – wie ihr am Konsulat beschieden wurde – zum »Ring österreichischer Bühnenkünstler«. »Mit zitternden Knien« geht sie dorthin. Denn der Leiter, der Schauspieler Robert Valberg, ist bereits vom NS-Landeskulturamt bestellt worden. Trotzdem gibt Valberg, der mit Farkas an der Neuen Wiener Bühne engagiert war, das prinzipielle Einverständnis zur Ausreise. Zunächst müßten aber Dokumente des zuständigen Finanzamts besorgt werden, die bezeugen, daß Farkas keine Steuerschulden hat.

14. März 1938
Noch sind alle nötigen Papiere nicht beisammen. Die Erledigung
durch das Finanzamt wird in Aussicht gestellt.
Nach langen inneren Kämpfen beschließt Karl Farkas, sich von
seiner Frau scheiden zu lassen: »Du und das Kind, ihr sollt nicht
durch mich gefährdet sein.«

15. März 1938
Hitler am Heldenplatz. Banges Warten der Familie Farkas. Die
Papiere sind noch nicht eingetroffen. Grünbaum unauffindbar.

16. März 1938
Egon Friedell begeht, als zwei SS-Männer in seine Wohnung
kommen, um ihn abzuholen, Selbstmord. Farkas wird von seiner
Frau weiterhin davor zurückgehalten.
Die »Simpl«-Schauspielerin Editha Ragetté besucht Farkas in
seiner Wohnung. Sie erinnert sich heute: »Ich hatte bei einer
Probe Farkas-Manuskripte mit politischen Anspielungen gefunden, die ihn hätten gefährden können. Die hab ich ihm gebracht.
Er hat sie sofort verbrannt und mich immer wieder – da ich mit
Grünbaum und seiner Frau befreundet war – nach dessen Ver-
bleib gefragt. Ich sagte, daß ich es ununterbrochen telefonisch
versucht hätte, er sich aber durch seine Schwägerin verleugnen
ließ. Farkas bestätigte mir, daß es ihm genauso ergangen wäre.
Daß es aber unbedingt notwendig sei, Grünbaum zu finden,
dieser könnte nämlich die gleiche Einreiseerlaubnis wie er selbst
haben, da Anny Farkas an der tschechischen Botschaft hinterlassen hätte, Grünbaum habe gemeinsam mit Farkas ein Engagement in der Tschechoslowakei.«

17. März 1938
Die österreichische Währung wird abgeschafft. S 1,50 = 1 Reichs-
mark. Die zur Ausreise nötigen Papiere der Finanzbehörden sind
endlich eingelangt. Jetzt stellt auch Robert Valberg seine Einwilligung aus.

»Heute abend wirst du fahren«, sagt Anny Farkas, die mittlerweile das familiäre Kommando übernommen hat. Ihr sonst so selbstbewußter Mann sitzt seit dem Einmarsch völlig hilflos und apathisch vor seinem Schreibtisch. »Heute abend mit dem Zug.« Bei Grünbaum hebt niemand ab.

Während Anny für Karl zwei Anzüge in einen kleinen Koffer packt, hört sie die Nachrichten. Plötzlich die Meldung: »Juden werden in die Tschechoslowakei nicht mehr eingelassen.«
»Ich bin fürchterlich erschrocken. In diesem Moment kommt mein Mann bei der Tür herein, wie in Trance. ›Was ist los?‹ fragt er.
›Gar nichts‹, habe ich gelogen. Ich dachte, man muß es probieren, auf Biegen oder Brechen.«
Dann fahren sie wieder zum Ostbahnhof. Anny besorgt die Fahrkarte. »Karl, da hast du alles, deinen Koffer, die Papiere, die Karte. Ich kann nicht mit dir auf den Perron gehen, ich würd es nicht ertragen.«
»Anny«, sagt er noch, »wenn ich nicht über die Grenze komm, wirst du dann nicht bös sein?«
»Um Gottes willen, warum sollte ich bös sein. Dann bist du eben wieder bei mir. Adieu.« Sie verabschiedet sich in der Kassenhalle.
»Auf dem Weg vom Ostbahnhof zu Fuß nach Hause habe ich geweint, die ganze Zeit. Werden wir uns jemals wiedersehen?«
Ihr Karl fährt mit dem Zug ins Ungewisse. Mit zwanzig Schilling in der Tasche. Mehr Geld wollte er nicht mitnehmen, da man ihn bei der Zollkontrolle hätte verdächtigen können, vielleicht doch länger als für ein ›Gastspiel‹ bleiben zu wollen ...«
Fritz Grünbaum ruft, nachdem er sich tagelang versteckt gehalten hat, überraschend bei seiner Kollegin Editha Ragetté an. »Bitte komm, ich möcht mit dir reden«, ersucht er sie.
»Ich bin zu ihm in seine Wohnung auf der Wienzeile gegangen. Der Bühnenbildner Alfred Kunz war auch dort. Gemeinsam haben wir Grünbaum angefleht: ›Fritz, geh weg, du mußt weggehen, die Grenzen nach Italien und in die Schweiz sollen noch

offen sein.‹ Er aber wollte die Gefährlichkeit der Situation nicht wahrhaben, oder er hatte – nach seinem ersten, mißlungenen Ausreiseversuch in die Tschechoslowakei – bereits resigniert: ›Was soll ich in der Schweiz oder in Italien? Ich bekomm hier ab nächstem Jahr meine Rente, ich hab doch keinem Menschen was getan, warum sollte *mir* jemand was tun?‹ Grünbaum war jedenfalls unter keinen Umständen dazu zu bewegen, das Land zu verlassen.«

Und dann stellt Edritha Ragetté noch klar: »Es war ein ganz hinterhältiges und völlig frei erfundenes Gerücht, das nach dem Krieg verbreitet wurde, Farkas hätte Grünbaum im Stich gelassen. Im Gegenteil: er beziehungsweise seine Frau haben alles getan, um Grünbaum mit über die Grenze nehmen zu können. Aber Grünbaum ließ sich nicht helfen. Er hatte aufgegeben.«

Wie durch ein Wunder kommt Farkas anstandslos über die Grenze. Am nächsten Tag, zeitig in der Früh, meldet er sich telefonisch bei seiner Frau: »Anny, ich bin in Brünn!«

Die bereits von den Nationalsozialisten kontrollierten »Wiener Neuesten Nachrichten« wissen von einer »erfreulichen Wandlung« zu berichten: »Der ›Simpl‹ ist arisch geworden«, lautet die Schlagzeile. Das neue Regime hat sämtliche Mitglieder des bisherigen »Simplicissimus« von der Bühne gefegt, ein neues Ensemble spielt unter Felix Bernhard, einem ehemaligen Dollfuß-Anhänger, der rechtzeitig zur NSDAP übergewechselt ist. »Auch das Ronacher«, schreibt das »Tagblatt«, »ist wieder ein arisches Varieté-Theater. Direktor Gyimes verzapfte hier bis vor kurzem seine Revuen, und es konnte geschehen, daß arische Artisten von ihm bei der Neuaufstellung des Programms geflissentlich übersehen wurden ...«

Das alles und noch viel mehr konnte jetzt nicht mehr »geschehen«. Farkas war die Ausreise tatsächlich im letzten Moment gelungen. Kaum war er außer Landes, läuteten Gestapo-Beamte an seiner Wohnungstür. Nur zwei Stunden nach seiner Abfahrt. Wäre er noch dagewesen, hätte dies mit großer Wahrscheinlichkeit seinen Tod bedeutet.

Farkas fand sich in der Tschechoslowakei schnell zurecht. Er kannte das Land ja tatsächlich durch etliche Gastauftritte – und man kannte ihn dort. In Brünn spielte man gerade *Bei Kerzenlicht*, dann fuhr er nach Mährisch-Ostrau, um dort *Dixie* zu inszenieren. Er bekam Geld, hatte genug zu leben.

Karl Farkas schien sich mit der Situation abzufinden, zumal seine Frau bald nachkam. Für sie als »Arierin« war es einerseits möglich, Wien zu verlassen, und als gebürtige Tschechin ließ man sie auch ungeniert einreisen. »Ich bin ihm nachgefahren, um dort alle Wege für seine Weiterreise nach Frankreich zu erledigen. Er selbst hätte das nicht getan.«

Denn Karl war der geborene Optimist, Anny die Pessimistin in der Familie. In diesem Fall konnte Pessimismus nur realistisch sein. Denn alles sollte schlimmer kommen, selbst als sie es befürchtet hatte.

Begegnung bei Annys Eltern in Březnice. »Weißt du was, Anny, ich bleib in der Tschechoslowakei. Ich werde gastieren, einmal in Prag, einmal in Brünn...«

»Um Gottes willen, Karl, die Tschechoslowakei ist doch das nächste Land, das sich der Hitler holt! Die Nazis sagen es doch schon ganz offen, jetzt kommt das Sudetenland dran. Du mußt weiter, hier bist du in einer Falle!«

»Nein, das tu ich nicht, hier haben wir deine Eltern, hier kann ich gastieren und Geld verdienen...«

»Ausgeschlossen, Karl. Wir werden nach Prag fahren und deinen Flug nach Paris buchen.«

Widerwillig reiste er mit seiner Frau nach Prag, während Bobby bei ihren Eltern blieb. Karl wollte nicht daran glauben, daß Hitler noch weiter vordringen würde.

Am französischen Konsulat in Prag sollte er dann verschiedene Fragebögen ausfüllen. »Nein, das mach ich nicht, ich will nicht weg von dir.« Anny: »Er benahm sich wie ein Kind. Also hab ich alles für ihn beantwortet. Am Konsulat fragte man ihn dann, ob er in Frankreich Verwandte hätte, oder irgend jemanden, der für ihn sorgen würde. Wie alle Staaten damals wollte sich auch Frankreich vor der Emigrationswelle schützen. Fast glücklich hat er geantwortet: ›Nein, ich hab keine Verwandten.‹ Da er aber ein angesehener Künstler war, konnte ich glaubhaft machen, daß er als solcher in Paris für seinen Lebensunterhalt sorgen könnte – er sprach ja perfekt französisch. So erhielt er die Einreisebewilligung. Sein Flugzeug ging am 21. April von Prag nach Paris.«

Beim Abschied sagte Farkas zu seiner Frau:»Du und Bobby, ihr müßt so schnell wie möglich nachkommen. Ich werde euch immer erhalten können.«

Wenige Wochen nachdem er am Pariser Flughafen Le Bourget gelandet ist, erscheint in der Wiener Ausgabe des »Völkischen Beobachters« ein Bericht über Farkas und andere unliebsame Künstler. Unter dem Titel »Sexualverbrechen gesetzlich geschützt« kann man hier am 17. Mai 1938 nachlesen, wie weit nationalsozialistische Propagandamethoden zu gehen imstande waren:»... heute behandeln wir einige ›Prominente‹ unter den ›Wiener‹ Komikern, die sich in den letzten Jahren einer Bevorzugung erfreuen konnten, die auf Kosten arischer Künstler ging...

Im Stadttheater konnte man vom Schnürboden aus die widerlichsten Szenen beobachten, zu denen Farkas Girls und arme Schauspielschülerinnen zwang. Wer sich seinen Wünschen entgegenstellte, flog unweigerlich aus dem Vertrag... Mehr und mehr stieg der Ruhm des ungarischen Juden. Er begnügte sich nicht mehr als Beherrscher der Wiener Kabarett-›Kunst‹, sondern zog auch alsbald in fast sämtliche Wiener Theater. Seine Tätigkeit warf bald so viel ab, daß der als abgerissener Jude nach Wien gekommene Farkas nur noch im Sechszylinder fuhr und sich am Semmering eine Villa zulegen konnte. Mit Grünbaum zusammen warf sich Farkas dann auch auf das Zeitungs-›Geschäft‹. Jeden Montag konnte man im marktschreierischen ›Morgen‹ die ›witzigen‹ Ergüsse dieser beiden Juden lesen, die sich bei den Machthabern des Ständestaates dadurch in hohe Gunst brachten, daß sie die neuen Einrichtungen des nationalsozialistischen Deutschlands in der perfidesten Art heruntersetzten und in ihren krampfhaften und geistlosen Witzen selbst vor den führenden Männern des neuen Deutschland nicht halt machten. Wenn auch ein Lob dieser Juden für das neue Deutsche Reich schlechthin eine Beleidigung gewesen wäre, Herr Schuschnigg hätte deren Auswüchse keineswegs, schon gar nicht aber nach dem Juliabkommen, dulden dürfen ...«

Der Bericht beschäftigte sich dann auch noch mit den »Schandtaten« des »Hausjuden« Hermann Leopoldi, seinen »Turf- und anderen Leidenschaften und den von ihm gestohlenen Melodien alter Meister, denn eines steht fest: daß er sicherlich verhungern müßte, wollte er von seinen Werken leben«. Doch dafür hätte man Leopoldi »das Silberne Verdienstzeichen der Republik auf die stolzgeschwellte Judenbrust geheftet. Heute kann nun der Ausgezeichnete versuchen, diesen hohen Orden bei einem Prager Altwarenhändler loszuwerden, um wenigstens den Frühstückskaffee bezahlen zu können.«

Einige Tage später dann in dem gleichen Blatt ein weiterer Artikel über Farkas und seinen Kompagnon mit dem Jubeltitel »Den Grünbaum haben wir«: »Nie hatte auch nur ein Schimmer von Uneinigkeit das ›Schaffen‹ dieser beiden Juden getrübt. Geld hatten sie immer, wenngleich auch heute ihre Schuh- und Kleiderlieferanten nach Bezahlung schreien, aber nun, nun sitzen sie beide so traurig wie noch nie. Und das Bedauerliche – für uns – ist der Umstand, daß sie nicht zusammensitzen, wie man es bei der dicken Freundschaft eigentlich erwartet hätte. Denn während Herr Grünbaum in Österreich nun Gelegenheit hat, alle seine verzapften Witze nachzulesen, hat es Farkas vorgezogen, den Aufstieg Österreichs von Brünn aus zu studieren ... Nun ist auch in dieser Beziehung ein Wandel eingetreten, der die deutsche Kunst auch in Wien dem deutschen Volk wieder zurückgeben wird«, schließt der Autor des »Völkischen Beobachters«, ein Herr Franz Hutter, seinen Bericht.

Die hier diffamierten Künstler zählten vor wenigen Wochen noch zu den beliebtesten Männern Wiens. Mit Lügen, sogar angedichteten »Sexualverbrechen« versuchte man ihnen die Popularität zu nehmen.

Wiens Theater waren jetzt »gesäubert« und wurden kommissarischen Leitern der »Reichstheaterkammer« unterstellt. Dementsprechend war auch der Unterhaltungswert der wenigen verbliebenen Kabaretts. »Es fehlt das Salz in der Suppe«, sagte man damals. Viele Bühnen Wiens fanden ihr Publikum nicht mehr. Aufrufe wurden erlassen – wie etwa in den »Neuesten Wiener Nachrichten«: »Befreit von der jüdischen Vormachtstellung sollen die Wiener Bühnen einer neuen Blütezeit entgegengeführt, soll dem Volke wieder echte deutsche Theaterkultur vermittelt werden. Es ist Pflicht jedes deutschen Volksgenossen, durch regen Theaterbesuch lebhaften Anteil an diesem bedeutsamen Ereignis zu nehmen...«

Im Gegensatz zu den Bühnen erlebte jedoch der deutsche Film gerade in diesen Jahren eine unvergleichliche Blütezeit. Einmal sogar mit Hilfe des verstoßenen Karl Farkas, der davon freilich ebensowenig wußte, wie das für Filmproduktionen zuständige Propagandaministerium den wahren Autor kannte.

Unter dem Titel *Das Land der Liebe* verfilmte die Ufa nämlich in Berlin ausgerechnet die *Hofloge*. Der Film – Curt Goetz spielte die Rolle des falschen Königs – lief in Deutschland zunächst mit großem Erfolg, und keiner ahnte, daß ausgerechnet ein Jude für den Inhalt verantwortlich war.

Trotzdem wurde *Das Land der Liebe* über Nacht abgesetzt, aber nicht etwa, weil die Identität des wahren Autors bekannt geworden wäre, sondern wegen des »Königs«, der sich im Verlauf der Handlung durch ein Double ersetzen ließ. Die Gestapo sah darin nämlich eine Anspielung auf Hitler, der bei Massenauftritten gelegentlich ebenfalls von seinem Chauffeur »gedoubelt« wurde, um Attentaten zu entgehen. Reinhold Schünzel, der Regisseur des Films, setzte sich daraufhin sicherheitshalber ins Ausland ab.

Während die Kinos des Deutschen Reichs überfüllt waren, blieben die Zuschauerräume vieler Theater und Kabaretts trotz der zahlreichen Aufrufe durch die »Reichstheaterkammer« halbleer bis leer.

Die treffendste Aussage über das Kabarett in der Nazizeit gelang dem deutschen Farkas-Pendant Werner Finck. Er stellte sich, nachdem er bereits einmal wegen politisch-aggressiver Pointen im Konzentrationslager gesessen war, mutig auf die Bühne des Berliner »Kabaretts der Komiker« und sagte: »Eine Pointe ist heutzutage nur gut – wenn sie sitzt!«

»Und nun: Moritz Ritter!«

Paris

Die »Pessimistin« Anny Farkas hat recht behalten. Im März 1939 marschieren die Deutschen über den Prager Wenzelsplatz ein. Das »Protektorat Böhmen und Mähren« entsteht. Doch Karl Farkas ist längst in Paris.

Die Seinemetropole schien leichtlebiger, aufregender denn je. Es war, als hätten sich hier die »Goldenen zwanziger Jahre« bis ans Ende der dreißiger gehalten. Aber die Betriebsamkeit und überzüchtete Vergnügungssucht der Franzosen war gespielt. Es roch nach Krieg, und jeden Tag, den die Franzosen in Frieden erlebten, wollten sie genießen. Und wo sonst kann man so genießen wie in Paris.

Freilich nicht unbedingt als mittelloser Emigrant. Sicher, Farkas sprach französisch. Aber die Wortspiele, die Reime – konnte man die auch in einer anderen Sprache finden? Und an wen wendet man sich, wenn man in einem fremden Land zum Theater will?

Dieses Problem löste sich schnell. Bekannte traf man an jeder Straßenecke. Die Emigranten hatten ihre Stammcafés. Dort wimmelte es geradezu von deutschsprachigen Intellektuellen. Das ging so weit, daß Friedrich Torberg – zu dieser Zeit selbst nach Frankreich ausgewandert – erzählte, man hätte in einem bestimmten Café von Paris geplant, Tafeln mit der Aufschrift »On parle français« anzubringen.

Der erste, der Farkas nun in so einem Kaffeehaus über den Weg lief, war Oskar Karlweis, sein König aus der Wiener *Hofloge*. Fünf Jahre, nachdem er Berlin verlassen hatte, hatte er aus »rassischen Gründen« auch aus Wien weg müssen.

Und saß in Paris fest. Zu zweit war man stärker. Karlweis hatte sich bereits ein wenig umgesehen. Von der Existenz eines eleganten Cabarets in der Rue Balzac nahe den Champs-Elysées war ihm berichtet worden. »L' Impératrice« sollte es heißen. »Karl, probieren wir's.«

Farkas, fünfundvierzig Jahre alt, und Karlweis, ein Mann von vierzig – beide hatten bereits mehrere Karrieren erfolgreich hinter sich gebracht –, stellten sich wie zwei junge Absolventen der Theaterschule vor. Und wurden sofort genommen.

Das »L' Impératrice war ein nobles Restaurant mit anschließendem Amüsierbetrieb, in dem sich vor allem die wohlhabenden Emigranten trafen, die ihr Geld rechtzeitig ins Ausland hatten bringen können. Und für dieses Lokal waren zwei deutschsprachige Komiker, die noch dazu in der alten Heimat bekannt und beliebt waren, eine willkommene Attraktion. Das Motto des »L' Impératrice« lautete: »La gaieté de Vienne au cœur de Paris – Die Heiterkeit von Wien im Herzen von Paris.«

Sie stellten sich auf die Bühne und spielten. Ihre alten Nummern. Farkas weitete seine Blitzdichtungen auf die neuen Verhältnisse aus, reimte »süß« auf »Paris«, »Eifel« auf »verzweifel« und erinnerte sich an die Musik seiner schon in Wien aufgeführten Revue *Immer die Liebe*, die er für das neue Publikum adaptierte:

> Es gibt in Paris eine gute Adreß
> In an Haus – was heißt Haus: a maison!
> Dort wohnt die Ninon de Carpeles,
> Und es sagt die Ninon
> Mir nie »Non« ...

Um dann auf der Bühne Heimweh zu vermitteln:

> Nur ein Viertel Liebe, drei Viertel Marie,
> Und das alles sous les toits de Paris.
> Da möcht ma schon lieber in Grinzing sein,
> Beim Wein, beim Wein, beim Wein ...

Zu den Lieblingsnummern des Pariser Publikums zählten die Übertragungen bekannter Wienerlieder ins Französische. Aus dem »Fiakerlied« wurde durch Farkas »Chanson du Fiacre« mit dem Text »Je mène deux fiers étalons« (»I führ' zwei harbe Rappen«). Der *Walzertraum* wurde zu *Rêve de Valse* und Farkas sang statt »Leise, ganz leise ...« einfach: »Doucement, tout doucement ...« Der Wiener Regisseur Peter Loos, der ebenfalls nach Paris emigriert war und den Wiener Kabarettisten im »L' Impératrice« erlebte, erinnert sich noch an die Pointe einer Farkas-Conférence im »L' Impératrice«:

Die französische Sprache, meine Lieben, ist schlicht das Ideal für jeden Conférencier. Ich brauche Ihnen nur zwei Worte anzukündigen: »Maurice Chevalier!« Was glauben Sie, meine Damen und Herren, was das für ein Unterschied zur deutschen Sprache ist. In Wien käme ich und müßte sagen: »Und nun: Moritz Ritter!«

Also, Maurice Chevalier hatte er nicht gerade anzukündigen – aber die Namen der Stars, die im »L' Impératrice« auftraten, konnten sich sehen lassen. Charles Trenet sang seine Schlager »Je chante« und »La mer«, und auch einige Künstler von den Folies Bergères gastierten bei Farkas & Co. Entsprechend nobel war das Publikum des »L' Impératrice«. Farkas selbst erinnerte sich, daß Sacha Guitry »mit fast allen seinen Frauen« dort war, und auch der damals seit wenigen Jahren im Pariser Exil lebende Herzog von Windsor zählte mit seiner Wallis Simpson zu den Besuchern der Vorstellungen.

Wenn Maurice Chevalier schon nicht bei Farkas auftrat, konnte man seine weltberühmte Stimme ein paar Häuser weiter doch zu österreichischen Melodien hören. Auch Robert Stolz war mittlerweile in die französische Emigration gegangen, und Chevalier sang gemeinsam mit der Mistinguett seine Lieder. Farkas traf viele bekannte Gesichter aus der Heimat: neben Karlweis und Stolz, dem in Paris die vierte Ehefrau durchgegangen war, noch Ralph

Benatzky, Robert Gilbert, Bruno Granichstaedten – das ganze *Weiße Rößl* war also versammelt –, weiters Paul Abraham, Oscar Straus, Emmerich Kálmán, Fritz Kreisler, Franz Werfel und Joseph Roth. Eines Tages kreuzte auch Franz Lehár mit Frau auf, doch stellte der fast Siebzigjährige fest, daß er bei allem guten Willen zu alt wäre, um in der Fremde noch heimisch werden zu können. Er hielt es in Paris nur wenige Wochen aus und kehrte zurück nach Österreich, das jetzt bereits zur »Ostmark« geworden war.

Die Musiker hatten es im fremdsprachigen Ausland natürlich leichter als die Autoren, denn ihre »Sprache« ist international. Dazu kam, daß die französische Urheberrechtsgesellschaft SACEM zwar Straus, Kálmán und Stolz anerkannte – damit kamen sie in den Genuß ausländischer Tantiemen –, Farkas und die anderen Emigranten aber wurden abgelehnt.

Die Gage im »L' Impératrice« war nicht fürstlich, aber man konnte davon leben. Zudem brachte das Pariser Theater Place Pigalle seine *Hofloge* – unter dem Titel *Leurs Majestés* – heraus. Mit Farkas und Karlweis. Farkas, der Optimist, stellte sich auf unbeschwerte Jahre an der Seine ein. Doch da kam Anny, um neuerlich zu warnen.

Das heißt – Frau Farkas »kam« nicht einfach, ihre Reise von Prag nach Paris wurde zur Odyssee. Sie erinnerte sich: »Ich mußte einfach nachkommen, ohne ihn konnte ich nicht leben. Wenn es nicht gegangen wäre, ich hätte mich mitsamt meinem Kind umgebracht. Ich bin also bald nach Karls Abreise aus der Tschechoslowakei auf die französische Botschaft in Prag gegangen, um für Bobby und mich ein Visum zu beantragen. Aber dort sagte man mir: ›Österreichische Pässe sind ungültig, weil sie in deutsche umgewandelt werden. Solange müssen Sie warten.‹«

Sie wartete und wartete. Wochen und Monate. Sie ging immer wieder zur französischen Botschaft, um es zu versuchen. Sinnlos. »Kein Visum in einen österreichischen Paß – der ist ungültig!« Österreich hatte ja zu existieren aufgehört – und die deutschen Behörden waren noch nicht so weit.

Endlich, nach fast einem Jahr, war es möglich: Am 6. März 1939 konnte Frau Farkas auf der deutschen Botschaft in Prag ihren österreichischen Paß gegen einen deutschen umtauschen. Damit ging sie dann wieder zur französischen Botschaft – und erhielt das o. k. »Ja, mit dem Paß können Sie nach Frankreich einreisen«, wurde ihr mitgeteilt.

Dem Wiedersehen schien nichts mehr im Wege zu stehen. Farkas hatte seiner Frau und seinem mittlerweile zehn Jahre alt gewordenen Kind aus Paris zwei Flugtickets geschickt. Doch das Schicksal war wieder einmal gegen Anny und Karl. »Kaum hatte ich das Visum, bin ich damit zur Air France gegangen, um das Datum für unseren Flug in die Tickets eintragen zu lassen. Der Schalterbeamte bot mir mehrere Möglichkeiten an. ›Zwei Plätze hätte ich noch für den 13. März und zwei Plätze für den 15. März.‹«

Frau Farkas sagte: »Wissen Sie, ich bin abergläubisch, ich bin auch noch nie geflogen, geben Sie mir den Flug am 15.«

Pünktlich war Anny Farkas am Flughafen von Prag. 15. März 1939. Aber der Mann am Schalter bedauerte: »Leider, Sie können nicht mehr fliegen!«

Ausgerechnet an jenem 15. März war Hitler mit seinen Truppen in die Tschechoslowakei einmarschiert. »Es war zum Verzweifeln. Am 13. hätte ich noch ungehindert ausreisen können. Jetzt war's zu spät.«

Anny Farkas: »Dann bin ich mit Bobby zu meinen Eltern nach Březnice gefahren. Ich habe fürchterlich geweint und zu meiner Mutter gesagt: ›Der Herrgott hat mich verlassen, ich darf nicht zu ihm, ich darf nicht zu ihm.‹ Ich bin auf dem Dachboden herumgelaufen und habe mir einen Tram ausgesucht, an dem ich mich erhängen würde. Aber der Gedanke an das Kind hat mich wieder davor bewahrt.«

Neuerlich beginnen für Anny Farkas Tage des Wartens, der Verzweiflung. Täglich geht sie zur Bahnstation von Březnice – aber dort weiß man nichts. Beim Reisebüro sagt man ihr schließlich: »Flüge gibt es keine, aber möglicherweise geht's per Bahn. Da brauchen Sie aber eine Genehmigung der Gestapo.«

»Wo ist die?«

»In Prag.«

Reise nach Prag. Um neun Uhr früh ist sie vor dem Gebäude der Gestapo. »Durch die Straßen des ganzen Bezirks zog sich eine fünf Kilometer lange Menschenschlange. Fünf Kilometer lang! Alle wollten zur Gestapo, alle ausreisen. Von Drankommen konnte keine Rede sein.«

Um ein Uhr mittags verliert Anny Farkas die Geduld. Sie »überholt« die Schlange und schwindelt sich in das Gestapo-Hauptquartier. Dort erhält sie – unter Vorweisung sämtlicher »Ariernachweise«, die bis zum Urgroßvater reichen – eine für einen Monat limitierte Besuchserlaubnis zur Ausreise nach Frankreich. »Sie kommen doch wieder zurück?« fragt der Gestapo-Beamte streng. »Ja, selbstverständlich«, lügt sie, um ungehindert und möglichst schnell ausreisen zu können.

»Ankomme 20. März, zwei Uhr nachmittags«, telegrafiert sie ihrem Karl nach Paris und glaubt, daß die Probleme endlich gelöst seien. Doch da irrt sie sich gewaltig. Denn alles, was Anny Farkas besitzt, sind ihre wertlos gewordenen Flugtickets und tschechische Kronen, die sie von ihren Eltern erhalten hat. Aber die wollte der Bahnbeamte an der Kassa nicht nehmen. »Wenn Sie nach Paris reisen wollen, müssen Sie in Mark oder Francs bezahlen« – die Tschechenkronen sind seit dem Einmarsch der Nazis wertlos geworden. Umtauschen genügt nicht, man benötigt eine Bestätigung der Nationalbank. Doch dafür ist's zu spät; denn der Zug soll in zehn Minuten abfahren. Der Zug zu ihrem Karl!

Anny Farkas bricht neuerlich in Tränen aus. »Hier hab ich das Flugticket, ich hätte doch fliegen sollen, am 13.!«

»Es tut mir leid, ich kann wirklich nichts für Sie tun.«

»Mein Mann wartet in Paris am Perron auf mich. Und hier, schauen Sie, mein Kind ...«

»Probieren Sie's beim Schlafwagenschaffner, vielleicht kann der Ihnen helfen.«

Wieder dasselbe. Der Schaffner wehrt ab: »Da kann ich nichts für Sie tun.«

131

»›Aber schauen Sie, ich hab das Geld, Tschechenkronen, ich gebe Ihnen alles, bitte, bitte, bitte.‹ Ich bin nicht von seiner Seite gewichen, immer mein Kind neben mir.«

Und in dieser grausamen Zeit trifft Frau Farkas in dem französischen Schlafwagenschaffner einen echten Menschen: »Also gut, steigen Sie ein, ich nehme alles auf mich.«

Er kauft von seinem eigenen Geld zunächst die Karten, deren Gültigkeit bis zur französischen Grenze reicht. »Da haben Sie meine Tschechenkronen, alles, was ich habe ...«

»Damit kann ich nichts anfangen, ist schon in Ordnung.«

Tags darauf, um sieben Uhr früh, sollte Anny Farkas – nach den Anweisungen des Schaffners – in Straßburg beim dort zusteigenden Ober des Speisewagens ihre Tschechenkronen gegen Francs eintauschen. »Der wird das sicher machen.«

»Was fällt Ihnen ein«, sagt der Kellner, »ich nehme doch keine Tschechenkronen!«

Unter Tränen geht sie wieder zu ihrem Schaffner zurück. »Er nimmt das Geld nicht. Bitte, bitte, helfen Sie mir noch einmal, lassen Sie mich nicht aussteigen. Mein Mann wird in Paris am Bahnhof stehen und Ihnen sofort das Geld geben. Alles, was ich Ihnen schuldig bin. Ich bin wirklich keine Schwindlerin.«

Der Schaffner ist empört: »Wer glaubt denn von Ihnen, daß Sie eine Schwindlerin sind.« Und dann streckt er noch die restlichen Fahrtspesen für zwei Personen bis Paris vor.

Doch damit ist's nicht genug. Nach ein paar Minuten betritt er das Abteil mit zwei Frühstücksportionen und sagt: »Sie müssen doch hungrig sein.« Und vor Paris finanziert er noch das Mittagessen für Mutter und Kind. »Ein wildfremder Mensch hat sich als Engel erwiesen. Er hat alles bezahlt und am Bahnhof in Paris natürlich sofort von meinem Mann mit einem schönen Trinkgeld zurückbekommen.«

Es folgten jetzt in Paris ein paar Wochen der Harmonie. Wochen, in denen Anny und Karl Farkas mit ihrem Bobby glücklich waren wie noch nie. Weil sie jetzt wußten, wie es sein kann, wenn man sich nicht hat.

Ein Spanier, der nicht Spanisch kann

Die abenteuerliche Flucht

Der Pariser »Himmel auf Erden« endete am 4. September 1939, drei Tage nachdem die deutsche Wehrmacht in Polen einmarschiert war und damit den Zweiten Weltkrieg ausgelöst hatte.

Die meisten Emigranten hatten sich für den Fall der Fälle freiwillig zur französischen Armee gemeldet. Es waren verschiedene Legionen für die jeweiligen Nationalitäten geplant. So wurde Friedrich Torberg einer tschechischen Legion zugeteilt, Farkas war für eine österreichische – zu der es aber nie kam – vorgesehen.

Alle »Freiwilligen« hatten sich an jenem 4. September im Pariser Stade de Colombes einzufinden. Was ab diesem Tag passierte, erzählt wiederum Peter Loos, der Farkas schon im »L'Impératrice« erlebt hat und von nun an acht Monate an seiner Seite verbringen sollte: »In dem riesigen Stadion wurden Tausende Menschen angehalten und eingeteilt, um in verschiedene Lager verfrachtet zu werden. Zunächst wurden wir zum Gare Saint-Lazare, dem großen Pariser Bahnhof, gebracht und zu Tausenden in Waggons gepfercht. Karl und ich waren in einem Zug, der über Chartres und Rennes nach Meslay-du-Maine fuhr. Dort sollte ein Lager errichtet werden.

Vorerst wurden wir, als wir ausgestiegen waren, an die dreitausend Mann, einfach auf einer Wiese ausgelassen. Jeder von uns erhielt einen Viertelliter Wasser, und wir konnten uns aussuchen, ob wir's zum Trinken oder zum Waschen verwendeten. Innerhalb von drei Tagen waren Baracken errichtet, deren Dächer allerdings kurze Zeit später durch einen heftigen Sturm wieder abgetragen wurden. Es kam ein Notdach, aber wir schliefen die nächsten Monate fast im Freien. Unser Glück war, daß der folgende Winter 1939/40 relativ mild gewesen ist.«

Das Lager war als »Schutzhaft« gedacht. Die Insassen mußten »Soldaten spielen«, bereit sein für die »Stunde X«. Exerzieren um sechs Uhr früh, Lager reinigen. »Aber in Wirklichkeit haben die Franzosen nicht gewußt, was sie mit uns anfangen sollen«, meint Peter Loos. »Wir waren hinter Stacheldrähten eingesperrt. Es war ein ganz ordinäres KZ, nur mit dem Unterschied, daß wir nicht in Todesgefahr lebten – zumindest solange die Deutschen nicht da waren.«

Karl Farkas und die anderen schliefen auf Strohmatten, die sanitären Verhältnisse waren so, daß viele Insassen an Typhus und Ruhr erkrankten, etliche starben. »Doch was immer auch passierte, Karl war Optimist, stets bester Laune. Er hat mich und andere getröstet, wenn wir niedergedrückt waren. Dabei weiß ich nicht, ob er den Trost nicht selbst gebraucht hätte. Aber verlangt hätte er das nie, er war eher verschlossen, hat viel über seinen Beruf, aber kaum über Privates gesprochen. Natürlich kam trotzdem immer wieder die große Sorge um seine Frau und das kranke Kind durch.«

Vor allem heiterte er seine Kameraden durch Anekdoten aus dem Wiener Theaterleben auf. Und eines Tages hatte Farkas die Idee, eine Schauspieltruppe auf die Beine zu stellen. Als Farkas seinen Kameraden Loos aufforderte mitzumachen, lehnte der zunächst ab. »Nein, ich spiel nicht vor Inhaftierten und den Bewachungsmannschaften, die glauben sonst, uns geht's gut. Warum tust du das, Karl, warum willst du hier ein Theater gründen?«

Darauf antwortete Farkas mit einem für ihn typischen Satz: »Ich spiel, weil ich spielen *muß*!«

Schließlich »engagierte« er aus dem Heer der Inhaftierten noch einen ehemaligen deutschen Regisseur und den Wiener Kabarettisten Leo Askenase, der später in Hollywood unter dem Namen Leon Askin berühmt werden sollte. Loos ließ sich dann auch noch umstimmen.

Farkas ging in die Lagerleitung, um sich die Genehmigung für seine Schauspieltruppe zu holen. Er erzählte dort, daß er ein Schauspieler aus Wien sei und am *Weißen Rößl* mitgearbeitet habe. »›Jaja, *Weißes Rößl – Cheval blanc*‹, sagten die und haben ihn ausgelacht. Sie haben ihn wie einen Spinner behandelt.« Er wurde auch gleich zur Verrichtung der niedrigsten Arbeiten wie Reinigen der Latrinen und Waschräume eingeteilt.

Aber das »Theater« kam zustande. Auf einer improvisierten Bühne – ein paar zusammengestellte Kisten – wurde *Dantons Tod* von Georg Büchner geprobt. Mit Leo Askenase als Robespierre, Peter Loos als Desmoulins und Farkas als Danton, Führer der Französischen Revolution. »Wir alle haben Karl als Kabarettisten gekannt und ihm abgeraten, diese Rolle zu übernehmen, aber er hat immer wieder darauf hingewiesen, daß er in Linz den Franz Moor gespielt hätte.

Sein Danton«, erinnert sich Loos, »wirkte in den Gesten sehr jiddisch. Das haben wir ihm während einer Probe gesagt. Er reagierte beleidigt. ›Ich kann auch ohne Händ reden.‹ Und von da an wackelte er jiddisch mit dem Kopf...«

Während *Dantons Tod* wegen diverser Schwierigkeiten nie zur Aufführung gelangte, kam es zu etlichen kabarettistischen Abenden. Leon Askin – er war aufgrund seiner besonders guten Französischkenntnisse Secretaire de la compagnie – erinnert sich heute: »Am Silvesterabend 1939/40 inszenierte Karl die Revue *Meslay lacht wieder!*, eine richtige Farkas-Revue im Lager. Nicht alle Internierten waren mit diesem Titel einverstanden; viele fanden, daß ein Internierungslager nicht der Platz für ein paraphrasiertes *Wien lacht wieder!* ist.«

Zu lachen gab es in Meslay tatsächlich sehr wenig. »In unserem Lager«, sagt Peter Loos, »waren ja nicht nur Juden und Antifaschisten, sondern auch Nazis, die von den Franzosen verhaftet worden waren. Und in der Behandlung wurde kein Unterschied gemacht. Wir alle galten als ›feindliche Deutsche‹.«

Noch waren die Deutschen nicht in Frankreich. Im Mai 1940, wenige Tage vor dem Einmarsch der Hitler-Truppen, wurden

Farkas, Loos und die anderen Insassen in ein Zeltlager der alliierten Engländer, die als »British Expeditionary Forces« zur Verstärkung nach Frankreich gekommen waren, überstellt. Aber die in Frankreich stationierten englischen Truppen glichen einem Operettenheer, da sich Londons Premier Winston Churchill nicht bereit erklärt hatte, seine Streitkräfte in entsprechender Stärke zur Verfügung zu stellen, er verweigerte auch den Einsatz der Royal Air Force.

Loos wurde Offizier der britischen Armee, Farkas, in dessen französischer Akte der Vermerk eines »Spinners« eingetragen war, gemeiner Soldat, »was ihn als k. u. k. Leutnant des Ersten Weltkriegs doch ziemlich gewurmt hat«.

Aber das in Saint Gildas bei Nantes stationierte Lager der Engländer sollte sowieso nicht sehr lange existieren. Denn ausgerechnet als die deutschen Truppen immer weiter vorwärtsdrangen, zog sich das britische Korps wieder zurück.

Auch die französische Regierung hatte, vor dem herannahenden Feind flüchtend, mittlerweile die Hauptstadt verlassen und sich in Bordeaux niedergelassen. So konnte Paris praktisch unverteidigt von den deutschen Truppen besetzt werden. Es gab nur wenige französische Gegenangriffe, denn der einzige, der eine geschlossene Einheit der Panzer verlangt hatte, konnte sich mit seinen Forderungen nicht durchsetzen. Es war der Brigadegeneral Charles de Gaulle, der damals weise voraussah: »Dieser Krieg ist durch die Schlacht um Frankreich nicht entschieden. Dieser Krieg ist ein Weltkrieg.« Der französische Ministerpräsident Paul Reynaud tritt zurück, und der vierundachtzigjährige Marschall Philippe Pétain wird sein Nachfolger.

Bevor Farkas noch in das Lager von Meslay-du-Maine kam, wurde Paris – wegen der drohenden Gefahr – von Frauen und Kindern »geräumt«. Frau Farkas übersiedelte gemeinsam mit ihrem Sohn und der Gattin des Journalisten und früheren Farkas-Co-Autors Ludwig Hirschfeld nach La Baule, einem kleinen Küstenort in der Bretagne. Bis zu seiner Internierung konnte Farkas Frau und Kind dort mehrmals besuchen. In einem Brief schrieb er dann viel später – nach fünfjähriger Trennung aus der amerikanischen Emigration – an seine Frau von der letzten Begegnung, ehe es zum Abschied für Jahre kam:

»Meine liebe, teure Anny, ... ich sehe Dich immer, wie ich Dich anläßlich unseres letzten Abschieds am Bahnhof von La Baule gesehen habe. Du hattest ein rotes Band in Deinem blonden Haar und Du warst so jung, so bewundernswert wie ein kleines Mädchen und ich fühlte mich so alt. Und an diesem Morgen hattest Du graue Hosen an und ein blaues Jackett. Ich liebe Dich. Erinnerst Du Dich, daß ich Dir in Deinem Nachtkästchen kleine Liebesbriefe hinterlassen habe, damit Du sie nach meiner Abreise wieder findest? Meine Liebe, nichts könnte uns trennen in unseren Gefühlen. Weder der Krieg, noch die Nazis, noch die Zeit ...«

Wie gesagt, das schrieb er wesentlich später, bereits kurz nach Kriegsende. Dazwischen lagen fünf Jahre, fünf lange Jahre, in denen sie sich vollkommen aus den Augen verloren hatten. Der Brief fand sich im Farkas-Nachlaß.

Kaum war das französische Lager aufgelöst, war Farkas ein freier Mann. Aber was für eine Freiheit war das? Zu Anny und Bobby konnte er nicht, obwohl sie ganz in seiner Nähe waren, denn die Deutschen waren bis zur Loire vorgedrungen. La Baule befand sich bereits in der deutschen Zone. Dort blieb Anny als »Arierin« mit ihrem Kind, doch Karl als Volljude konnte da auf keinen Fall hin. Und auch Anny war es natürlich nicht möglich, die Loire zu überschreiten, um auf französisches Gebiet zu gelangen. Es herrschte Krieg, und sie konnten einander nicht einmal schreiben.

Jetzt wurde der Boden auch im nicht besetzten Teil Frankreichs selbst dem Optimisten Farkas zu heiß. Denn die Deutschen marschierten und marschierten. Während Peter Loos mit gefälschten Papieren – und unter lebensgefährlichen Umständen – ins besetzte Paris gelangte, wo er dann auch im Untergrund blieb, beschloß Farkas über Bordeaux nach Spanien und von dort über Portugal in die USA zu flüchten.

Anfang Dezember erhielt er zwar die Visa für Spanien und

Portugal, aber mit der Ausreise aus Frankreich sollte es nicht und nicht klappen. Also fuhr er per Bahn durch die »freie Zone« bis Perpignan, nahe der spanischen Grenze. Und von dort ging's mutterseelenallein in der Christnacht des Jahres 1940 zu Fuß über die Pyrenäen nach Spanien.

Anders wäre er nicht über die Grenze gekommen. »Es war ein schrecklicher Gewaltmarsch«, wußte Anny Farkas später aus Erzählungen ihres Mannes. »›Anny‹, hat er nach dem Krieg gemeint, ›wie ich das gemacht hab, weiß ich nicht.‹

Man muß sich vorstellen: Mein Mann hatte so gut wie überhaupt keinen Orientierungssinn. Als ich ihn seinerzeit abends mit dem Automobil in die Kammerspiele geführt habe, hat er immer zu mir gesagt: ›Anny, ich hätt nicht gewußt, wie ich fahren soll. Wie du das jedes Mal findest!‹ Und dieser Mensch ist bei Nacht und Nebel ganz allein über die Pyrenäen gegangen.«

Es ging auch nicht ohne Komplikationen ab. Sein Marschgepäck bestand aus fünf Paketen Gauloises-Zigaretten, einem Gilette-Klingenrasierapparat, einer Zahnbürste, Bleistift, Notizblock und dem Band *Mit 5 PS* von Kurt Tucholsky.

Die Berge sind tief verschneit, streckenweise stößt er auf blankes Eis. Selbst Einheimische hätten diese Tour kaum gewagt. Ausgerechnet er, der in Wien immer wieder gerne den Satz »A Jud g'hört ins Kaffeehaus« gebraucht hat, muß jetzt über die Berge. Aber in diesem Fall geht's ums Überleben. Die »Ausrüstung« war natürlich unzureichend. Warme Unterwäsche, Flanellhose, Pullover, das war alles. Dazu mußte er noch auf den Einbruch der Dunkelheit warten, weil er dann mehr Chancen hatte, ungesehen über die Berge zu kommen.

Diese Weihnachtsnacht sollte in jeder Phase unauslöschlich in seinem Gedächtnis haften bleiben. Er geht den Weg, den man ihm angegeben hat. Jedesmal, wenn er Schritte hört, versteckt er sich hinter einem Felsvorsprung oder einem Strauch. Dort steht er, frierend und einsam, bis die Schritte der Posten wieder verklingen. Der Weg ist steil. Einmal, als er gerade wieder auf der Flucht vor einem nahenden Posten ist, bleibt er in der Eile an einem Felsvorsprung hängen und stürzt. Er ist unverletzt, aber die Hose, die einzige Hose, die er besitzt, ist aufgerissen und hängt in zwei losen Teilen an seinem Bein.

Weiter geht es. In den höheren Regionen trifft er dann auch keinerlei Wachmannschaften mehr, dafür wird die Kälte immer klirrender.

Am Ende einer schrecklichen Nacht greifen ihn dann doch noch Grenzposten auf. Aber es sind schon die spanischen. Farkas zeigt seine Einreisegenehmigung vor. Er wärmt sich in einer Hütte bei Bauarbeitern auf. Einer schenkt ihm eine blaue Arbeitshose.

Aber auch Spanien sollte sich nach dieser Gewalttour und »trotz der neuen Hose« als gefährliches Pflaster erweisen. Hitler war während des Spanischen Bürgerkriegs mit Waffen, Flugzeugen und seiner berüchtigten »Legion Condor« dem Generalissimus Franco zu Hilfe geeilt. Tausende deutsche Soldaten befanden sich zu dieser Zeit auf der Iberischen Halbinsel. Farkas selbst erzählte viele Jahre später von einem Erlebnis, unmittelbar nach seinem Fußmarsch über die Pyrenäen. Nachdem er die Grenze überschritten hatte und von den Bauarbeitern neu eingekleidet worden war, besorgte er sich noch eine Baskenmütze und fuhr so, als Spanier verkleidet – geborener Schauspieler, der er ja war –, per Bahn in Richtung Lissabon.

»Plötzlich stieg ein SS-Mann ein und setzte sich in demselben Coupé ausgerechnet mir gegenüber. Ich saß da ›als Spanier‹, konnte aber kein Wort Spanisch. Nicht auszudenken, was geschehen wäre, hätte der Mann vis-à-vis eine Konversation beginnen wollen...«

Nach dem Krieg fand er dann einen Reim auf das politische Tête-à-tête Spaniens mit Hitler-Deutschland:

> Die Sympathie für Deutschland war
> Bestimmt kein guter Einfall.
> Am Anfang schrie man zwar »Olé!«,
> Doch dann erweist die Rhein-Idee
> Sich als kompletter Reinfall...

Über Barcelona gelangt Farkas nach Portugal. In einer geschenkten blauen Arbeitshose, ohne Geld – aber wenigstens in Sicherheit. Hier trifft er auch wieder auf österreichische Auswanderer, die wie er nach Amerika weiterreisen wollen. Schnell sind ein paar Bunte Abende organisiert. Es ist lange her, daß die Flüchtlinge etwas zu lachen gehabt haben. Farkas macht ihnen wieder Mut. Aus dem Erlös der Eintrittskarten kauft er sich zwei Anzüge und die Schiffskarte in der Touristenklasse nach New York. Ist es ein Weg in die Freiheit?

Publicity ist alles

Amerika

Amerika gilt als Ziel aller Emigranten, es scheint das Mekka der Vertriebenen zu sein. Aber wie vielen gelingt die Einreise? Wie sollte es Farkas schaffen, den Mördern, die ihn seit fast zwei Jahren quer durch Europa hetzten, endgültig zu entkommen?

Vorerst benötigt man das sogenannte Affidavit – ein amerikanischer Bürger muß erklären, daß der Einreisende den Vereinigten Staaten in finanzieller Weise nicht zur Last fallen würde. Aber Farkas kennt niemanden, der ihm ein solches Zeugnis ausstellen könnte. »Eine andere Möglichkeit, nach New York zu kommen, gibt es nicht«, erklärt man ihm in der US-Vertretung von Lissabon. Farkas ist hartnäckig, er gibt nicht auf. Er dringt bis zum amerikanischen Konsul vor – was gar nicht so leicht ist, denn Tausende wollen das in diesen Tagen. Von ihm erhält Farkas ein Stück Papier. Ein simples Stück Papier, auf dem vermerkt ist, daß er ein Schiff betreten darf. Ein Schiff, das demnächst vor Anker und nach New York gehen soll. Er hat diesen Zettel, ein Transitvisum, aber kein Affidavit, keine Einreiseerlaubnis für die Vereinigten Staaten von Amerika. »Damit kommen Sie wohl auf das Schiff hinauf«, sagt der Konsul, »ich kann Ihnen aber nicht garantieren, daß Sie damit in New York auch wieder hinunterkommen.«

Farkas betritt das Schiff – mit dem auch Roda Roda in die Freiheit gelangen will – und weiß nicht, ob er »drüben« bleiben darf oder nicht. Zwei Wochen dauert die Überfahrt. Wieder zwei Wochen der Ungewißheit. Wird man ihn von Bord gehen lassen? Oder muß er mit demselben Schiff wieder zurückkreisen? Zurück nach Europa, in die Arme der Nazis?

Ellis Island ist eine Insel in der Upper New York Bay. Hier müssen die Emigranten »durch«. Angesichts der besonderen Umstände, die in Europa herrschen, werden gefährdete Personen, die die Überfahrt geschafft haben, aber kein Affidavit besitzen, nicht zurückgeschickt. Doch sie dürfen sich nicht frei bewegen. Karl Farkas kommt wieder einmal in ein Auffanglager. Er bleibt auf Ellis Island.

Später kommentierte er dann seine ersten Stunden in Amerika so: »Ja, meine Ankunft, das war eine traurige Sache. Stellen Sie sich vor, vier Uhr früh, 28. Jänner 1941, und ich schwitz wie der Teufel, um mich herum nur Palmen, Affen und Neger – und das im Jänner!«

Man lebt auch in diesem, seinem dritten Lager nicht wie im Hotel. Aber die Notunterkünfte von Ellis Island haben einen Vorteil gegenüber den französischen: Hier gibt es Telefon. Und er versucht jetzt »Gott und die Welt« zu erreichen.

»Gott und die Welt«, das sind die Freunde aus Wien, die hier in Amerika bereits Fuß gefaßt haben. Oskar Karlweis wieder, Kurt Robitschek, Hans Kolischer (den der Grünbaum in Wien »nicht schmecken« konnte), Armin Berg... sie waren, meist mit einem Affidavit versehen, als reguläre Einwanderer aufgenommen worden.

Im Gegensatz zu Farkas. Aber die Freunde lassen ihn nicht im Stich. Sie besuchen ihn im Internierungslager und versprechen: »Wir holen dich da raus!« Armin Berg, der eine Zigarrenkiste mitgebracht hat, erzählt ihm: »Da sind zwei Emigranten, die machen ein Café mit den Namen ›Old Europe‹ auf, die wollen dort Kabarettprogramme in deutscher Sprache bringen. Du wirst schreiben, und wir werden gemeinsam auftreten.«

Die Sache klappt tatsächlich. Farkas erhält über Vermittlung Armin Bergs die Zusage für einige Auftritte, womit die Vereinigten Staaten keine Angst mehr zu haben brauchen, der Insasse des Auffanglagers Ellis Island würde ihnen nach seiner Freilassung zur Last fallen. Der mittlerweile aus Deutschland eingereiste Curt Goetz sowie Gottfried Reinhardt und Szöke Szakall veranstalten schließlich im New Yorker Pythian Theatre einen Abend »zugunsten Karl Farkas«, dessen Ertrag, eintausend Dollar, sie als Kaution zu seiner Freilassung verwenden.

Er ist in New York, Umjubelter Auftritt mit Armin Berg im »Old Europe«. Große Begrüßung auf der Bühne, Doppelconférence:

FARKAS: Armin, wie lange bist du jetzt schon in Amerika?

BERG: Seit drei Jahren.

FARKAS: Na, und wie schlägt man sich so durch als armer Emigrant?

BERG: Wunderbar, völlig problemlos. Ich kenne sogar einen Mann, der ist in dieser Zeit, hier in Amerika, zum Millionär geworden. Er war ein bettelarmer Wiener, der mit demselben Schiff wie ich herübergekommen ist.

FARKAS: Großartig. Wie hat er das gemacht?

BERG: Im ersten Jahr war er Schuhputzer, im zweiten Tellerwäscher, im dritten Zeitungsverkäufer ...

FARKAS: Na, und? ...

BERG: ... und dann ist seine Tante in der Schweiz gestorben und hat ihm zwei Millionen Franken hinterlassen!

Farkas schlägt sich anfangs mit kleinen, sehr schlecht bezahlten Auftritten im »Old Europe« durch. Daneben verdient er sich ein paar Dollar durch Übersetzungen. Sein Englisch perfektioniert er dermaßen, daß er die Sprache innerhalb von drei Monaten fast so gut wie Deutsch beherrscht. Er ist bereit, Aufträge anzunehmen. Aber die Aufträge kommen nicht. Was ist geschehen? Schließlich war er doch vor '38 schon an den Broadway und nach Hollywood geholt worden, um seine *Wunder-Bar* für die USA zu adaptieren. Aber jetzt kräht kein Hahn nach ihm. Er logiert in einem billigen Untermietzimmer, für mehr als Hot Dogs in einem Drugstore reicht's nicht.

Die große Zeit der Walzerseligkeit, die die Amerikaner in den zwanziger und dreißiger Jahren begeistert hatte, schien endgültig vorbei zu sein. Seit Hitler in Österreich einmarschiert war, wollte man in New York nicht einmal mehr die einst so beliebten

Operetten hören. Stücke, Autoren und Schauspieler aus dem Deutschen Reich waren in dieser Zeit nicht gefragt.

Sogar Robert Stolz, der einst in Amerika gefeierte Komponist und Dirigent, fristete ein armseliges Dasein in einer einfachen Pension am Central Park. Die Situation für die Künstler unter den »Refugees«, wie Flüchtlinge in den USA genannt werden, schien aussichtslos.

Viele, die in der Heimat klingende Namen trugen, lebten hier als kleine Bürodiener, Tellerwäscher oder Zeitungsverkäufer. Die berühmte Geschichte, daß *money* in Manhattan auf der Straße liege und sich der Neuankömmling nur danach zu bücken brauchte, entpuppte sich bald als Märchen. Jeder von den großen Europäern mußte von vorn anfangen. Sogar Einstein, Toscanini, Thomas Mann... nur ganz wenige schaffen es auf Anhieb: Franz Werfel und Erich Maria Remarque lieferten innerhalb kürzester Zeit Bestseller, die für die US-Bürger maßgeschneidert waren.

Karl Farkas also als einer von Tausenden Refugees in New York. Mit Beginn des Jahres 1941 steht fest, daß sich die Vereinigten Staaten nicht mehr lange vom europäischen Konflikt fernhalten würden. Präsident Franklin D. Roosevelt erkennt, daß die britischen Ressourcen bald erschöpft und Hilfeleistungen dringend erforderlich sind.

Farkas hofft, daß es möglich wäre, seine Lieben nachkommen zu lassen. Zumindest solange die USA noch nicht am Krieg beteiligt sind. Am 21. Juni 1941 schreibt er an seine immer noch in La Baule lebende Frau:

»Meine liebe, goldige Anny, ich hoffe, Du hast einen meiner unzähligen Briefe erhalten, in denen ich Dir schrieb, Liebste, daß ich jeden Tag, jede Stunde an Dich und Bobby denke, daß ich Euch im September hier haben werde...«

Tatsächlich läßt er keine Möglichkeit aus, um Einreisegenehmigungen für Frau und Kind zu erhalten. Er rast von einer Behörde zur anderen. Aber alle Versuche erweisen sich als aussichtslos. Bestünden wenigstens geringe Chancen, Anny herüberzuholen, – ein Visum für das geisteskranke Kind wird strikt abgelehnt.

Jeder Einreisende muß sich einer peinlich genauen Gesundenuntersuchung unterziehen. Ohne ihr Kind unternimmt Anny Farkas aber keinen Schritt. Sie könnte es niemals, unter keinen Umständen, wie sie ihrem Karl mitteilt, übers Herz bringen, Bobby in einer Anstalt irgendwo in Europa zurückzulassen.

Alles, was vorläufig noch bleibt, ist die Post. »Ich schreibe jede Woche und bete jeden Abend für Euch«, heißt es in demselben Brief aus New York, »schreib mir doch, wenn es möglich ist. Deinen letzten Brief trage ich immer bei mir in der Brieftasche herum ...«

Doch bald ist es auch mit dieser, der letzten und einzigen Verständigungsmöglichkeit vorbei. Am 11. September erteilt Roosevelt seiner Flotte den Schießbefehl auf deutsche Schiffe. Amerika ist am Krieg beteiligt. Und für die Bewohner der jetzt auch offiziell miteinander verfeindeten Länder – Anny lebt ja in der deutschen Zone – gibt es natürlich auch keine Post mehr. Fünf Jahre lang sollte das Ehepaar Farkas nichts mehr voneinander hören. Fünf Jahre lang hat Karl keinen Kontakt mit seiner Anny, fünf Jahre weiß Anny nicht einmal, ob ihr Mann überhaupt am Leben ist. Fünf Jahre der grausamsten Trennung stehen der vom Schicksal so hart getroffenen Familie bevor.

Die berufliche Situation schien für die in den USA lebenden Emigranten mit der Ausweitung des Krieges immer aussichtsloser zu werden. Vor allem nach der Ende 1941 erfolgten Schlacht von Pearl Harbor, als japanische Flugzeuge den US-Stützpunkt im Pazifischen Ozean vernichteten. Am schwersten sollte die mehr als gespannte Lage für die deutschsprachigen Künstler zu bewältigen sein. Wie sollte man Amerikaner ausgerechnet jetzt, wo Deutsche und Österreicher als ihre Feinde galten, für Wiener Themen interessieren?

Die Lösung des scheinbar unlösbaren Problems fand Robert Stolz. Über den Weg der Reklame. Publicity ist in den Vereinigten Staaten alles. Ein New Yorker Journalist hatte sich des völlig in Vergessenheit geratenen Schöpfers auch in Amerika so beliebter Melodien wie »Two Hearts in three quarter Time« angenommen und ein Interview mit ihm veröffentlicht. Im Laufe des Gesprächs sagte Stolz – eher satirisch gemeint –, er hätte bereits den Todesmarsch für Adolf Hitler komponiert und hoffe, diesen in kürzester Zeit zum ersten Mal öffentlich dirigieren zu können. Allerdings müßte Hitler vorher einwandfrei tot sein.

Die Geschichte schlug in Amerika wie eine Bombe ein. Das Interview mit dem sensationell aufgemachten Titel »Robert Stolz komponiert Hitler-Todesmarsch« wurde von sämtlichen Medien zitiert, er hatte plötzlich nicht nur Publicity, sondern auch die Sympathien der natürlich Hitler-feindlich eingestellten Amerikaner auf seiner Seite. Die Sympathien übertrugen sich innerhalb weniger Wochen von Stolz auch auf seine und andere Wiener Melodien. Sie wurden wieder von den Radiostationen ausgestrahlt, geschickte Musikmanager veranstalteten im Sog der Publicity Wienerliedabende und bereiteten Operettenaufführungen vor.

Und damit hatte auch die Stunde für Karl Farkas geschlagen. Stolz erinnerte sich seines Librettisten vom *Mädchen aus 1001 Nacht* in Wien. Gemeinsam mit den ebenfalls in New York lebenden Textdichtern Robert Gilbert und Alfred Grünwald erhielt Farkas nun den Auftrag, österreichische Operetten für den amerikanischen Publikumsgeschmack zu bearbeiten.

An Interpreten für europäische Musikabende sollte es nicht mangeln. Jan Kiepura und Marta Eggerth waren hier, weiters Jarmila Novotna, Marlene Dietrich, Lotte Lenya, Walter Slezak, Oskar Karlweis, Hans Jaray, Grete Mosheim...

Die Operette trat in Amerika ihren zweiten Siegeszug an. Es war sozusagen die US-Ära der »Silbernen Operette«. Und Farkas hatte seinen Anteil daran als Librettist und als Darsteller.

Die Wiederauferstehung der Operette in Amerika sollte – wie denn auch sonst – mit der *Fledermaus* von Johann Strauß ihren Anfang nehmen. Stolz dirigierte, Farkas textete neu und feierte in der Komiker-Traumrolle des Frosch wahre Triumphe. So schreibt der deutschsprachige »New York Herold« am 13. April 1942: »Der an sich schon humorvolle dritte Akt wurde von Karl

Farkas in der Rolle des ewig betrunkenen Gefängnisdieners Frosch zum Teil so umgeschrieben, daß Strauß sich gewundert hätte, ob das noch immer seine *Fledermaus* war. Das Publikum wälzte sich vor Lachen ... Farkas war ein Schlager für sich. Seine Einschaltungen sind immer wieder köstlich.« Auch der in Amerika zum echten Farkas-Freund gewordene Oskar Karlweis war dabei – in der »Hosenrolle« des Prinzen Orlofsky. Bei ihm fand der Kritiker vor allem seinen »fein nuancierten Humor« erwähnenswert. Und »Herrn Stolz' musikalische Leitung war ganz in dem sprühenden Geiste des Komponisten gehalten.« Insgesamt warnte der begeisterte Rezensent die Meteorologen von New York davor, »in nächster Zeit dem Zeiger des Seismographen zu vertrauen. Wenn der nämlich während einer *Fledermaus*-Aufführung im Pythian Theatre wie wild um sich schlägt, dann ist kein Erdbeben daran schuld, sondern der rauschende, donnernde Beifall eines begeistert mitgerissenen Publikums.«

Die cleveren amerikanischen Musik- und Theatermanager sorgten natürlich dafür, daß der Riesenerfolg der Wiener Walzerseligkeit trotz des Weltkriegs nicht mehr abreißen sollte. Und so kam es zum größten Operettenerfolg der Kriegszeit überhaupt, zur Aufführung von Lehárs *Lustiger Witwe*, mit einer echten Starbesetzung.

The Merry Widow stellte alle bisher dagewesenen amerikanischen Operettenkassenschlager in den Schatten. Schon die feierliche Premiere in New Yorks Majestic Theatre am Broadway wurde zur Sensation – Stolz dirigierte, der berühmte George Balanchine besorgte die Choreographie, Martha Eggerth in der Titelrolle, Jan Kiepura als Danilo. Farkas spielte den pontevedrinischen Gesandten Mirko Zeta – betrogener Ehemann Valenciennes –, der in seiner Neuversion Popoff hieß. Die wichtigste Zeitung des Landes, »The New York Times«, kündigte ihren Premierenbericht mit einem riesigen Ensemblefoto inklusive Farkas auf Seite eins an. Ein Jahr lang sollte *The Merry Widow* am Broadway laufen, dann ging das Team Kiepura-Eggerth-Farkas damit auf Tournee. Die Aufführung war in englischer Sprache gehalten, wobei Farkas zugute kam, daß sein Botschafter eine Akzentrolle ist, also konnte er auch als Ausländer vor amerikanischem Publikum bestehen.

Es geht kreuz und quer durch die USA. Philadelphia, Boston, Los Angeles, Hollywood, Chicago, San Franzisko... man ist *on the road*, wie die Amerikaner sagen, zwei Jahre lang. Während Farkas an der Seite des Ehepaares Eggerth-Kiepura von einem Erfolg zum anderen eilt, weiß er nicht, wie es seiner Familie in Europa geht. Er denkt immerzu an sie. Doch hat er keine Ahnung, in welcher Not sich Anny und Bobby befinden.

Frau Farkas war ja, lediglich mit einem Touristenvisum versehen, im März 1939 von Prag zu ihrem Mann nach Paris gereist. Sie hätte einen Monat später wieder zurück sein müssen, blieb aber bei ihrem Mann. Mittlerweile waren die Deutschen in Frankreich. Anny geht in La Baule kaum unter Menschen. Bobby ist natürlich immer bei ihr. Und Frau Hirschfeld, die ebenfalls nicht weiß, was aus ihrem Mann geworden ist, ist ihr einziger Umgang. Dadurch, daß sie sich in der besetzten Zone »ruhig und unauffällig« verhält, hofft Anny Farkas, nicht in die Arme der Deutschen zu geraten. Denn immerhin hatte sie sich durch das Unterbleiben der Rückkehr nach Prag schuldig gemacht. Und beim Bestrafen war man ja damals nicht gerade milde.

An allen Ecken und Enden sind Plakate angebracht: »Deutsche Staatsbürger meldet euch!« Auch im Radio wird ununterbrochen verlautbart: »Deutsche haben sich bei der zuständigen Polizeidienststelle einzufinden. Widrigenfalls...«

Dieses »Widrigenfalls« verängstigt sie immer mehr. »Was passiert, wenn sie mich erwischen?« Hilflos und allein wie sie ist. Tatsächlich, eines Tages kommen zwei französische Beamte und laden sie ein, zur Präfektur mitzugehen. »Bitte, verraten Sie mich den Deutschen nicht, ich will hierbleiben, ich tu doch keinem was.« Und immer wieder zeigt sie auf ihr Kind, das während der Einvernahme neben ihr sitzt. Man ist nicht unfreundlich zu ihr, doch teilen ihr die Franzosen mit, daß der Zustand unhaltbar sei.

»Sie müssen zurück nach Wien oder in die Tschechoslowakei. Innerhalb von acht Tagen.«

Anny Farkas schreibt ihren Eltern nach Březnice, schildert ihre verzweifelte Situation. Die Eltern reagieren prompt: »Komm! Du hast soviel hinter Dir, gemeinsam werden wir auch das schaffen.« Wieder einmal packt Anny ihre Habseligkeiten zusammen. Mit dem letzten Geld reist Frau Farkas über Prag nach Březnice. Zunächst verbringt sie dort mit Bobby ein paar unbeschwerte Wochen, die Freude des Wiedersehens ist groß. Aber wie werden die Nazis reagieren, wenn die Geschichte ihres unerlaubten Frankreichaufenthalts – aus einem Monat sind immerhin drei Jahre geworden – auffliegt?

Und schon ist es soweit. Eines Tages wird sie von der Gestapo geholt. Zu einem scheinbar nicht enden wollenden Verhör. »Was wollten Sie in Frankreich? Hatten Sie Kontakt zu Ihrem jüdischen Mann? Sie sind doch geschieden ... Warum sind Sie so lange geblieben? Wollten Sie aus dem Deutschen Reich flüchten?« ... Fragen über Fragen. Stundenlange Einvernahmen, in den Methoden ist man nicht zimperlich.

Nach einer qualvollen Nacht, in der sie die bohrenden Fragen so gut wie möglich zu beantworten versucht, wird sie wieder freigelassen. Die Gestapo hat in diesen Tagen andere Sorgen. Tiefflieger bombardieren das Land, die Situation ist nicht so rosig, wie Adolf Hitler sich das anfangs vorgestellt hat.

Anny Farkas kehrt wieder heim in den Schoß ihrer Familie. Sie lebt fortan in der schrecklichen Ungewißheit, was aus ihrem Mann geworden ist. Unter Umständen, die ihrer nicht würdig sind. Der Vater ist kurz nach ihrer Ankunft verstorben. Sie muß ihre Mutter, ihren Sohn und sich selbst erhalten. Die feinfühlende, sensible Künstlerin Anny Farkas, die in Wien das großbürgerliche Leben der Ehefrau eines erfolgreichen Mannes gewöhnt war, muß in dieser Zeit ihr Brot als Hausgehilfin verdienen.

Von all dem weiß Karl nichts. Er hat keinerlei Kontakt zu ihr. Er ist auf Tournee mit der *Lustigen Witwe*.

Mayerling mit Happy-End

Wie Kronprinz Rudolf – für den Broadway – überleben sollte

Farkas zählt zu den Emigranten, die in diesen schweren Tagen gut verdienen. Er legt jeden Cent beiseite. Für den großen Tag des Wiedersehens. Einmal muß die Barbarei doch ihr Ende nehmen. Einmal wird er Frau und Kind wieder in die Arme schließen können. Aber wann? Die Tage vergehen langsam, das Heimweh ist trotz der Erfolge groß. Man ist immer im Kreise der Kollegen – und doch allein. Besonders schlimm ist es zu Weihnachten.

Den Heiligen Abend beschrieb er nach dem Krieg in einem Zeitungsbericht über diese Zeit so: »Weihnachten feiern, das können vor allem die Österreicher. Ein bisserl feierlich und ein bisserl sentimental. Nicht so mondän wie die Pariser, nicht so fröhlich, wie man in Hollywood feiert. Weihnachten in der Fremde – da besinnt man sich immer, daß man eigentlich im Herzen Österreicher ist und auch bleiben wird. Da ist man ein hoffnungsloser Fall.«

Ein ebenso »hoffnungsloser Fall« war Alfred Polgar, der einstige Tischnachbar aus dem Café Central. Auch er bringt es während des Krieges »drüben« zu bescheidenem Wohlstand, findet eine Anstellung als Filmtexter bei Metro Goldwyn Mayer. Im Brief an einen Freund beschreibt er seine Situation, die zum Teil auch für Farkas gültig ist: »Hier wäre alles wunderschön, das heißt, wenn ich 20 bis 30 Jahre jünger wäre, ein großes Filmtalent, Englisch könnte, ein unjüdisches Nervensystem hätte ...«

Auch Farkas ist mittlerweile ein Mann von fünfzig geworden. Führt ein Leben »aus dem Koffer«, jeden Tag mit seiner *Merry*

Widow in einer anderen Stadt, jede Nacht in einem anderen Hotel. Er denkt unentwegt an die Lieben zu Hause, aber mit der Zeit beginnt man sich mit dem Zustand des Wartens abzufinden, er wird zur traurigen Gewohnheit. Welche andere Chance hat man denn?

Trotz der Tragik der Ungewißheit schleichen sich natürlich auch heitere Momente in den Tourneealltag. Als er wieder in Österreich ist, erzählt er davon in einer Rundfunksendung:

»Wir sind mit der *Lustigen Witwe* gerade in Cincinnati, da fällt dem Kiepura plötzlich knapp vor der Vorstellung ein, daß er an diesem Abend sein berühmtes ›Da geh ich ins Maxim . . .‹ weglassen will. Das Publikum hatte nämlich Tage zuvor nicht so stürmisch wie gewohnt applaudiert, schließlich ist der Text im Englischen ›I'm off to Chez Maxim, to join the whirling stream‹ nicht so attraktiv zu singen. Und da sagt der Kiepura also zu mir: Ich werde statt dessen ›Heute nacht oder nie‹ singen – das war einer der berühmten Schlager seiner großen Berliner Filmzeit. Darauf sag ich: ›Um Gottes willen, du kannst doch nicht ganz einfach die Operette vom Lehár ändern . . .‹

›O ja‹, entgegnet Kiepura, ›ich will's so, ich hab die Noten bei mir, das muß der Kapellmeister instrumentieren‹ – Robert Stolz hat nur in New York dirigiert und ist inzwischen durch einen anderen ersetzt worden. Kiepura tritt also plötzlich in Cincinnati auf, und anstatt das ›Maxim‹ auf englisch zu singen, beginnt er auf deutsch mit ›Heute nacht oder nie . . .‹

Ob das ein Theaterskandal war? Aber wo! Das Publikum war entzückt, Riesenapplaus, er hat's wiederholen müssen. Und so ist ›Heute nacht oder nie‹ aus dem Film *Lied einer Nacht* plötzlich in der *Lustigen Witwe* drinnen gewesen.«

Wie's die Amerikaner mit der Milieu-Echtheit überhaupt nicht so ernst nehmen. Neben seinen ununterbrochenen Auftritten in *The Merry Widow* schrieb Farkas im jeweiligen Hotelzimmer auch Filmdrehbücher für Hollywood und Texte für Broadwaystücke. Dort sollte – zur Musik von Fritz Kreisler – auch eine Operette über das Drama von Mayerling aufgeführt werden.

Farkas wurde beauftragt, das Libretto zu schreiben. Er lieferte es beim Theaterproducer ab. Und als dieser die Geschichte vom Doppelselbstmord gelesen hatte, bekam Farkas das Buch mit einer eigenartigen Reaktion zurück: »Für Tote zahl ich kein Geld. So geht's nicht. Ein Happy-End muß her!«

So hungrig hätte Farkas gar nicht sein können, um die österreichische Geschichte dermaßen zu verfälschen. Die »Tragödie von Mayerling mit Happy-End« wurde niemals aufgeführt.

Dafür »entdeckte« man jetzt Farkas-Werke aus der Heimat. So hatte er in den zwanziger Jahren zu der Musik Robert Katschers für die Revue *Küsse um Mitternacht* – uraufgeführt in den Wiener Kammerspielen – den Text geschrieben. Das Lied »Madonna, du bist schöner als der Sonnenschein« war aber schon nach wenigen Aufführungen aus der Revue gestrichen worden. »Zu kitschig«, hatte das Urteil der Wiener gelautet.

Ein Urteil, das den Song für Amerika geradezu salonfähig machte. Farkas traf Katscher in den Vereinigten Staaten wieder – und der berühmte Saxophonist Paul Whiteman nahm die »Madonna« auf Platte auf und machte sie zu einem Weltschlager. Als Katscher 1942 in der Emigration starb, blies Whiteman das Lied an seinem Grab in Hollywood.

Auch in Amerika war Farkas von seiner »Krankheit«, die ihn seit den Kindertagen verfolgte, nicht geheilt: Er dichtete auch hier in einem fort, erfand tagtäglich »reiche Reime«, die er den neuen Lebensumständen entnahm, schüttelte die deutsche Sprache mit der englischen. Und brachte sogar zwei humorvolle Gedichtbände heraus. Einen mit dem hoffnungsvollen Titel *Zurück ins Morgen*, der andere hieß *Farkas entdeckt Amerika*.

In diesem Buch für Emigranten findet der geborene Optimist heraus, wo auch in der Fremde Positives zu entdecken sei. In den neuen Möglichkeiten des Reimens zum Beispiel. Also lautet sein »Poetendank an USA«:

Welch reiches Dichterparadies
Blüht mir in diesen Landen!

»Wenn Politiker eitel wären, würden sie nicht so oft im Fernsehen auftreten«, conferierte Karl Farkas, der freilich
de durch seine TV-Sendungen zu den populärsten Österreichern zählte. Seine »Bilanzen« des Monats, der
on und des Jahres erfreuten sich mehr als fünfzehn Jahre lang großer Beliebtheit.

2–4 Der Disput e[...]
»Blöden« mit eine[...]
»Gescheiten« füh[...]
zur Institution de[...]
Doppelconférenc[...]
die Karl Farkas ei[...]
ben lang – mit we[...]
selnden Partnern [...]
zum Höhepunkt s[...]
ner kabarettistisch[...]
Programme erhob[...]
Mit Fritz Grünbau[...]
(oben links) bega[...]
die große Traditio[...]
die nach dem Krie[...]
vor allem mit Erns[...]
Waldbrunn (unter[...]
fortgesetzt wurde[...]
Einmal kam es au[...]
zum Dialog mit se[...]
nem »Rivalen« Ge[...]
hard Bronner (ob[...]
rechts).
BRONNER: »Ich h[...]
in letzter Zeit so u[...]
heimlich viel ge-
schrieben, daß mi[...]
zum Schluß schor[...]
nichts mehr einge[...]
len ist.« FARKAS: »[...]
Sendung hab' ich [...]
sehen!«

Zwei der wichtigsten Farkas-Mitarbeiter in den Nachkriegsjahren waren Maxi Böhm (oben) und Cissy Kraner
(en). Mit der Diseuse (»Der Novak läßt mich nicht verkommen«) und ihrem Mann Hugo Wiener kam es 1965
Bruch, worauf das Ehepaar den »Simpl« verließ.

7/8 Ein Sketch, den Farkas oft aufführte, war »Die Nachtwache«, in dem die Figuren des gleichnamigen Rbrandt-Gemäldes lebendig wurden. Der Sketch war 1967 eine Nummer der Revue »Mit Stift und Pinsel«, Kolmann (oben) war darin sein Partner. Ein weiterer »Simpl«-Star war Heinz Conrads (unten).

»Vielleicht hat er mich durchschaut mit seinen schönen Augen… Er, der große Karl, der ein wirklich Großer war in vielem mein Lehrer. Ich habe ihn bewundert und geachtet – aber nicht geliebt. Er mich auch nicht. Oder doch?« Fritz Muliar über Karl Farkas.

10/11 In der Herbst-Revue 1969 spielte Farkas im »Bankraub«-Sketch (Text siehe Seite 264 dieses Buches)
Kassier und Fred Weis den Räuber. Farkas-Assistent Georg Markus trat als Polizist auf (oben). Einen »Überfall«
Farkas und Maxi Böhm unternahm auch Fritz Heller (unten).

In seinen Fernseh-»Bilanzen« interviewte Farkas die Denkmäler Kaiser Franz Josephs, Mozarts, Ferdinand
unds, des Lieben Augustin... Als Admiral Tegetthoff engagierte er 1960 Burgschauspieler Fred Liewehr
n). Geliebter »Simpl«-Partner: Fritz Imhoff (unten).

14 »Bekanntlich haben Edison und Marconi durch ihre Erfindungen das Fernsehen erst ermöglicht. Wir we
ihnen das aber im Hinblick auf ihre sonstigen Leistungen nicht allzu sehr nachtragen.« Also sprach Karl Fark
die Kamera, zu deren großen Lieblingen er zählte. Er genoß die Fernsehpopularität, schaffte den Durchbruch

als Regisseur Peter Hey 1962 die Idee hatte, die »Bilanzen« vor Publikum und nicht im sterilen Studio
zeichnen.

15 Hans Moser feierte i
den Programmen von K
Farkas seine ersten groß
Erfolge. 1923 spielte er i
der Ronacher-Revue »W
gib acht!« einen Leichen
ger (oben), der statt in e
nem Trauerhaus bei ein
Hochzeitsfeier landet. Cl
lie Chaplin erwarb von F
kas die Rechte für diese
Sketch, führte den »Pom
funèbrer« aber nie auf.

16/17 Farkas mit zwei se
wichtigsten Weggefährte
den zwanziger und drei
ger Jahren: Fritz Grünba
(ganz links) und Ralph E
natzky (Mitte), in desse
Singspiel »Im weißen Rö
Farkas 1931 die Figur de
Schönen Sigismund kre
(Foto rechte Seite ▷).

18–21 Ein Faschingsscherz, auf den ganz Graz »hereinfiel«: 1963 wurden in der steirischen Metropole Farkas Aristoteles Onassis und Elly Naschold als »Jackie« Kennedy wie Staatsgäste empfangen (oben). Unten wei Farkas-Masken: Ibn Saud (links), Moshe Dayan (Mitte), Golda Meir (rechts).

Farkas kannte keine Scheu, auch in extreme Verkleidungen zu schlüpfen. Ob als Geigerin (links), als ~~~grin (oben rechts) oder als »Hippie« (unten rechts) – oberstes Gebot war es, seine Zuschauer zu unter-~~~. Das breite Publikum liebte ihn ebenso wie die Intellektuellen.

25–27 Die Eltern: Franz
und Moriz Farkas lebten
ihren vier Kindern in ei
großbürgerlichen Welt.
Wunsch des Vaters war e
daß sein Sohn Karl (rec
Rechtsanwalt würde. Do
nach dem Selbstmord d
älteren Sohnes Stefan ga
Moriz Farkas nach: Karl
durfte Schauspieler wer

28 Die große Tragödie s
nes Lebens: Karl Farkas
seinem Sohn Bobby – hi
noch vor Ausbruch der
schweren Erkrankung.
29 Rechte Seite ▷
Mit Ehefrau Anny war Fa
fast ein halbes Jahrhund
glücklich verheiratet. De
Sommer verbrachte man
eigenen Haus an der Ra
Die Jahre der Nazidiktat
mußten sie voneinande
trennt leben.

30 Der Abschied für immer: Am Abend des 15. Mai 1971 war Karl Farkas, an der Seite von Ernst Waldbrunn, noc
seiner (kurz vorher aufgezeichneten) letzten TV-»Bilanz der Saison« zu sehen. Am nächsten Tag trauerte
Österreich um den Altmeister des Wiener Kabaretts.

All das, was ich an Reim versäumt,
Weil sich in Wien nichts drauf gereimt –
Hier ist's en masse vorhanden!
Zum Beispiel uns're Donau, die
Beliebt war augenscheinlich,
Floß trotzdem durch den Plan von Wien
Vollkommen ungereimt dahin –
Was mir seit jeher peinlich ...
Da plötzlich schwebte durch den Raum,
Der reinste Reim auf Donau ...
I think, you have to go now.

So dichtete er fröhlich drauflos. Reimte »Fräulein« auf »Boy
line«, »Menschen« auf »I have not the intention«, »Coachen« auf
»Gigritzpotschen«, »Screentest« auf »verdientest«, »Katharine
Hepburn« auf »mit den Knien scheppern«, »Sphinx« auf
»Drinks«, »Blue bird« auf »Schubert«, er sprach von einem
»Sheriff, den der Bedrängte herrief«, er löste »mancherlei Pro-
blem, gesponsert von der MGM ...«
Sein Eindruck von Hollywood:

Nachts wohn ich einer Party bei
Mit Gambling, Cocktails und Geschrei –
Wo jeder über jeden spricht –
(Nur über die, die da sind, nicht.)
Man ist geschäftlich »funny«,
Man tituliert sich »honey«,
Man kalkuliert sich »money« ...

Schließlich kommt er zu dem – wiederum optimistischen –
Schluß:

Und mir als Dichter-Refugee
Will es symbolisch scheinen,
Dort, wo sich in der schweren Zeit,
Die ganze Welt ringsum entzweit –
Die Sprachen sich vereinen.

Diese Gedichte trug er neben Conférencen und – wie einst in Wien – seinen »Blitzdichtungen« in zahlreichen amerikanischen Emigrantencafés und Amüsierlokalen vor. Wo immer er durch *The Merry Widow* hinkam, ob nach Boston, Philadelphia, San Franzisko oder Milwaukee, Farkas gab überall Kabarettabende.

Seine Darbietungen in Amerika unterschieden sich von seinen einstigen Wiener Kabarettprogrammen kaum. Obwohl es doch an politischen Angriffsflächen in der Heimat beileibe nicht mangeln sollte, zog Farkas es vor – wie seinerzeit in Wien –, reine Unterhaltung zu bringen. Die Politik wurde höchstens am Rande gestreift. Etwa mit der Pointe:

Was ist das für eine Zeit, in der die Weltkriege numeriert werden!

Doch sein Publikum wollte auch in diesen Tagen in erster Linie lachen. Eine der Lieblingsnummern in Amerika hieß »Familienabend bei Gangsters«.

Farkas, als Oberhaupt einer »durchschnittlichen amerikanischen Gaunerfamilie«, kommt abends von der »Arbeit« nach Hause und fragt die Kinder: »Na, boys and girls, wie geht's euch?«

Darauf die kleine Mary: »Der Johnny hat mir ein Aug ausgestochen!«

Farkas: »Wenn er das noch einmal macht – schaust du ihn nicht mehr an!«

New Yorks beliebtester Emigrantentreff war der Theatersaal des fashionablen »Barbizon Plaza«-Hotels. Manfred Inger, der hier gemeinsam mit Farkas auftrat, erinnerte sich: »Die Besucher der Vorstellungen waren praktisch dieselben wie vorher in Österreich: Wiener Juden. Die wollten gar kein anderes Programm, sie wollten einfach unterhalten werden, wollten ihren Farkas so sehen wie zu Hause – auch in diesen Zeiten. Die Abende waren ja die einzige Verbindung, die mit der Heimat noch existierte.«

Die einzige politische Protestveranstaltung, an der Farkas teilnahm, wurde von der New Yorker »Cultural Section of Austrian Action« organisiert und trug den Titel »Verbotene Kunst«. Farkas, Karlweis und Inger spielten Szenen aus Karl Kraus' *Die letzten Tage der Menschheit*, Heinrich Schnitzler las *Die Fremde* von seinem Vater, man trug auch Mendelssohn Bartholdy, Gustav Mahler und verbotene Operettenmelodien vor. Die ganze Veranstaltung war als offener Protest gegen die Nationalsozialisten gedacht.

Farkas war jetzt so erfolgreich, daß er zu jenen Emigranten zählte, für deren Vertreibung in die USA sich ein Kolumnist des »New Republican Magazine« ironisch bei Hitler bedankte. »Diese Männer und Frauen sind Wissenschaftler, schöpferische Künstler, Musiker, Philosophen. Sie stehen auf denkbar hohem Niveau. Sie haben bereits einen wertvollen Beitrag zur Erweiterung unseres Horizonts geleistet... Ich bin der Ansicht, daß wir Amerikaner Hitler zutiefst dankbar dafür sein sollten, daß er unserer Gesellschaft diese enorme Bereicherung zuteil werden ließ. Thank you, Hitler!«

Es war tatsächlich eine ansehnliche Liste von vorwiegend österreichischen Künstlern, für die man sich bei Hitler »bedanken« konnte. Farkas traf in New York Max Reinhardt, der hier 1943 an den Folgen eines Hundebisses starb, weiters Billy Wilder, Fritz Lang und Otto Preminger, die von Hollywood aus weltberühmt wurden, dann Ernst Lothar und Adrienne Gessner, die ein deutschsprachiges Emigrantentheater gegründet hatten, in dem man Bruno Walter als Stammgast sah, er traf aber auch Friedrich Torberg sowie Alma und Franz Werfel.

Man erinnerte sich eines Erlebnisses in Paris, am Beginn der Emigration. Werfel und Farkas waren in einem Bistro gesessen und hatten über die Heimat gesprochen. Ein Mann ging vorbei, grüßte Werfel und wechselte ein paar Worte in gebrochenem Deutsch mit ihm. Ein interessanter Typ jedenfalls, so daß Farkas fragte: »Wer ist der Mann?«

»Auch ein Emigrant«, antwortete Werfel, »ein gewisser Jakoschitzky aus Polen. Über den möchte ich einmal ein Theaterstück schreiben.« Dann erzählte Werfel vom bewegten Schicksal des polnischen Juden, der in Paris einen ebenfalls jüdischen Offizier aus der Heimat kennengelernt hatte und mit ihm gemeinsam die Flucht vor den herannahenden Deutschen plante.

In New York entstand dann eine Freundschaft zwischen Werfel und Farkas, und immer wieder erzählte der aus Prag stammende weltberühmte Dichter dem Kabarettisten aus Wien von Jakoschitzky, dem er inzwischen – für das Stück – den Namen Jacobowsky verpaßt hatte.

Eines Tages erhielt Farkas folgendes Telegramm: »Jakoschitzky ist geboren. Möchten Sie seine Rolle übernehmen? Werfel.«

Farkas mußte wegen der *Merry Widow*-Tournee absagen, was ihm natürlich ewig leid tat. *Jacobowsky und der Oberst* wurde, ehe das Stück seinen Weg um die ganze Welt nehmen sollte, 1943 in New York uraufgeführt. Die ursprünglich Farkas zugedachte Rolle des Jacobowsky spielte Oskar Karlweis.

Und natürlich traf Farkas in New York auch Emmerich Kálmán, der zeitweise im selben Haus wie Robert Stolz wohnte. Gemeinsam schrieben Kálmán und Farkas an der Operette *Marinka*, in der es um die Tragödie von Mayerling geht – diesmal freilich ohne Happy-End. »Marinka« soll der tatsächliche Kosename Rudolfs für Mary Vetsera gewesen sein. Und neben dem Kronprinzen und seiner Geliebten kamen hier sämtliche Wiener Lokalmatadore vor: vom Kaiser Franz Joseph angefangen – dargestellt von Reinhold Schünzel – bis zum legendären Leibkutscher Bratfisch und der ewig Zigarren rauchenden Frau Sacher.

Dementsprechend auch der Erfolg: *Marinka* lief zweiunddreißig Wochen am Broadway.

Erfolge, Erfolge, Erfolge. Doch es blieb das Warten, es blieb das Heimweh, es blieb die Sehnsucht. Nach dem Krieg erzählte Farkas dann die Geschichte, wie er tagtäglich mit seiner Frau »verbunden« war: »Ich hatte uns vor dieser Trennung – ohne daß wir ahnen konnten, wie lange sie dauern würde – in Paris zwei Schallplatten unseres Lieblingsliedes ›J'attendrai – Ich warte auf dich‹ von Tino Rossi gekauft, und wir hatten uns damals geschworen, uns das Lied während des Auseinanderseins so oft wie möglich vorzuspielen.« Tatsächlich legte Anny die Platte jeden Abend vor dem Schlafengehen vorerst in Frankreich, dann in der Tschechoslowakei auf. Und Karl spielte das Lied in New York, oder wo er gerade war. ›Ich warte auf dich.‹ Und beide haben wir jedesmal geweint.«

Als er diese Geschichte viele Jahre danach erzählte, hatte Farkas wieder Tränen in den Augen . . .

»Ich werde Dir das Glück bis zum Ende unserer Tage bringen«

Korrespondenz vor dem Wiedersehen

Mit dem Ende des Jahres 1942 beginnt sich die Wende in diesem mörderischen Krieg abzuzeichnen. Die bisherigen Aggressoren Deutschland, Italien und Japan müssen von da an ihren Gegnern die Initiative an nahezu allen Fronten überlassen. Wenige Monate später kapituliert die sechste deutsche Armee in Stalingrad, Amerikaner und Briten landen in Sizilien. Im September 1943 unterzeichnet Italien die Kapitulation. Gleichzeitig verstärken die Alliierten den Luftkrieg, die großen deutschen Städte werden bombardiert. Im Juni 1944 landen die Alliierten dann in der Normandie, ein halbes Jahr später befreien die freifranzösischen Truppen Paris, Ende desselben Jahres scheitert die deutsche Ardennenoffensive.

Am 5. Februar 1945 kommt es zur Gipfelkonferenz von Jalta – auf der Krim besprechen Roosevelt, Churchill und Stalin, wie es mit Europa nach dem unmittelbar bevorstehenden Sieg weitergehen soll. Roosevelt stirbt im April, im selben Monat noch erfolgt die Offensive auf Berlin; Wien wird bombardiert und von der Roten Armee befreit. Hitler, Bormann, Goebbels, Himmler begehen Selbstmord. Der Zweite Weltkrieg endet im Mai 1945 mit der bedingungslosen Kapitulation des Deutschen Reichs. Im August, nachdem Atombomben auf Hiroshima und Nagasaki gefallen sind, kapituliert auch Japan.

Durch Freunde erfährt Farkas, daß seine Frau und sein Sohn am Leben sind und in Březnice wohnen. Die Einreise nach Europa ist noch nicht möglich, Farkas schickt am ersten Tag des Friedens fünfundzwanzig Telegramme an seine Frau. Die Nachkriegskorrespondenz des Ehepaares Farkas ist erhalten geblieben.

12. August 1945, Anny an Karl Farkas von Březnice nach New York: »Mein lieber Karl, endlich der erste Brief an Dich, mein Lieber. Ich hoffe, daß dieser Brief Dich erreichen und Dir meine Liebe bezeugen wird und meine zärtlichen Gedanken... Ich habe die Telegramme erhalten und ich danke Dir sehr dafür. Ich hoffe, daß Du immer in guter Gesundheit bist und daß die Arbeit Dich befriedigt. Diese lange Einsamkeit! Seit sechs Jahren bin ich allein. Mein Lieber, beklage Deine arme Frau. Ich bin durch die schlimmen Ereignisse der letzten Jahre niedergedrückt. Mein ganzes Vergnügen ist die Arbeit. Ich komme weder dazu zu plaudern, noch zu lachen, ich bin vollkommen allein gelassen. Bobby hat sich sehr verändert. Er ist größer geworden, größer als Du. Er ist ein Kind, lieblich und gut gewachsen. Er ist mehr aktiv geworden, aber das ist für ihn und seine Umgebung nicht günstig. Manchesmal lacht er grundlos. Er spricht, aber meist nur Dummheiten. Und immer dieselbe Sache...
Lasse mich wissen, wann Du kommen kannst, uns zu sehen. Ich warte seit sechs Jahren, aber ich kann nicht mehr... Adieu, mein Lieber, ich liebe Dich immer, zärtlich und küsse Dich. Deine Anny.«

Karls Antwort, am 23. August aus New York: »Meine liebe, kleine, süße Bewunderte! Nichts hätte mich glücklicher machen können als Dein Brief. Der erste Brief seit fast fünf Jahren! Gleichzeitig hatte ich Kummer beim Lesen des Zustandes unseres Bobby. Meine Liebe, ich bitte Dich, vertraue und verzweifle nicht. Ich bewundere Dich und ich will Dich nur in meine Arme nehmen und Dich alle Sorgen und Schmerzen unserer Trennung vergessen machen. Ich hoffe, daß ich Dich sehr bald sehen kann. Ich werde Dir das Glück bis zum Ende unserer Tage bringen. Nichts wird uns trennen können, meine kleine Frau, meine liebe Anny... Jetzt ist alles nur eine Frage der Arbeitsmöglichkeiten. In zwei Jahren wäre ich Amerikaner. Aber ich kann nicht mehr warten. Ich möchte das Land verlassen, um Dich wiederzusehen, bei Dir zu sein, meine Liebe. Und nach unserer Wiedervereinigung können wir nachdenken, ob wir nach Amerika zurückkehren. Es ist ein Land, prächtig, frei, groß und reich. Und man gibt mir viele Möglichkeiten...

Ich will nur eines: Dich wiedersehen. Wenn die österreichische Regierung wieder gebildet ist, werde ich einen Paß bekommen und die nötigen Visa, um mich auf den Weg zu machen. Das kann nicht länger als einige Wochen dauern. Momentan können wir noch nicht reisen. Die Tschechoslowakei, Österreich und Deutschland sind so gut wie nicht zu erreichen. Meine Gedanken und meine ganze Zärtlichkeit sind bei Dir. Ich küsse und bewundere Dich, immer Dein geliebter Ehegatte.«

Doch bis es zum Wiedersehen kommen sollte, dauerte es länger, als Farkas ursprünglich annahm. Noch wollten die Alliierten keine definitive Bundesregierung für das vierfach besetzte Österreich anerkennen. Der wichtigste Korrespondenzinhalt der nächsten Wochen und Monate waren daher die zu treffenden Vorbereitungen zur Wiedervereinigung. Noch saßen Karl im New Yorker Wendworth-Hotel und Anny bei ihrer Mutter in Březnice.

Karl wieder an seine Frau: »Ich kann den Gedanken, daß Du Dich allein und verlassen fühlst, nicht länger ertragen. Ich werde zum baldigstmöglichen Zeitpunkt in Wien oder Prag eintreffen und wir werden dann gemeinsam nach Amerika fahren und hierbleiben. Ich bin dabei, all das vorzubereiten.

Meine Liebe, wie konntest Du ohne Geld leben? Was hast Du gemacht? Das war immer mein Kummer, seit ich begonnen habe, Geld zu verdienen. Ich habe niemals aufgehört, an Dich zu denken, an Deine großen Sorgen...«

Der anfängliche Plan, für immer gemeinsam nach Amerika zu gehen, zerschlägt sich bald, denn eine Einreise mit Bobby ist nach wie vor ausgeschlossen.

»Unsere Sorgen, meine liebe Anny, haben noch nicht ihr Ende gefunden. Es gibt Bobby, mein Putschky. Ich habe immer gehofft, daß sich eines Tages ein Wunder ereignen würde und er werden würde wie die anderen. Und jetzt sehe ich, daß alles verloren ist. Mein Herz ist bedrückt... Wir können jedenfalls nicht mit Bobby nach Amerika zurückfahren. In Ellis Island gibt es eine sehr genaue medizinische Prüfung.«

Auch eine Unterbringung des Sohnes in einer Wiener Anstalt wird anfangs erwogen, aber sofort wieder fallengelassen. Anny schreibt: »Ich habe erfahren, daß die Kinder in den Anstalten schlecht behandelt werden. Sie haben Hunger und es gibt dort nichts zu essen. Glaubst Du, daß ich zusehen könnte, wie der Kleine leidet? Ich beschäftige mich gegenwärtig nur mit dieser Sache. Aber man kann nichts anfangen, weil wir von der ganzen Welt vollkommen isoliert sind... Die Situation in Europa ist zum Verzweifeln. Du wirst traurig sein, wenn Du den Zustand sehen wirst. Seit sieben Jahren bin ich allein und irre von einem Land zum anderen, verlassen wie ein Vogel in seinem Nest. Mein krankes Kind kann mich nicht entbehren. Meine Kräfte sind am Ende... Bobby hat immer Hunger, er ißt wie ein Bär. Er trägt Deine Strümpfe, aber sie sind durch und durch zerrissen. Deine Pyjamas sind etwas zu kurz für ihn. Daran siehst Du, wie groß er ist. Er trägt auch Deine Anzüge von früher. Aber er geht niemals aus...«

Karl schickt Geld und Carepakete. Am 25. August schreibt er: »Es ist zwei Uhr morgens, sieben Uhr abends bei Dir. Und ich denke an Dich in der Hoffung, daß Du fühlen kannst, wie ich Dich liebe. Ich bin sehr glücklich, daß das Geld angekommen ist. Wie lange kannst Du mit 250 Dollar leben? Ist das genug Geld für einen Monat? 250 Dollar ist das Maximum, wofür ich auf einmal die Erlaubnis bekomme. Ich möchte nur wissen, in welchen Intervallen Du es brauchen wirst...«

Der wohl traurigste Punkt in der Korrespondenz ist, wie Karl nach und nach erfahren muß, daß er und eine Nichte die einzig Überlebenden der ehemals großen Familie Farkas sind. Alle anderen sind in den Gaskammern der Nazis ums Leben gekommen.

»Hast Du Neuigkeiten von Käte und Elisabeth?« fragt er am

25. August brieflich nach seinen beiden Schwestern, »und wie geht es den Hirschfelds?«, um im Antwortschreiben Annys das schreckliche Ausmaß der Judenvernichtung erfahren zu müssen: »Ich glaube, daß die kleine Susi Korff* als einzige von der Familie überlebt hat... Ich denke an alle unsere Verwandten und Freunde, die für immer von uns gehen mußten. Insbesondere erinnere ich mich an diejenigen, die von diesen Barbaren deportiert und zu Tode gequält worden sind. Vor mir liegt die letzte Karte unseres Freundes Ludwig Hirschfeld, datiert mit 5. November 1942. Er hat sie mir vom französischen Lager Drancy geschrieben: ›Danke‹ für das Lebensmittelpaket mit Makkaroni und Brot. Wir fahren wahrscheinlich heute nachmittag weg. Bestimmungsort unbekannt. Es hat keinen Sinn mehr, mir irgendwas zu schicken... Die besten Wünsche, meine liebe Anny, für Dich und Bobby. Ich hoffe, daß es eines Tages ein Wiedersehen gibt...«
Es gab kein Wiedersehen mehr. »Bestimmungsort unbekannt« war das Konzentrationslager. Dort starb der langjährige Farkas-Vertraute und Co-Autor wie Dutzende andere Freunde und Verwandte.
Ausführlich schildert Farkas seine berufliche Situation in Amerika, die Flucht, die anfänglichen Probleme, die späteren Erfolge: »Auch ich habe miserable Zeiten gesehen, mein Herz, das Lager von Meslay-du-Maine, an das ich mich wie an einen niederschmetternden Traum erinnere, die Zeit der Verfolgung, die Flucht über die Berge, die Gestapo in Spanien, das erste Jahr in Amerika. Ohne Geld, ohne Arbeits- und Aufenthaltsgenehmigung. Aber meine Talente haben mich wieder einmal gerettet... Jetzt bin ich sehr aktiv. Ich habe Hauptrollen in englischer Sprache gespielt. Ein Film in New York *(Boogie-Woogie-Dream)* und ein anderer in Hollywood *(Day break)* mit Paul Muni und Joan Crawford. Mein Regisseur war Michael Curtiz – Du erinnerst Dich, der Ungar Kertesz von der ›Sascha‹ in Wien... Und ich schreibe auch meine Texte in Englisch, fast so gut wie in Deutsch.

---

* Die Tochter der Farkas-Schwester Elisabeth

Gegenwärtig habe ich die Operette *Marinka* im Wintergarten-Theatre am Broadway. Und sie ist ein Erfolg – hundert Vorstellungen bis heute, die Musik ist von Emmerich Kálmán. Ich bin sehr stolz, meine Liebe, die englische Sprache so gut zu beherrschen. Ich habe schon die zweifache Summe dessen erspart, was ich Dir in Paris hinterlassen habe. Ich hoffe, daß wir keine materiellen Sorgen haben werden. Und ich will versuchen, Dir das Leben so angenehm wie möglich zu machen, und ich werde Dich vergessen machen all das, was Du gelitten hast, meine Liebe.«

Schon in den ersten Friedenstagen hat es zwar eine provisorische österreichische Regierung unter Staatskanzler Dr. Karl Renner gegeben, aber noch ist sie nicht von allen Besatzungsmächten offiziell anerkannt. Karl Farkas muß in New York monatelang auf die Gründung einer diplomatischen Vertretung Österreichs warten. Vorher gibt es keine Ausreisemöglichkeit. »Ich habe im Jahre 1940«, schreibt er seiner Frau, »im tschechoslowakischen Konsulat in Marseille einen tschechischen Paß erhalten. Dieser Paß ist 1943 abgelaufen und wurde nicht verlängert, weil ich in Wien geboren bin. Jetzt bin ich Österreicher, aber ohne einen Paß zu besitzen. Ich muß auf die Errichtung eines österreichischen Konsulats warten.« Einige Tage später: »Ich habe den Gesandten Rott gesprochen, meine liebe Anny, der hier die noch inoffizielle österreichische Vertretung leitet. Auch er denkt, daß in einigen Wochen alles geregelt sein wird. Ich hoffe, zu Weihnachten (1945) bei Dir zu sein. Noch ist die Frage der Schiffspassage offen. Ich habe eine Reservierung, aber Tausende Menschen, die zurückwollen, haben sie auch...«

Der Traum von der gemeinsamen Weihnachtsfeier erfüllt sich nicht. Die österreichische Bundesregierung wird erst am 7. Januar 1946 von allen vier Besatzungsmächten offiziell anerkannt. Inzwischen geht die Korrespondenz weiter. Noch funktioniert die Post sehr schleppend, die Zensur verzögert den Transport. Anny und Karl schreiben einander in französischer Sprache, da sie hoffen, daß ihre Post auf diese Weise schneller befördert würde.* Trotzdem sind die Briefe oft drei bis vier Wochen unterwegs. Immer noch Wochen des Wartens. Der Krieg ist zwar vorbei, aber das ersehnte Wiedersehen sollte sich noch hinauszögern.

Anny an Karl, am 31. Oktober 1945, drei Tage nach seinem 52. Geburtstag. »Ich führe das Leben einer Hausangestellten und ich habe niemanden, der ein wenig liebenswürdig mit mir ist. Seit ich von Dir regelmäßig Nachricht bekomme, fühle ich mich etwas besser. Für das Lesen brauche ich schon Brillen, ich habe bereits einige graue Haare. Sonst bin ich gut erhalten, jeder sagt, wie jung ich aussehe. Nur meine Hände sind die ›Pratzen‹ eines Hausmädchens, das viel arbeitet.«

Karl wieder an Anny: »Es ist höchste Zeit, daß Du ein komfortableres Leben führst. Schau nicht aufs Geld, meine Liebe, ich verdiene genug – 1000 bis 1200 Dollar pro Monat. Du mußt auf Deine Schönheit achten, mein Engel. Tu es für mich! Bei meiner Abreise, um Dich zu sehen, mein Herz, werde ich alle die Sachen bringen, die eine schöne Frau ersehnt. Strümpfe, Kleider, Unterwäsche. Schreibe mir, woran es Dir mangelt. Du sollst Dich amüsieren, die dunklen Jahre vergessen...«

Der Zeitpunkt der Rückreise nach Europa rückt näher. »Liebe Anny«, schreibt er wieder, »ich habe hier vieles über Wien gehört und gebe mich über den leider miserablen Zustand der Stadt keinen Illusionen hin. Vieles soll Ruine sein, es gibt wenig zu essen... Du hast vollkommen recht, wenn Du mir schreibst, daß es verrückt ist, dieses freie, reiche Land, New York und Hollywood zu verlassen, wo ich genügend Geld verdienen kann. Ich gehöre zum Broadway wie seinerzeit zur Linken Wienzeile (gemeint sind Hubert Marischka und sein Theater an der Wien, Anm. d. A.). Ich bin mit Stars wie Al Jolson sehr befreundet und habe viel Arbeit, sehr gute Zigarren und gutes Essen. Aber mein Herz zieht mich zu Dir und Putschky. Das ist der einzige Grund. Ich weiß, es ist verrückt, New York mit Wien zu vertauschen, aber

---

* Die hier abgedruckten Briefstellen sind Übersetzungen.

Bobby könnte nicht hierher kommen, was sollen wir tun, meine Liebe, wir können ihn nicht verlassen. Es wäre wunderbar zusammen in einem Bungalow in Hollywood zu leben, wo das Klima immer frühlingshaft ist und man mich sehr gern hat. Aber ich möchte jetzt nicht in Träume verfallen. Glaube mir, daß es nicht leicht für mich ist, Amerika zu verlassen. Ich weiß, daß ich in meinem Leben nie wieder solche Möglichkeiten haben werde wie hier. Glaubst Du, daß ich in Wien arbeiten könnte? Wie ist die allgemeine Einstellung der Leute in bezug auf die Juden?«

Während Farkas eine Operette unter dem Titel *Vienna at Night* – zusammengestellt aus den populärsten Johann-Strauß-Melodien – herausbringt und als Autor, Regisseur und einer der Hauptdarsteller sogar in der weltberühmten Carnegie Hall gefeiert wird, muß er von Anny Details zur erschütternden Situation in der Heimat erfahren: »Ich habe Neuigkeiten aus Wien. Café Siller, Schwedencafé, de l'Europe, Café Jungwirth . . . sie alle existieren nicht mehr, alle sind zerstört. Auch der gesamte Kai und das Dianabad. Du fragst mich, ob Du in Wien noch Dein Publikum haben wirst. Ich glaube, daß sich alles verändert hat. Die Juden sind getötet oder vertrieben worden und in das Goldene Wiener Herz habe ich auch kein Vertrauen mehr. Sie waren so bösartig und ich fürchte mich davor, daß sich ihre Meinung nicht geändert hat. Trotzdem: Du hast doch immer Dein Publikum und Deine Bewunderer gehabt!«

Seit Kriegsende arbeitet Farkas – wie andere emigrierte Künstler – in Amerika für den Wiederaufbau der zerstörten Heimat. Er gehört als einer der Fleißigsten dem Komitee »Hilfe für Österreich« an. Gemeinsam mit Jan Kiepura, Marta Eggerth, Bruno Walter und Lotte Lehmann gibt er Konzerte, deren Erträge die Lebensmittelversorgung Wiens erleichtern sollen. Und er selbst schickt Carepakete. An Freunde und seine immer noch in der Tschechoslowakei wartende Anny. Lebensmittel, Kleidungsstücke . . .

Eines Tages erhält Anny Farkas so einen Karton ihres Mannes aus New York. Sie öffnet ihn ungeduldig, die Not ist groß. Und ist entsetzt. Sie findet uralte, abgetragene, durchgewetzte Kleidungsstücke und ein Paar alte, durchlöcherte Schuhe.

»Du hast bei Deinen Bekannten gesammelt«, schreibt sie nach New York, »das finde ich reizend von Dir. Ich habe die alten Sachen weitergeschenkt, es gibt ja immer noch Ärmere! Solche alte Sachen mußt Du mir aber nicht mehr schicken...«

Diplomatisch wie sie ist, erwähnt sie nicht, daß sie diese Sendung geradezu als Beleidigung empfunden hat. Erst aus der Antwort ihres Mannes erfährt sie, daß der Inhalt seines Paketes – »nagelneue Kleidungsstücke, die besten und teuersten, die ich bekommen konnte« – vollkommen ausgeraubt und durch alte Lumpen ersetzt wurde.

Beide lachen. Angesichts des nahenden Wiedersehens kann sie nichts mehr erschüttern.

Empfang für einen König

Wieder in Wien

Sei willkommen, Heimkehrer Karl Farkas!« schreibt die Wiener »Weltpresse«. Am 22. Juli 1946 kommt der einst so schändlich Vertriebene in seine Heimatstadt zurück. Und wird wie ein König empfangen.

Sein erstes Interview in Österreich wird mit den Worten eingeleitet: »Karl Farkas ist nach langen Jahren der Abwesenheit wieder heimgekehrt, wobei ihm in Wien durch Kulturstadtrat Dr. Viktor Matejka ein herzlicher Empfang bereitet wurde.«

In dem Interview meint Farkas dann: »Ich freue mich, daß man mich hier in den langen Jahren der Trennung nicht vergessen hat und mir einen so herzlichen, echt Wienerischen Empfang bereitete... Acht Jahre lang habe ich auf diesen Augenblick gewartet. Ich bringe so viel Neues und Schönes mit, so viel guten Willen und Enthusiasmus und wünsche nichts sehnlicher, als am Aufbau unserer Stadt mitarbeiten zu dürfen.« Und dann weiter: »Einer der wertvollsten, wenn nicht der wertvollste Exportartikel Österreichs wird seine Kultur, seine Kunst sein. Dieses berühmteste Wiener Erzeugnis muß in richtiger Form und auf die richtige Art und Weise über die Grenzen unseres Landes gebracht werden.«

Der inzwischen verstorbene Stadtrat Matejka erinnerte sich an den Empfang des Kabarettisten in Wien: »Als Farkas am Bahnhof ankam, konnte ich ihn wegen einer Gemeinderatssitzung nicht persönlich abholen. Er kam zu mir ins Rathaus, und da beschlossen wir gemeinsam, einen ›Empfang‹ – wie am Theater – ›nachzustellen‹. Wir entschieden uns für den Eislaufverein, wo er am nächsten Tag offiziell ankommen sollte. Ich stand also mit einer

Delegation des Rathauses und Blumen in der Hand beim Eingang des Eislaufplatzes am Heumarkt, und Farkas kam mit einem Taxi, das er gleich nebenan, am Schwarzenbergplatz, gemietet hatte, vorgefahren. So als ob er gerade direkt aus Amerika käme. Er wurde von der Wochenschau, vielen Zeitungsreportern, einer Musikgruppe und zahllosen Schaulustigen, die ihm reichlich Applaus spendeten, herzlich willkommen geheißen.«

Bereits zwei Tage nach der Ankunft trat Farkas zum ersten Mal wieder in seiner Heimatstadt auf. Die Wiener freuten sich über seine Rückkehr und strömten ins Apollo-Theater, um seine Plaudereien nach achtjähriger Pause wieder zu hören. Es war sofort klar: Farkas hatte sein Wiener Publikum nach wie vor. Eine kleine Kostprobe aus der Conférence des – derzeit unterstandslosen – Farkas zur aktuellen Lage:

> Mein Hotel liegt gleich neben dem ehemaligen »Meißl und Schadn«, dessen Schaden bisher noch kein Meißel behoben hat.

Auch Vertreter der Regierung waren anwesend, berichtet der von den Amerikanern herausgegebene »Wiener Kurier«. Sein Rezensent stellt anläßlich des »festlichen Abends mit dem Heimkehrer« die Frage: »Hat sich Farkas verändert, ›amerikanisiert‹?«, um sie dann selbst zu beantworten: »Doch auch, zum Vorteil von Österreich und Amerika. Der Conférencier ist zu seiner vollendeten technischen Meisterschaft gelangt. Seine Pointen sind noch mehr geschliffen, seine Wendungen präziser und gewandter geworden, sein Witz hat an Schärfe verloren und an Treffsicherheit gewonnen, seine ›Bosheiten‹ sind – fast möchte man sagen – weitläufig liebenswürdig und soigniert. Sein Humor hat eine große, bezwingende Menschlichkeit erhalten. Eine noble und diskrete Ironie funkelt und erstrahlt aus den geistreichen Wortspielen seiner kühn und virtuos formulierten Sätze. Ein Vergnügen im besten Sinn, eine der anspruchsvollsten Unterhaltungen ist es, Farkas heute zuzuhören. Er erzwingt sozusagen ein Lachen der Lebensweisheit...«

Als das Lachen verklungen war, entließ Farkas sein Pubikum noch nicht. Er gedachte vielmehr »meines Bruders, den ich verloren habe«, wie er sagte. Er gedachte Fritz Grünbaums, den die Nationalsozialisten ins KZ gebracht hatten.

Grünbaum war, so berichtete »Der Abend« nach Kriegsende, im März 1938 zu einem Wiener Nazi-Anwalt gegangen, da man ihm mitgeteilt hatte, daß nur dieser ihm bei der Beschaffung des Visums für Belgien, wo seine Verwandten lebten, behilflich sein könnte. Der Advokat streifte 1200 Schilling »Prämie« ein – und rührte keinen Finger. Grünbaum und seine Frau verbrachten die wertvollen Tage aber, die vielleicht zur Flucht hätten verwendet werden können, um auf das versprochene Visum zu warten.

Kurz nachdem Farkas das Land verlassen hatte, wurde Grünbaum, der bereits resigniert hatte, von SS-Männern abgeholt und auf die Elisabethpromenade geführt, von wo aus er Ende April 1938 ins KZ Dachau verschleppt wurde.

Der zart gebaute Intellektuelle wurde bei Straßenbauarbeiten und Waldrodungen eingesetzt. Er erkrankte an Tuberkulose. In Dachau mußte er erfahren, daß seine Gattin in Auschwitz vergast worden war. Er selbst verstarb am 14. Jänner 1940.

Überlebende KZ-Häftlinge überlieferten, daß der geistreiche Kabarettist die ganze ihm verbliebene Kraft dazu verwendete, die Mitgefangenen aufzurichten und zu unterhalten. Vor den Jüngeren »conférierte« er regelrecht, wie er das »Tausendjährige Reich« höchstpersönlich zu besiegen beabsichtigte, und die Älteren tröstete er damit, daß der völlige Mangel an Kohlehydraten und das systematische Hungern das beste Mittel gegen die Zuckerkrankheit seien. Als ihm ein KZ-Aufseher die Seife verweigerte, kommentierte Grünbaum vor den Mithäftlingen, die nicht wußten, ob sie lachen oder weinen sollten: »Wer für Seife ka Geld hat, soll sich keine KZ halten.«

Grünbaums Leichnam landete mit Hunderttausenden in einem Massengrab. Es war ganz anders, als er sich sein Ende in dem Gedicht »Mein Begräbnis« vorgestellt hatte:

Die größte Hetz auf der ganzen Erde
Wird sein an dem Tag, wo ich sterben werde...
Man wird mich doch fesch im Metallsarg verwahren
Und vierspännig auf den Zentralfriedhof fahren.
Ich bin dort die Hauptperson sozusagen,
Ich fahr nämlich vorne, im ersten Wagen,
Hinten kommt dann die Haute-volee
Aus Ischl, aus Wien und vom Wolfgangsee,
Verwandte, Bekannte und bessere Freunde,
Kurz: die Majorität der Kultusgemeinde...
Man hat weder Arbeit noch Schererei'n
Man hat nur die Pflicht: Tot zu sein!...
Erst wenn ich tot bin, kann ich mich freu'n
Denn dann werd' ich endlich unsterblich sein!

Unsterblich blieben der Witz und die Reimkunst Grünbaums, unsterblich auch durch Karl Farkas, der an jenem Abend, seinem ersten Auftreten nach Kriegsende in Wien, ein Gedicht Grünbaums vortrug. »Ich habe seinen Tonfall noch heute derart im Ohr«, sagte er, »daß ich hoffe, die Pointen ganz im Sinne dieses großartigsten aller Brettl-Humoristen zu servieren. Erreichen kann ich seine Wirkung leider nicht, wie es auch nach mir wohl niemand können wird.« Grünbaums Gedichte »Mein Kollege der Affe« und »Entwürfe für mein Monument« gehörten dann noch lange Jahre zu Farkas' Repertoire.

Nach und nach wurden die schrecklichen Details der Naziära bekannt. Details der gewaltvollen Tötung, der Massenvernichtung. Nur rund einem Drittel der österreichischen Juden war die rechtzeitige Flucht gelungen. Wie Grünbaum starben auch die Kabarettisten Peter Hammerschlag, Jura Soyfer und Paul Morgan in Konzentrationslagern. Farkas-Schwester Elisabeth und deren Sohn wurden in Theresienstadt vergast, Karls jüngere Schwester Käte kam in einem polnischen Lager ums Leben. Onkel Felix Salten starb 1945 in der Schweizer Emigration eines natürlichen Todes.

»Karl Farkas«, schreibt Torberg, »hat die Nazizeit nicht nur überlebt, er hat sie auch überstanden. Er kam zurück, als ob er niemals fortgewesen wäre. Er war der gleiche wie zuvor. Er war der große Alte und der ewig Junge.«

»... entrüstet und ent-eichenlaubt«

Das Wiedersehen

Vor seinem triumphalen Empfang in Wien war er natürlich, aus Amerika kommend, nach Březnice gefahren, um Frau und Kind zu sehen.

Seine Rückreise verläuft wie die Hinfahrt – per Schiff über Portugal, Spanien und Frankreich –, diesmal allerdings erster Klasse. Hat er einen Tag Aufenthalt, con), feriert er schon wieder vor den dortigen Emigranten. So etwa in Spanien:

> Nun bin ich wieder in Europa,
> Das ich fünf Jahre nicht geseh'n.
> Was ist seit dem bewußten Faux-pas
> Mit diesem Kontinent gescheh'n?...
> Doch leider seh ich auch viel Typen
> Aus dem einst Tausendjähr'gen Reich,
> Die mit (trotz Angst) gewölbten Rippen
> Herumspazier'n robust – und bleich.
> Getroffen von des Schicksals Hammer,
> Der Stechschrittfreudigkeit beraubt,
> Versanden sie im Katzenjammer –
> Entrüstet und ent-eichenlaubt...

Zwischenstation auch in Paris, wo die »Union des amis de l'Autriche« eine »Soirée Viennoise a l'occasion du retour de Karl Farkas« veranstaltet. Begeisterte Aufnahme auch hier.

Als Farkas noch in Amerika war, hatten ihn mehrere Schreiben österreichischer Persönlichkeiten aus Politik und Kultur erreicht, die ihn zur Rückkehr zu bewegen versuchten. Unter anderem war er von Kulturstadtrat Viktor Matejka und dem Filmproduzenten Willi Forst bestürmt worden. Von letzterem durch einen Aufruf, den Forst in seiner Zeitschrift »Film« als offenen Brief unter dem Titel »Ich rufe nach Österreich!« an Farkas und all die anderen prominenten Emigranten veröffentlicht hatte: »Kehrt heim nach Österreich! Helft uns die Heimat wieder hochzubringen vor aller Welt! Wir brauchen Euch, weil wir die Welt brauchen. Euer Erfolg, Eure Namen, Eure Arbeit müssen uns instand setzen, die alten Maßstäbe wiederaufzurichten, ohne die wir die internationale Konkurrenz nicht bestehen können. Die Welt müßt Ihr uns bringen, die wir nicht vergessen haben, hinter der Mauer der Jahre, so wenig wie wir Euch vergessen haben.«

Aus Paris schickt Farkas jetzt sein Antwortschreiben an Willi Forst: »Lieber Herr Forst – Ich weiß nicht, ob wir seinerzeit per Du oder per Sie waren – ich wähle sicherheitshalber das ›Sie‹. Wenn es nicht stimmt – pardon…

Nach fünf Jahren New York und Hollywood treibt mich die Sehnsucht nach meiner Familie und meiner Heimat nach Europa zurück… Ich schreibe Ihnen, weil ich Ihnen sagen will, daß Ihr Artikel ›Ich rufe nach Österreich‹ viele von uns Auslandskollegen bewogen hat, sich zur Heimreise bereit zu machen. Ich bin, glaube ich, der Erste, im Herbst folgen Robert Stolz, Kálmán, Karlweis, Hans Jaray – soviel sie mir sagten… Ich bringe nach erfolgreicher Arbeit alle künstlerischen und materiellen Grundlagen und vielen guten optimistischen Willen – bei aller Kenntnis der momentanen Lage – mit in meine Heimat. Wollen Sie und Ihr Blatt, die ja den entscheidenden Anstoß zu meiner Überfahrt gaben, mir bitte etwas helfen, meinen Enthusiasmus in die Tat umzusetzen?

Vielleicht wissen Sie, daß wir drüben viele Veranstaltungen zur Linderung der Wiener Not ins Leben riefen. Ich gab vor meiner Abreise zwei Abende in Chicago und zwei Vorstellungen in der Townhall in New York für das österreichische Hilfskomitee. Ich hoffe, Ihnen bald persönlich die Hand zu drücken, übermittle die Grüße fast aller amerikanischer Kollegen, speziell aus Hollywood – von Kosterlitz bis Szöke Szakall – und grüße Sie auf das Herzlichste als Ihr Sie hochschätzender ›Heimkehrer‹ Karl Farkas.«

Unter all den Antwortbriefen – von Curt Goetz bis Walter Reisch und Robert Stolz – sei dieser von Farkas »der schönste« gewesen, schreibt Willy Forst in »Film«.

Nach Beendigung des kurzen Paris-Aufenthalts geht's endlich über Prag nach Březnice.

Ein Wiedersehen zweier Liebender nach fast sechs Jahren! Und dazwischen lag ein halber Weltuntergang. Die Familie ausgerottet. Große Umarmungen, Weinen und Lachen. Unter Tränen hört man – erstmals wieder gemeinsam – »J'attendrai«, die einzige »Verbindung« über Jahre. Die Freude wird durch den Zustand Bobbys getrübt. Karl bleibt zunächst mehr als zwei Monate, ehe er nach Wien geht. Vorerst ohne Frau und Kind – denn halb Wien ist ausgebombt, und die Familie hat keine Wohnung.

Ein Brief von Karl, geschrieben am 19. August 1946 im Hotel Krantz, wo er vorerst ein Zimmer gefunden hat, zeigt, mit welchem Elan Farkas sofort wieder an die Arbeit geht:

»Meine liebe Anny, heute sind es gerade vier Wochen, daß ich von Dir weg bin. Beruflich läuft's jetzt schon seit drei Wochen, gleich nachdem ich eine Identitätskarte, die ich dazu brauchte, von der Polizei bekam. Freitag trage ich noch für die russische Kulturstelle vor und Samstag für die Briten und dann fahre ich hoffentlich wieder zu Euch. Vielleicht ist auch bis dahin die Wohnungsfrage geregelt. Morgen und Mittwoch bin ich wieder aufs Wohnungsamt bestellt. Allwöchentlich arbeite ich im amerikanischen Radio eine halbe Stunde. Ich werde, bevor ich wegfahre, zwei bis drei Sendungen auf Schallplatten sprechen, damit ich auch dann zu hören bin, wenn ich mich in der ČSR aufhalte... Den ›Simpl‹ habe ich vorläufig abgelehnt...

Hungrig war ich noch nicht hier. Die Rationen sind auch etwas besser. Gurken und Tomaten gibt es ohne Karte, frisches Fleisch ist aber eine Seltenheit. Ich esse Mittag oft in der amerikanischen Werksküche *markenfrei*!, bekam auch vom KZ-Verband, wo ich in Schönbrunn conférierte, ein großes Lebensmittelpaket … Wenn ich die Wohnung endlich kriege, glaube ich, habe ich alles schön vorbereitet.«

Mit der Wohnung sollte es aber noch dauern. Seine Vorkriegsunterkunft in der Ungargasse war seinerzeit »arisiert« worden, doch jetzt lebte ausgerechnet ein Schweizer Attaché darin, »und den konnten wir nicht gut delogieren« (Anny Farkas). General Theodor Körner, Wiens Bürgermeister, hatte unmittelbar nach der Rückkehr des Kabarettisten Weisung erteilt: »Der Farkas muß sofort eine Wohnung bekommen!«, doch sollte sich zunächst nichts Passendes finden. Man bot ihm eine komfortable Mietvilla in Hietzing an, doch Anny Farkas war dagegen: »Schau, du arbeitest doch immer in der Stadt. Wenn du so weit draußen wohnst, kostet das Taxi schon so viel, wie du pro Abend Gage hast.« So waren eben die damaligen Verhältnisse.

Wie man in Wien – und im speziellen Karl Farkas – damals wohnte, zeigt ein Zeitungsartikel der »Woche«. Der Reporter interviewte den Heimgekehrten und beginnt so: »Das Hotel ist stark bombenbeschädigt. Wenn man die letzten Steintreppen hinaufgeht, sieht man rechts auf die Straße hinaus. Kalk und Ziegel liegen in den dreiwändigen Zimmern. Maurer gehen ein und aus, wo früher Kammersänger und Schriftsteller residierten. Der Trakt links ist aber noch intakt; in einem dieser Zimmer lebt jetzt Karl Farkas. In dem kleinen Zimmer schwirrt es vor Ideen und Zukunftsplänen …«

Anfang 1948 findet Farkas in der »amerikanischen Zone«, inmitten der zertrümmerten Stadt, dann endlich eine geeignete Wohnung: im siebenten Bezirk, Ecke Neustiftgasse/Neubaugasse. Er sieht die vier Zimmer als »kurzfristige Übergangslösung« an, doch lebt er dort bis ans Ende seiner Tage.

Und wieder ist die Familie vom Pech verfolgt. Kaum soll die Übersiedlung Annys aus Březnice mit dem gesamten Hab und Gut einsetzen, übernehmen in Prag die Kommunisten die Macht. Bis auf ihre Wäsche und einige wenige Möbel darf sie nichts nach Österreich mitbringen.

Auch sonst war von den Vorkriegsbesitzungen nicht mehr viel vorhanden. Die väterliche »Schuhmanufaktur«, bis zum Einmarsch der Hitler-Truppen von Karls Schwester Elisabeth und ihrem Mann geführt, existierte nicht mehr. Das gesamte Bargeld und der Buick waren von der Gestapo beschlagnahmt worden. Nur die Villa in Edlach gab es noch.

Doch was sollten materielle Probleme! Endlich war man wieder vereint. Karl und Anny Farkas heirateten zum zweiten Mal.

»Ich will mindestens das Burgtheater«

Karl Farkas sucht eine Bühne

Beruflich mußte er wieder einmal ganz von vorn anfangen. Es gab zwar Einzelauftritte und Radiobeiträge, aber Farkas suchte ein sicheres Standbein. Er dachte an die Direktion eines Theaters. Zunächst bereitete er ein musikalisches Lustspiel für das »Apollo« vor. Seine Überlegung war: Sollte man künstlerisch dort weitermachen, wo man vor dem Krieg aufgehört hatte, oder sollte man das Flotte, Moderne, Leichte – das Amerikanische eben – nach Wien transferieren?

Farkas entschied sich für letzteres. Und erlitt Schiffbruch.

Robert Stolz war wenige Monate nach ihm aus New York in das – trotz reger Wiederaufbautätigkeit – immer noch verwüstete Wien zurückgekehrt. Bereits in Amerika hatten Stolz und Farkas gemeinsam an einer Art »Broadway-Musical für Wien« gearbeitet. Der Titel: *Schicksal mit Musik.*

Das Thema war – zumindest für den Bereich der leichten Muse – außergewöhnlich. Ein Österreicher versucht sich wiederholt das Leben zu nehmen, Freunden gelingt es aber – vor allem mit Hilfe einer schönen Frau – ihn daran zu hindern. An der Idee sind zweifellos autobiografische Züge zu erkennen – Farkas wurde von seiner Frau mehrmals am Selbstmord gehindert.

Die Kritiken waren zufriedenstellend, die Heimkehrer Stolz und Farkas wurden von der Presse ob ihres Patriotismus gefeiert: »Hand aufs Herz«, heißt es etwa in der »Wiener Zeitung«, »wie viele von uns würden, wenn sie die Möglichkeit hätten, in Amerika aus dem vollen zu leben und dort von Erfolg zu Erfolg zu eilen, in die Dürftigkeit unseres Wiener Winters heimkehren?«

Über das Stück schreibt dasselbe Blatt: »Rund um das makabre Ausgangsmotiv treibt Farkas sehr amüsant mit Entsetzen Scherz.« Aber das Publikum blieb aus. Robert Stolz hatte in Amerika seine fünfte Frau – Yvonne Louise, genannt »Einzi« – geheiratet und war mit ihr nach Wien gekommen. Sie erinnert sich, warum *Schicksal mit Musik* kein Erfolg wurde: »Farkas war mit dem Inhalt des Librettos seiner Zeit voraus. Während heute ganz offen darüber gesprochen wird, war das Thema Selbstmord damals tabu. Die Show wurde ein Mißerfolg, obwohl wir der Ansicht waren, daß es sich um das beste Stück handelte, das Farkas jemals geschrieben hatte, eine wirklich packende, spannende Geschichte. Das Hauptproblem war vermutlich der Zeitpunkt, zu dem die Uraufführung stattfand. Was die Wiener in jenen kalten Hundstagen erwarteten, das war nicht ein modernes Musical, das wären eher Souvenirs an glücklichere, längst vergangene Zeiten gewesen, eine Mischung aus Nostalgie und Optimismus. Heute wäre das Stück, glaube ich, sicher ein großer Erfolg, damals wurde es aber schon nach kurzer Zeit wieder abgesetzt.«

Schon die Proben, berichtet Frau Stolz weiter, waren eine einzige Quälerei, da das »Apollo« im extrem kalten November 1946 unbeheizt war. Die französischen Besatzer – in ihrer Zone lag das Theater – hatten Proben und Aufführungen nur zweimal in der Woche gestattet, und zwar nachmittags. Einzi Stolz: »Karl Farkas hatte auch als Regisseur des Musicals Weltformat, und Robert hatte sich mit der Partitur außerordentliche Mühe gegeben. Hinzu kam, daß auch die Besetzung erstklassig war: Attila Hörbiger, Alfred Jerger, Herta Mayen, Senta Wengraf, Tony Birkmeyer und Farkas selbst zählten zu den Hauptdarstellern. Wir alle waren sehr gespannt auf die Aufführung, handelte es sich doch um das erste moderne Musical, das nach dem Krieg in Wien auf die Bühne kam, und darüber hinaus um eine der ersten Premieren seit Kriegsende überhaupt.«

Das erste Wienerische Musical überlebte seine Welturaufführung nur um ein paar Tage. Einige Schlager aber blieben erhalten. Vor allem »Wohin ist das alles, wohin?« und »Es wird immer einen Mondschein geben« (Text: Karl Farkas).

Doch er wollte ja sein eigenes Theater. Stadtrat Matejka erinnerte sich, daß Farkas einmal regelrecht in sein Büro im Rathaus gestürmt war, um wütend und aufgebracht »mindestens die Direktion des Burgtheaters« zu verlangen. Auch in der Öffentlichkeit sprach er immer wieder davon. »Ich würde gerne ein Theater in Wien leiten«, sagte Farkas, »und möchte dort dann all das zur realen Tatsache machen, was ich künstlerisch bloß geträumt habe.« Und in der »Weltpresse«: »Leider ist es sehr schwer, auch bei allen materiellen und künstlerischen Grundlagen, bei aller Wiedersehensfreude und allen geöffneten Armen, ein geöffnetes Theater zu finden. Man versichert mir, daß ich bald eines haben werde, man schüttelt mir die Hände – hoffentlich schüttelt man zu meinen Plänen nicht auch den Kopf.«

Man schüttelte. Vermutlich dürfte der Mißerfolg seines *Schicksals mit Musik* viel dazu beigetragen haben, daß Stadt und Staat ihm die Leitung eines großen Theaters nicht anvertrauen wollten.

Also zog sich Farkas – nach weiteren Bühnen-Mißerfolgen – in sein ureigenstes Metier zurück: zum Kabarett. Anfangs betrieb er gemeinsam mit dem Jargonkomiker Erwin Saldern das Kabarett »Weihburg« in der Weihburggasse. Aber er »schielte« immer wieder ums Eck in die Wollzeile. Zu seinem »Simpl«.

Der war inzwischen einen abenteuerlichen Weg gegangen – und kam als Betätigungsfeld für ihn noch nicht in Frage. Während der Herbst 1944 Wien die allgemeine Theatersperre beschert hatte, durfte der »Simpl« weiterhin geöffnet bleiben. Der Grund: der gesicherte Keller des Kabaretts war laut Bescheid der Gemeindeverwaltung des Reichsgaues Wien zum Luftschutzraum erklärt worden. Tagsüber wurden von zwei Damen in einer »Kriegsküche« Eintopfgerichte serviert, abends gab man Kabarett.

Während also »arische« Komiker wie Wondra und Zwickl, Fritz Muliar, Hans Obonya im Keller weiterspielten, wurden die Büroräume mit dem »Simpl«-Archiv im Parterre durch Bomben zerstört. Die Bühne war unbeschädigt geblieben. Wie sich Ludwig

179

Zwickl erinnerte, saßen im letzten Kriegswinter oft mehr Ausgebombte und Frierende im Zuschauerraum als zahlende Kabarettbesucher.

Sofort nach Kriegsende übernahm Otto Oegyn den »Simpl«. Er war auch sehr bemüht, Farkas nach seiner Rückkehr als Mitarbeiter zu gewinnen. Aber dieser sagte ab. Denn der Direktor führte das Kabarett äußerst unprofessionell. So erzählt man sich heute noch die Geschichte, daß Oegyn einmal die einzelnen Nummern der Revue dermaßen umstellte, daß das Publikum mit dem sonst allabendlich zur Verabschiedung gesungenen »Gute Nacht und auf Wiedersehen«-Lied in die Pause (!) geschickt wurde. Als man Oegyn darauf aufmerksam machte, sagte er nur: »Merkt doch sowieso ka Mensch!«

Die Menschen hatten es doch bemerkt. Oegyn führte den »Simpl« in den Ruin – nach drei Jahren hatte er eine halbe Million Schilling Schulden hinterlassen. 1948 ein Vermögen! Nach dem Konkurs versuchten sich mehrere Direktoren, alle ohne Erfolg.

Aus den verschiedensten Gründen. So wollte etwa ein Cafétier namens Fierlinger seinem Publikum zuviel bieten. Er hatte wahrhaft Sensationelles vor. Auf seinem Programmzettel der Spielzeit 1949/50 finden sich Namen wie Fritz Imhoff, Ernst Waldbrunn, Heinz Conrads, Gunther Philipp, Cissy Kraner und Hugo Wiener, Karl Hruschka, Wondra und Zwickl, Peter Hey, Maxi Böhm...

Trotz der prominenten Namen schlittere auch Fierlinger in die Pleite. Erstens trat ein Großteil »seiner« Künstler – bei niedrigeren Eintrittspreisen – auch im Flottenkino auf. Und zweitens hatte er so viele teure Stars engagiert, daß er selbst bei ausverkauftem Haus die Spesen nicht hätte abdecken können. Auch Fierlinger mußte aufgeben.

Eine Unzahl von Künstlern und Angehörigen des Gastgewerbes versuchte damals Geldgeber für den »Simpl« zu finden. Sie erhofften sich eine zukunftsreiche Existenz, in einer Zeit des Aufbaus. Eine der tragischen Geschichten in diesem Zusammenhang ist die des Schauspielers Adi Berger, der sich ebenfalls um die »Simpl«-Konzession bemüht hatte. Auch er »wußte« eine Geldgeberin, sie residierte auf dem Naschmarkt. Der arme Künstler und die vermögende Standlerin waren bereits handelseins. Als er zur Unterzeichnung zu einem ihrer Verkaufsstände fuhr, sah die Sache allerdings wieder anders aus. Sie hatte es sich überlegt, ihr Geld in so etwas Unsicheres wie ein Kabarett zu stecken. Berger, der bereits fix mit der künstlerischen Leitung des »Simpl« gerechnet hatte, regte sich über diese unerwartete Wendung dermaßen auf, daß ihn am Stand der Dame der Schlag traf. Adi Berger– nicht zu verwechseln mit Adi Berber – starb, ehe noch die Rettung eintraf.

Als nächster suchte der ehemalige Tänzer Martin Klein-Viggo einen Finanzier, um den »Simpl« übernehmen zu können. Er begab sich zu diesem Behuf ins nahe Café Prückel und wollte vom Ober wissen: »Kennen Sie jemanden, der a Geld hat?«

Der Kellner deutete in Richtung Spielsalon und fixierte einen unscheinbaren Mann: »Der dort!«

Klein-Viggo ging auf ihn zu und fragte: »Wollen Sie Theaterdirektor werden?«

»Was muß ma da machen?«

Dann erklärte ihm Klein-Viggo, daß es sich um den »Simpl« handelte.

Der jüngste Theaterdirektor Wiens hieß Schwarz. Die erforderliche Summe von dreißigtausend Schilling ließ er sich von seinem Onkel, einem Spenglermeister namens Baruch Picker, geben. Bald machte sich der Spengler Sorgen um die Retournierung des von ihm zur Verfügung gestellten Darlehens, und so wurde er höchstpersönlich der nächste »Simpl«-Direktor. Und blieb es ein Vierteljahrhundert lang.

Die Kabarettchefs berieten zunächst: »Was mach ma jetzt?«

Klein-Viggo wußte Rat: »Wir brauchen ein Ensemble.«

»Holen wir uns den Farkas!«

Dem war die Sache zunächst suspekt. Er zeigte zwar seine Bereitschaft, Buch und Regie einer neuen Revue zu erstellen, doch sein Name dürfte nicht aufscheinen. Auch sonst gab es keine Prominenten, denn eine andere Farkas-Bedingung lautete: »Niemand, der beim Fierlinger war, darf hier auftreten!«

Picker war inzwischen der kaufmännische Alleinherrscher im »Simpl«. Und er wollte Farkas ganz. Dieser sollte das Kabarett »Weihburg« verlassen und als künstlerischer Leiter in die Wollzeile kommen. Für den »Simpl« schreiben, inszenieren, spielen.

Picker hatte sehr richtig erkannt, daß er für den Weiterbestand seines Kabaretts eine Attraktion brauchte, denn die armseligsten Jahre, in denen die Wiener um ihr Geld fast nichts als Theaterkarten bekamen, waren vorbei, jetzt wollten die Menschen Handfesteres: Lebensmittel, Kleidung, Wohnungen... die Zeiten für Theaterdirektoren waren wieder einmal schwerer geworden.

Die Attraktion, das wußte Picker, konnte nur Farkas sein, der Mann, dessen Name schon in der Vorkriegszeit untrennbar mit dem »Simpl« verbunden war. Anny Farkas in der Erinnerung: »Mein Mann ist eines Tages aufgeregt nach Hause gekommen. ›Anny‹, hat er mit leuchtenden Augen gesagt, ›der Picker will, daß ich die Direktion des ›Simpl‹ übernehme. Was hältst du davon?‹ ›Karl, ich bin begeistert. Da bist du dann endlich wieder dort, wo du hingehörst.‹ Diese ersten Nachkriegsjahre waren ja nicht glücklich für ihn. Er hatte mit allen Mitteln versucht, ein eigenes Haus zu bekommen. Einmal stand er schon kurz vor dem Abschluß, das war in der Annagasse. Ich habe mir das Lokal angeschaut und ihm die Sache sofort ausgeredet, das wäre eine Katastrophe geworden, denn im Keller nebenan haben die Amerikaner Jazz gespielt und getanzt, man hätte bei diesem Höllenlärm kein Wort von ihm verstanden. Aber von kommerziellen Dingen hatte er keine Ahnung, er wollte einfach ein eigenes Theater. Jetzt war ich froh, daß das mit dem ›Simpl‹ wieder zustande kam. Er war künstlerischer Leiter – und mußte sich doch um Buchhaltung, Eintrittskarten, Programmhefte und Konsumation nicht kümmern.«

Seinem Grundsatz »Niemand, der beim Fierlinger war, darf hier auftreten« konnte Farkas nicht lange treu bleiben, denn die gesamte Komikerelite Wiens war bei Fierlinger beschäftigt gewesen. Das erste Programm, in dem der Name Farkas wieder auf dem Plakat stand, hieß *Dienst am Kunden*. Premiere war am 17. Oktober 1950, und die Fierlinger-Garde kam nun doch zum Einsatz: Hugo Wiener, Cissy Kraner, Ernst Waldbrunn, Fritz Heller. Die Musik stammte von Peter Wehle.

Eine neue Ära in Wiens Kabarettleben begann. Jene Ära, in der Farkas die größte Popularität seiner Laufbahn erlangen sollte.

»Zu alt, um ein zorniger junger Mann zu sein«

Rückkehr an den »Simpl«

Grünbaum als Partner war nicht zu ersetzen. Aber ein Abend im »Simpl« ohne Doppelconférence ist undenkbar. Also mußte Grünbaum durch zwei Personen ersetzt werden. Durch einen Autor und einen Darsteller. Als Autor kam nur Hugo Wiener in Frage. Und als Darsteller Ernst Waldbrunn. Farkas blieb natürlich der »Gescheite«, Waldbrunn hatte »dumm« zu sein. Hier ein Beispiel aus einer der ersten Nachkriegs-Revuen – *Rechts oder links*, 1951:

WALDBRUNN: Karl, bei dir zu Haus brennt's.
FARKAS: Hast du die Feuerwehr verständigt?
WALDBRUNN: Nein. Ich wollte dich zuerst fragen, ob du versichert bist.
FARKAS: Bist *du* versichert?
WALDBRUNN· Nein. Mein Vater war versichert – jetzt ist er gestorben, und man will mir die Prämie nicht bezahlen.
FARKAS: War er auf Ableben versichert?
WALDBRUNN: Nein. Gegen Feuer.
FARKAS: Warum soll man dir dann die Prämie bezahlen?
WALDBRUNN: Er hat sich verbrennen lassen.

Farkas und Waldbrunn »doppelconférieren« in diesem Stil nach alter Vorkriegstradition eine Viertelstunde weiter. Sie sprechen über Italien, Caruso, Nietzsche, Knigge... Endlich will Farkas mit den Worten »Sehen Sie, meine Damen und Herren, das war eine Doppelconférence« zum nächsten Bild überleiten. Da wird er von seinem »blöden« Partner unterbrochen:

WALDBRUNN: Karl ...
FARKAS: Was ist, was willst du noch?
WALDBRUNN: Das war gar keine Doppelconférence.
FARKAS: Was denn?
WALDBRUNN: Bei dir zu Haus brennt's wirklich!

Der Spieß hatte sich umgedreht, am Schluß war Farkas »der Blöde« – oder wie er selbst einmal das Bühnengeplänkel definierte: »Eine Doppelconférence ist ein Dialog zwischen einem Gescheiten und einem Blöden, worin der Gescheite dem Blöden etwas Gescheites möglichst gescheit zu erklären versucht, damit der Blöde möglichst blöde Antworten darauf zu geben imstande ist – mit dem Resultat, daß zum Schluß der Blöde zwar nicht gescheiter, aber dem Gescheiten die Sache zu blöd wird. Beide haben daher am Ende nichts zu lachen. Dafür desto mehr das Publikum.«
Ernst Waldbrunn, 1907 in Böhmisch-Krumau als Sohn eines höheren Beamten geboren und in gutbürgerlichem Haushalt aufgewachsen, hatte vorerst Jus studiert. Ohne jemals eine Schauspielschule absolviert zu haben, trat er zum ersten Mal in Mährisch-Ostrau auf. Wo er 1938 den aus Wien geflüchteten Karl Farkas kennenlernte. Sein Debüt hatte Waldbrunn dort in einer Kellner-Rolle gefeiert. Er sollte nur zwei Sätze sprechen, brachte aber das Kunststück zuwege, bei seinem Auftritt das Tablett fallen zu lassen. Als er alles – Kaffeetassen, Kipferl und Wasserglas – aufgehoben hatte, war die Rolle vorbei. Dieser erste Auftritt blieb symptomatisch für seine ganze Karriere. Er spielte immer die vom Pech verfolgten, ewig zerfahrenen, ungeschickten Charaktere.

WALDBRUNN: Ich hab eine Erfindung gemacht.
FARKAS: Du? Was hast du erfunden?
WALDBRUNN: Tabletten, die den Durst löschen.
FARKAS: Wozu braucht man die?
WALDBRUNN: Das weißt du nicht? Karl, nimm an, du bist in der

Wüste. Du hast Durst, weit und breit gibt es kein Wasser. Du nimmst eine Tablette – und der Durst ist weg.

FARKAS: Das ist wunderbar!

WALDBRUNN: Es ist herrlich. Es hat nur einen Nachteil.

FARKAS: Was?

WALDBRUNN: Die Tabletten müssen in Wasser aufgelöst werden.

Elfriede Ott, damals mit Ernst Waldbrunn verheiratet, erinnert sich an die Entstehungsgeschichte der Doppelconférencen: »Zuerst hat der Hugo Wiener den Text geliefert. Dann haben sie sich ins Kaffeehaus gesetzt, und dort konnten sie stundenlang über eine einzige Pointe reden. Eine Pointe war für die beiden so wichtig wie für andere Schauspieler ein ganzes Stück. Die größte Freude bereitete ihnen, sich gegenseitig hereinlegen zu können. Das waren die einzigen extemporierten Stellen. Alles andere mußte sitzen – wie ein Klassikertext am Burgtheater.«

Waldbrunn war einer der wenigen Kollegen, die der »Simpl«-Chef auch privat zu seinem kleinen Freundeskreis zählte. Farkas verkehrte sonst außerhalb des »Gewölbes«, wie er den »Simpl«-Keller nannte, mit kaum einem seiner Mitarbeiter. »Ja, ja, die beiden waren miteinander relativ befreundet«, erzählt Elfriede Ott, »relativ – wenn man bedenkt, daß der Farkas sonst prinzipiell keine Freundschaften pflegte. Er war eigentlich das Gegenteil von dem, was man sich unter einem Komödianten so vorstellt, ein sehr distanzierter, intellektueller Mensch, der zurückgezogen gelebt hat. Einer der nicht trinkt und nicht lange aufbleibt – es sei denn, um zu arbeiten.«

Farkas schätzte Waldbrunn persönlich und beruflich dermaßen, daß er ihn am liebsten nie vom »Simpl« hätte wegziehen lassen wollen. Aber die Josefstadt und andere große Bühnen rissen sich bald um den »Zweiten« vom »Simpl«.

Farkas forderte ihn auch immer wieder zum Bleiben auf: »Ernstl, bitt dich, sei g'scheit und spiel den Blöden!« So nahm Waldbrunn zwar sein Theaterengagement an – kam aber nach der Vorstellung zur traditionellen Doppelconférence in die Wollzeile.

Hans Weigel verglich Waldbrunn mit den bedeutendsten Komödianten seiner Zeit. »Andere Schauspieler verwandeln sich in diesen oder jenen«, schreibt er, »große Komiker gehen den umgekehrten Weg. Sie bemühen sich nicht, zu sein wie Malvolio, Zettel und Tartüff – Malvolio, Zettel und Tartüff müssen sein wie sie… Nicht jeder Clown wird Chaplin, nicht jeder Komiker Pallenberg oder Imhoff oder Waldbrunn…«

FARKAS: Also, sag was.
WALDBRUNN: Was soll ich sagen?
FARKAS: No, etwas Blödes!
WALDBRUNN: Etwas Blödes… etwas Blödes… Hab's schon. Heute mittag war ich bei einer Schiffstaufe.
FARKAS: Was ist da Blödes dran.
WALDBRUNN: Wart a bißl! Zuerst hat der Kapitän eine Rede gehalten…
FARKAS: …und dann?
WALDBRUNN: Dann hat die Taufpatin das Schiff mit einer Flasche Tinte getauft.
FARKAS: Warum nicht mit einer Flasche Champagner?
WALDBRUNN: Es war ein Schulschiff.

An der Dramaturgie auf der »Simpl«-Bühne hatte sich seit den dreißiger Jahren wenig geändert, und auch die Sketche waren vielfach noch die gleichen. Farkas verstand es allerdings meisterhaft, sie zu aktualisieren. »Es passiert seit Jahrzehnten immer dasselbe«, sagte er, »nur mit anderen Leuten und in anderen Ländern.« Also veränderte er die Namen der handelnden Personen und die Standorte. Aus Bundeskanzler Schuschnigg wurde Bundeskanzler Figl, aus Bürgermeister Seitz wurde Bürgermeister Jonas. Das Publikum war ein anderes geworden, man konnte ihm die vielfach wiederaufbereiteten Pointen als »neu« verkaufen, und kamen Vorkriegsbesucher wieder, dann ergingen sie sich in nostalgischer Wiedersehens-Freude mit dem zum »Altmeister« ergrauten Karl Farkas und seinen nur unwesentlich jüngeren Pointen.

Wie oft man unter den Sketchen »alte Bekannte« wiedertraf, zeigt folgende Begebenheit: Heinz Conrads spielte in einer Szene den Haferagenten einer galizischen Garnison, Fritz Muliar den Feldwebel. Zwei Jahre später stand der gleiche Sketch wieder im Programm – diesmal spielte er in Israel. Heinz Conrads meinte: »Das geht nicht, man kann das nicht schon wieder spielen.« Tröstete ihn Fritz Imhoff: »Was willst, ich bin im gleichen Sketch vor zwanzig Jahren aufgetreten. Damals spielte er in der Fremdenlegion.«

»Doch wer dies tadeln wollte«, meinte Hans Weigel in einem Feuilleton mit dem Titel »Simpl-Meditationen«, »müßte auch die Klassikerpflege in Oper, Konzert und Schauspiel tadeln. Es ist im Gegenteil höchst ermutigend, eine derart hartnäckige Kontinuität festzustellen, eine Ausnahme von der Regel der Kurzlebigkeit der Tageswerte...«

War Farkas in den zwanziger und dreißiger Jahren forsch, bestimmend und draufgängerisch aufgetreten, so änderte er jetzt sein Image – dem Alter entsprechend – geschickt: er wurde zum Weisen, Gütigen. Nahm in der Publikumsgunst voll und ganz Grünbaums Platz ein. Hatte Grünbaum vor dem Krieg als lebendes Denkmal gegolten, so war dies Farkas ab den fünfziger Jahren.

Wurde Farkas – was sowieso kaum vorkam – von der Presse attackiert, in seinen Programmen zu wenig kritisch zu sein, wehrte er ab: »In der Demokratie politisch zu sein, ist keine Kunst. Es ist ja sowieso alles erlaubt. Außerdem kann man seinem Feind auch lachend die Zähne zeigen. Ich bin ja sowieso schon zu alt, um ein zorniger junger Mann zu sein. Trotzdem geht's auch in meinen jetzigen ›Simpl‹-Programmen nicht immer sanft zu.« Etwa wenn er in seine Conférencen einstreute:

Wenn Politiker eitel wären, würden sie sich nicht so oft im Fernsehen zeigen.

Ein Politiker muß mit der Zeit gehen, sonst muß er mit der Zeit – gehen.

Öffentliche Meinung nennt man jenen Lärm, der entsteht, wenn die Bretter zusammenschlagen, die unsere Funktionäre vor dem Kopf haben.

Der Feuilletonist und Schriftsteller Theodor Ottawa: »Das ist das Geheimnis seines Humors: Farkas stichelt, ohne zu verletzen, er trifft den Nagel auf den Kopf, ohne eine Gehirnerschütterung hervorzurufen. Aber immer verursacht er eine akute Reizung des Zwerchfells...«

Dabei sollte sich das Comeback nach dem Weltkrieg als schwieriger erweisen als die erste Kabarettkarriere. »Ich stieß auf ein ganz anderes Publikum; die gute Mittelschicht gab's eigentlich nicht mehr.« Die Leute waren jetzt, da sie in den Jahren des »Tausendjährigen Reichs« den leichten und seichten Humor hatten akzeptieren müssen, viel anspruchsvoller geworden.

Trotz der neuen Schwierigkeiten führte Farkas den »Simpl« mit seinem Team einer neuen Blüte entgegen. Besitzer Baruch Pikker erklärte in einem Interview: »Die erste Revue hat mir noch ein Defizit von 34 000 Schilling eingebracht, aber von da ab gab es nur mehr Erfolge.«

Picker war noch vor dem Ersten Weltkrieg aus seiner Heimatstadt Czernowitz nach Wien gekommen, das heißt, eigentlich war er von zu Hause durchgebrannt, weil er die von den Eltern vorgeschriebene Laufbahn als Buchdrucker nicht hatte einschlagen wollen. In Wien erlernte er das Spenglerhandwerk. Er selbst war in der Zeit des »Dritten Reichs« nach Sibirien deportiert worden, sein Vater wurde mit neunundneunzig, seine Mutter mit vierundneunzig Jahren in Theresienstadt vergast.

Die Kabarettführung war streng geteilt: Picker war kaufmännischer Direktor, Farkas künstlerischer Leiter. Für Gagenverhandlungen war Farkas zuständig. »Sehr theoretisch« allerdings nur, erinnert sich Fritz Muliar, der dem Nachkriegs-»Simpl« von 1950 bis 1965 angehörte. »Zu meiner Zeit sicherte Farkas einem Schauspieler 3500 Schilling zu. Picker rang die Hände, prophezeite den Untergang des Abendlandes und zahlte 3000.

Farkas war das schrecklich peinlich, also versprach er, den Rest aus eigener Tasche zu bezahlen. Das war – mit einer einzigen Ausnahme – wieder den Betroffenen peinlich, also blieb es bei 3000 Schilling. Diese einzige Ausnahme war übrigens Mimi Shorp, die sich mit eherner Konsequenz jeden Abend von Farkas die 40 Schilling holte, die er ihr versprochen hatte.«

Zu den großen Nachkriegserfolgen der »Simpl«-Revuen zählten »Die Vier im Jeep«, die in sämtlichen Programmen vorkamen. Es waren aggressiv-liebevolle Szenen um die in Österreich stationierten Soldaten der Besatzungsmächte. Farkas spielte den Amerikaner, Fritz Muliar den Russen, Maxi Böhm den Franzosen und Fritz Heller (wahlweise) den Engländer oder die Figl-Karikatur »Poldi Österreicher«.

Die Revue *Götz von Berlichingen* zeichnete bereits im Herbst 1951 in der Jeep-Szene eine Zukunftsvision. Sie spielte im Jahre 1988, in dem die Alliierten Österreich verlassen wollten – was Herr Österreicher freilich unter keinen Umständen zulassen möchte:

Poldi Österreicher (Fritz Heller): Aber meine Herren, ich beschwöre Sie! Das kann doch nicht unwiderruflich sein *(weinend)*. Ich bitt Sie, verlassen S' mich net! Was soll ich denn anfangen – so ganz ohne Besatzungssteuer, ohne Zensur, ohne Ennsbrücke? Und was sollen wir mit unserem Frauenüberschuß machen? Ohne Jeep?

Amerikaner (Farkas): Be strong, my dear. Seien Sie stark...

Österreicher: Mit was?

Russe (Muliar): Ich teile...

Österreicher: Was?

Russe: Ihren Schmerz.

Österreicher: Einer nach dem anderen verläßt uns. Erst das Altreich – und jetzt Sie, meine Herren! Das überleb ich net! *(weint bitterlich)*

Amerikaner: Seien Sie nicht traurig! Wir werden Sie weiter im Aug behalten.

ÖSTERREICHER: Auch das noch.

AMERIKANER: We won't forget you. Wir werden auch in der Ferne an Sie denken.

ÖSTERREICHER: Schrecklich!

RUSSE: Und wenn die Glocken läuten . . .

AMERIKANER: Wenn die Friedenstaube brüllt, wenn an jedem roten Haus eine weiße Fahne weht . . .

RUSSE: . . . und am Weißen Haus eine rote . . .

AMERIKANER: . . . dann werden wir uns wiedersehen!

ÖSTERREICHER: Sie gehen wirklich? Wer soll jetzt in unserer Hofburg wohnen? Denken Sie doch an die vielen leeren Häuser und Lokale, die jetzt frei und unokkupiert herumstehen werden. Nein, nein, bitte: Sie müssen bleiben. – Und ich wander aus!

Szenen, Aussprüche, Pointen der »Vier im Jeep« machten – kaum, war die Premiere im »Simpl« vorüber – ihren Weg durch ganz Österreich.

Aber es sollte nicht bis 1988 dauern, daß die Besatzer unser Land verließen, bereits vier Jahre nach dieser Szene kam es – für viele wie durch ein Wunder – nach Unterzeichnung des Staatsvertrages zum Abzug der Siegermächte. Ein völlig neues Gefühl für die Österreicher – sie waren neutral.

FARKAS: Wir müssen jetzt neutral sein! Das heißt, wir haben nix zu tun als nix zu tun. Und das liegt uns ja . . . Auf dem Balkon des Belvedere hielten die Vertreter der großen Vier sich bei den Händen – morgen werden sie sich wahrscheinlich schon wieder bei der Gurgel halten.

Als dann der letzte Amerikaner österreichischen Boden verlassen hatte, reimte er in alter Farkas-Tradition dahin:

Da sagt der Ami:
I drah mi!

Und nach kurzen Erfahrungen mit der vielgerühmten Neutralität:

Sicher, wir sind jetzt eine Brücke zwischen Ost und West. Aber wir sind eine Hängebrücke. Denn wenn's drauf ankommt, lassen uns beide hängen!

Auf die »Vier im Jeep« konnte und wollte man im »Simpl« aber auch nicht verzichten, als sie Österreich tatsächlich längst verlassen hatten. Sie waren jetzt in ihrer Heimat und dachten verklärt – je nachdem – an »Austria«, »Autriche« oder »Awstria«. Da saß »Iwan« Muliar beim »sibirischen Nobelheurigen« und schwärmte von den Goldenen Zeiten an der Donau:

»Knapp vor unserem Abzug mußte ich noch den Sohn meiner Quartiersfrau zur Firmung führen!«
»Warum?«
»Er hat seine Uhr zurückhaben wollen!«

Bei einem amerikanisch-russischen Treffen nach 1955 auf »Simpl«-Boden meinte der Sowjetbürger: »Ihr liebt immer nur Geld, wir lieben unsere Menschen!«
Darauf der »Ami«: »Well, drum sperren wir unser Geld ein – und ihr die Menschen!«
1958 ätzte Farkas in Richtung Moskau: »Im Jahre 1980 werden die Sowjetbürger alles kostenlos haben: Wohnung, Kleidung und die U-Bahnkarten. Sie werden also am Ende ihres Lebens sagen können: ›Wir haben umsonst gelebt.‹ «
»Aktualität ist alles«, war Farkas' Erfolgsgeheimnis. Er wußte zu jeder Zeit, was die Menschen gerade am meisten bewegte. Jetzt, während der Zeit des Wiederaufbaues und des beginnenden Wirtschaftswunders, waren es Wohnungen und Geld. Neue Wohnungen hatten die Menschen bitter nötig, »denn in meinem Schlafzimmer«, sagte »Simpl«-Gast Rudolf Carl, »ist es so feucht, daß sich in der aufgestellten Mausefalle a Fisch g'fangen hat«. Und Waldbrunn kannte einen, der neuerdings seit Einsetzen des Wirtschaftswunders »so reich ist, daß er sich ein neues Segelboot gekauft hat – nur weil das alte naß war«.
Nach einigen Jahren des kabarettistischen Erfolgs verspürte Far-

kas wieder den Drang in sich, am Theater beziehungsweise in der Revue aktiv zu werden. Schließlich und endlich gelang es ihm, Picker dazu zu überreden, die freigewordene Kleine Komödie – in den dreißiger Jahren hieß die damals ebenfalls von Farkas geleitete Bühne »Moulin Rouge« – in der Liliengasse zu kaufen und dort seine *Wunder-Bar* wiederaufzuführen.

»Es war eine finanzielle Katastrophe«, erinnerte sich Frau Alma Stern, Pickers Tochter. Farkas war auch in dem neugegründeten Intimen Theater – den Namen dürfte er aus Sentimentalität zu seinen allerersten Aufführungen in der Praterstraße gewählt haben – der künstlerische Leiter. Die Besetzung der Eröffnungsvorstellung: Fritz Eckhardt spielte jetzt die Farkas-Rolle des Sam Wunder, weiters waren Eva Kerbler, Cissy Kraner, Marianne Schönauer, Max Brod und Carl Merz in dem einstigen Welterfolg dabei. »Aber die Zeiten hatten sich geändert«, sagt Hauptdarsteller Eckhardt heute, »die Zeit der Eintänzer, die es in der *Wunder-Bar* gegeben hatte, war endgültig vorbei.«

Farkas gab sich gerne als überstrenger Regisseur, war aber im Grunde seines Herzens gütig. Er »spielte« den beinharten Chef. Maxi Böhm erinnerte sich, daß er ihn einmal mit dem Auto ins Raimundtheater führte, wo Farkas eine Neuinszenierung des *Weißen Rößl* vorbereitete. Die beiden Komiker tauschten die neuesten Witze aus und lachten unentwegt. Kurz bevor sie beim Theater ankamen, meinte Farkas dann: »So, jetzt müssen wir aufhören mit den Witzen, sonst kann ich dann nicht den Strengen spielen.«

Ähnliche Erfahrungen machten andere Kollegen. Heinz Conrads beispielsweise wollte es sich nicht länger gefallen lassen, daß Farkas während der Vorstellungen auf offener Bühne – und für alle Zuschauer deutlich vernehmbar – Regieanweisungen gab. »Nicht so weit nach rechts!« zischelte Farkas streng oder: »Lauter, bitte!« ... Als Farkas wieder einmal mitten im Dialog den überstrengen Regisseur »mimte«, fragte Conrads laut zurück: »Was hast g'sagt, Karl?« Und damit war dem Regie-Theater ein für allemal ein Ende bereitet.

Nicht jedoch am Intimen Theater. Auch dort war Farkas ganz und gar Direktor. Fritz Eckhardt: »Da er sowohl Direktor des ›Simpl‹ als auch des Intimen Theaters war, er aber immer nur eine Bühne kontrollieren konnte, hatte er mich – natürlich unentgeltlich – dafür gewonnen, während der *Wunder-Bar*-Spielzeit als Abendregisseur am Intimen Theater zu wirken. ›Fritz, du hast die Autorität‹, sagte er, ›paß a bißl auf, daß alles klappt.‹«

»Jaja, das ist doch klar«, antwortete Eckhardt.

Silvester 1955 sollte ein kleines Malheur passieren. Ein Student war engagiert worden, der »als Amerikaner« in einer Loge zu sitzen hatte. Eckhardt sollte auf diesen – laut Stück – mit den Worten hinweisen: »Das ist unser amerikanischer Stammgast.« Und darauf hätte »der Amerikaner« einen Satz zu sprechen gehabt. Doch ausgerechnet in der Nacht der Jahreswende war der Student nicht gekommen. Da Eckhart dies nicht wußte, zeigte er wie gewohnt zu dem (nicht vorhandenen) Gast hin. Der konnte natürlich nicht antworten – also war die darauffolgende Pointe hin. Das größte Vergehen in den Augen des Altmeisters.

Farkas, der jeden Abend während der »Simpl«-Pause in die Liliengasse eilte, hatte von dem Vorfall erfahren und kam brüllend in die Künstlergarderobe des Intimen Theaters: »Eine bodenlose Frechheit, wie konnte so was passieren. Dafür ist mir der Eckhardt verantwortlich. Na, dem Eckhardt werd ich was erzählen, wo ist denn der Eckhardt eigentlich?«

Plötzlich stand »der Eckhardt« in voller Größe und Leibesfülle neben ihm und sprach: »Hier bin ich!«

Da wurde Farkas kleinlaut und sagte deutlich leiser: »Ach, da sind Sie ja, Eckhardt... ja, also, ...was ich sagen wollte...also: dem Neubauer, dem Inspizienten, *dem* müssen wir einen Krach machen!«

Karl Farkas. Ein großer Mann mit kleinen Schwächen.

»Und weil wir grad vom Bronner reden…«

Kabarett-Kollegen und Theatergastspiele

Das Intime Theater mußte bald wieder zusperren. Baruch Picker verpachtete es später dann an Gerhard Bronner – und mit Programmen wie *Blattl vor'm Mund* entstand hier eine neue Form des Wiener Kabaretts. Man war intellektueller, bissiger, schärfer, zynischer und frecher als im »Simpl«. Man attackierte die Gesellschaft, schuf sozialkritische Unterhaltung.

Bronner hatte seine künstlerische Laufbahn als Komponist begonnen. »Als ich aber keine Leute fand, die Texte zu meinen Melodien schrieben, hab ich auch die Texte gemacht. Als die dann keiner singen wollte, hab ich das auch noch gesungen. Als das dann keiner aufführen wollte, hab ich ein Theater aufgemacht. So wurde ich Direktor des Kabaretts in der Liliengasse.«

Helmut Qualtinger, Carl Merz, Georg Kreisler und Louise Martini waren hier Bronners Mitarbeiter der ersten Stunde. Später stieß dann Peter Wehle dazu. »Wir waren junge und aufgeschlossene Menschen. Vollprofis wollten damals mit uns nichts zu tun haben«, erinnert sich Bronner, dessen Art Kabarett zu machen sich von Farkas in hohem Maße unterschied. Während Farkas durch seine ständig wachsende Popularität immer wieder neue Kreise ansprach, lautete das Motto des damals der jungen Generation angehörenden Bronner: »Ein Kabarettist muß den Mut haben, sich unbeliebt zu machen.«

Nach zwei Jahren erfolgreicher Tätigkeit in der Liliengasse wurden die couragierten Kabarettisten – obwohl Farkas dagegen war – delogiert. Hausherr Picker bemerkte, daß Bronner mit diesem Haus seinem »Simpl« Konkurrenz machte. Bronner eröffnete daraufhin in der Walfischgasse das Neue Theater am Kärntnertor. Hier wurde die Tradition der Liliengasse fortgesetzt, Programme wie *Dachl über'm Kopf* oder *Hackl vor'm Kreuz* zählen heute ebenso zu Kabarettklassikern wie Farkas-Sketche oder Conférencen. Im Kärntnertortheater entstanden legendäre Typen wie der »G'schupfte Ferdl«, der »Travnicek«, der »Halbwilde«, der »Après-Schigolo« und jene Besucher der Eden-Bar mit dem »Papa wird's scho richten«-Song.

Farkas und Bronner wurden durch ihre Kabaretts zu Konkurrenten, obwohl sie völlig verschiedenartige Publikumskreise ansprachen. »Die Konkurrenz bedingte aber nicht«, erinnert sich Bronner heute, »daß wir böse aufeinander gewesen wären, was oft fälschlicherweise in Zeitungen zu lesen war. Im Gegenteil, ich glaube sagen zu können, daß wir einander sehr geschätzt und gemocht haben. Nachdem uns die Presse allerdings immer wieder gegeneinander ausgespielt hat, begannen wir diese sogenannte Feindschaft in der Öffentlichkeit auszunützen. Wann immer wir gemeinsam auftraten, kam es zu einer Stichelei. Die Leute glaubten, das war echt und nicht gespielt.«

FARKAS *(zunächst allein auf der Bühne)*: Meine Lieben! Doppelconférence nennt man eine Conférence, die von zwei Künstlern gehalten wird, weil einer allein sich nicht traut, die Verantwortung dafür zu übernehmen. Heutzutage überzeugt man sich von den Erfolgen, die man hat, eigentlich nur durch die Feinde, die man sich macht! – Und weil wir grad vom Bronner reden...

BRONNER *(tritt auf)*: Ich höre meinen Namen eitel nennen. Was reden Sie da über mich?

FARKAS: Das beste, nur das allerbeste... Stellen Sie mir eine möglichst unverfängliche Frage. Historisch, botanisch – zoologisch!

BRONNER: Zoologisch, gut ja: Wie geht es Ihnen?

FARKAS: Das ist die größte Frechheit, die mir je untergekommen ist. Schluß aus – ich hab Ihnen versprochen, wenn Sie's heut gut machen, gehen wir aus, nachher. Ich hab sogar schon eine Gesellschaft für Sie eingeladen. Einen Professor?

BRONNER: Was für einen Professor?

FARKAS: Ein gewisser Borodajkewycz.*

BRONNER: So ein Blödsinn. Da kann ich doch nicht kommen, gegen den hab ich doch einen Ehrenbeleidigungsprozeß gehabt vor einiger Zeit.

FARKAS: Wie ist die Verhandlung verlaufen?

BRONNER: Peinlich. Ich komm hin – als Angeklagter . . .

FARKAS: No na – als Staatsanwalt!

BRONNER: . . . fragt mich der Richter, wie ich heiße. Was schon eine Frechheit ist. Dann fragt er mich, was mein Beruf ist. Antworte ich ihm: »Ich bin der größte Kabarettist deutscher Zunge!«

FARKAS *(platzt förmlich vor Lachen)*: Das wagen Sie in meiner Gegenwart zu sagen. Finden Sie das nicht ein bißchen unbescheiden?

BRONNER: Es war mir selbst ein bißchen peinlich. Aber, wissen Sie, ich war in einer Zwangslage. Ich stand ja unter Eid . . .

Bronner spricht dann von einer Party, die er bei dem Salzburger Gesellschaftslöwen Dimitri Pappas verbracht hat. Er zählt die Gäste auf.

BRONNER: Die Millionäre – der Onassis, der Waraschitz, der Mautner Markhof.

FARKAS *(verbessert ihn)*: *Konsul* Mautner Markhof!

BRONNER: Nein. Caesar war Konsul, Napoleon war Konsul – Mautner Markhof ist *Generalkonsul!* . . . Ja, es waren sogar einige Minister bei dieser Party.

---

* Dr. Taras Borodajkewycz, gegen den die Staatsanwaltschaft Wien Erhebungen nach dem NS-Gesetz veranlaßt hat und der in der Folge als Professor an der Hochschule für Welthandel in den dauernden Ruhestand versetzt wird. Bei einer Anti-Borodajkewycz-Demonstration ehemaliger Widerstandskämpfer wurde ein Teilnehmer von einem neonazistischen Studenten getötet.

FARKAS *(neugierig)*: Minister... wie sind die, sagen Sie mir das... Haben Sie nachhaltige Eindrücke empfangen?

BRONNER *(überlegt)*: Noja. Ein Minister ist ja nicht verpflichtet, genial zu sein.

FARKAS: Na, entschuldigen Sie, Goethe war auch Minister.

BRONNER: Ja, aber der hat nebenbei auch geistig gearbeitet. Was glauben Sie, wie lang das dauert, bis so a Prader* heutzutag einen *Faust* schreibt. – Oder auch nur liest!

FARKAS: Wie steht's denn um *Ihre* literarische Tätigkeit?

BRONNER: Enorm! Ich habe in letzter Zeit so unheimlich viel geschrieben, daß mir zum Schluß schon gar nichts mehr eingefallen ist.

FARKAS: Die Sendung hab ich gesehen.

BRONNER: Wer redet hier von Sendungen. Ich rede von hehren literarischen Aufgaben, mit Mission und Aussage.

FARKAS: Sie wollen wohl so schreiben können wie der Hemingway?

BRONNER: Nein.

FARKAS: Wie Thomas Mann?

BRONNER: Nein.

FARKAS: Wie denn wollen Sie scheiben können?

BRONNER: Ich möcht so schreiben können wie Sie, Herr Farkas!

FARKAS *(geschmeichelt)*: Wie ich? Warum grade wie ich?

BRONNER: Ich bin nicht ehrgeizig...

Bronner sperrte das Kärntnertortheater wieder zu und widmete sich vor allem seiner Fernseh- und Rundfunktätigkeit. Daneben schuf er die Wiener Fassungen von *My Fair Lady, Cabaret* und *Anatevka*. Nach Friedrich Torbergs Tod übersetzte er eine Zeitlang die Satiren Ephraim Kishons.

Abgesehen von Bronner und seinem Team konnten sich neben Farkas in Wien nur noch zwei Kabarettensembles etablieren:

---

* Georg Prader, österreichischer Bundesminister für Landesverteidigung

»Der Würfel« um Peter Lodynski und Kuno Knöbl sowie Martin Flossmanns »Der Bunte Wagen«.

Trotz der Pleite mit seiner *Wunder-Bar* und dem Intimen Theater ließen Farkas' Ambitionen, die Stücke aus den Vorkriegsjahren wieder »aufzuwärmen«, nicht nach. An den Kammerspielen lief *Bei Kerzenlicht*. Mit mäßigem Erfolg. Peter Loos – einst Farkas-Mithäftling im französischen Lager Meslay-du-Maine – stellte in der Zeitung »Der Abend« die Frage: »Daß die guten Witze dieses musikalischen Lustspiels von Karl Farkas sind, habe ich gewußt, aber von wem sind die weniger guten? Und die ganz mageren?«

Außerhalb des Kabaretts war Farkas erst wieder in den sechziger Jahren erfolgreich. Vor allem mit seiner Bearbeitung der Oscar Wilde-Gesellschaftskomödie *Lady Windermeres Fächer*, die unter dem Titel *Lady aus Paris* als Musical am 22. Oktober 1964 am Raimundtheater herauskam. Zarah Leander »verkörperte« in hautengem, schwarzem Paillettenkleid mit blauer Federboa nach wie vor die Sünde des Fleisches ...

Farkas hatte den Wilde-Stoff nicht nur neu verpackt, sondern auch Regie geführt und die Gesangstexte – die Musik stammte von Peter Kreuder – beigesteuert. Über Nacht ließ Zarah Leander, der einstige Ufa-Filmstar, Farkas-Reime zu Schlagern werden. »Ich bin eine Frau mit Vergangenheit« sang sie mit ihrem weltberühmten Timbre:

Hab nur nach Ekstasen getrachtet,
Ganz egal, was daraus wird.
Ich hab die Gesellschaft verachtet –
Und hab den Skandal provoziert ...

Die Premiere wurde zum gesellschaftlichen Ereignis. »Bis etwa zum sechzigsten Vorhang harrte auch der Herr Bundespräsident aus«, berichtet »Die Presse«, und der »Expreß« meint: »Das Raimundtheater hat eine Sensation. Die Wagenauffahrt und der Prominentenaufmarsch bei der Donnerstagspremiere, die fast an Karajans Zeiten in der Staatsoper erinnern, zeugten davon.«

Neben der Leander trugen auch noch Paul Hörbiger – ihr einstiger Partner in dem Film *Der Blaufuchs* – Friedl Czepa, Albert Rueprecht und Peter Gerhard zum Erfolg bei. »Oscar Wildes geistreiche, in blendenden Paradoxen gipfelnde Diktion hat einiges mit der funkelnden Wortkunst des Kabaretts gemeinsam«, schreibt die »Wiener Zeitung«, »und so ist Karl Farkas gerade der richtige Mann, diese Musical-Fassung zu fabrizieren und mit Gesangstexten zu garnieren. Es ist eine höchst gelungene Version des Wilde'schen Originals . . .«

Vier Jahre später wurde Farkas als Schauspieler für die Wiener Festwochenproduktion von Nestroys *Kobold oder Staberl in der Feenwelt* ans Theater an der Wien geholt. Unnötig zu erwähnen, daß solche »Ausflüge« nur in der Sommerpause des »Simpl« stattfinden konnten – Farkas hätte den Wollzeilenkeller nie und nimmer im Stich gelassen, obwohl zahlreiche, weit lukrativere Angebote lockten.

Im Sommer 1968 trat er also in der Rolle des Sprechers, der durch die Nestroy-Posse führt, auf. Die Presse war mit seiner Darstellung zwar gar nicht einverstanden – Hilde Spiel empfand in ihrer Rezension in der »Weltwoche« »die Mitwirkung des Kabarettisten Karl Farkas als stilstörendes Element«, Karl Paryla hingegen, der Regisseur, weiß heute noch von der effektvollen Zusammenarbeit mit Farkas zu berichten: »Die Profession des Kabarettisten wird – und wurde auch damals – immer wieder heruntergemacht. Eine Kritik, die gerade im Falle Farkas völlig danebengeht, denn er war selbstverständlich ein richtiger Schauspieler, nicht nur, was seine Ausbildung betraf, sondern auch wie er seine Rollen anlegte. Er war ja auch als Kabarettist Schauspieler – nur eben einer, der seine eigenen Texte gespielt hat. Nicht anders als Nestroy. Farkas war ein urkomischer Schauspieler. Er hat Rollen gespielt – da gibt es überhaupt keinen Unterschied zwischen Theater und Kabarett.«

Aber Theatergastspiele blieben im Alter Einzelfälle. Für die große Bühnenkarriere, die er einst angestrebt hatte, blieb jetzt keine Zeit – er hatte sich mit Haut und Haaren dem Kabarett verschrieben. Farkas trat jeden Abend im »Simpl« auf. Und über das

Unerreichte, den unerfüllt gebliebenen Traum vom dramatischen Helden, machte er sich nur noch lustig. »Ich bin überzeugt davon«, sagte er, »ich komm noch einmal ins Burgtheater. Und wenn ich mir Karten kaufen müßte!«

»Wenn ich was lesen will, dann schreib ich es mir selber«

Farkas als Fernsehstar

Theater, Revue, Kabarett – auf allen Gebieten war Karl Farkas im Laufe seines Lebens bekannt geworden. Doch all die Bühnen, auf denen er gestanden, für die er geschrieben und Regie geführt hatte, konnten mit Hunderten und Tausenden Aufführungen nicht erreichen, was ein anderes Medium mit einem einzigen Auftritt bewirken sollte. Als das Fernsehen in Österreich seinen Einzug hielt, war Farkas wieder einmal ein Mann der ersten Stunde. Er schien wie geschaffen für die Television. Weder optisch noch durch technische Begabung. Vielmehr kamen ihm sein Geist und das Vermögen, sich auf alle Zeiterscheinungen sofort einstellen zu können, entgegen.

Nachdem er schon für die Radiostationen der Besatzungsmächte tätig gewesen war – in »Radio Österreich« glossierte er gemeinsam mit Hugo Wiener, Cissy Kraner und Ernst Waldbrunn zweimal im Monat die »Aktualitätlichkeiten« –, hatte er sofort nach Unterzeichnung des Staatsvertrags für den »Österreichischen Rundfunk« zu arbeiten begonnen. Große Radio-Beliebtheit erreichte er vor allem durch Live-Sendungen wie *Was meinen Sie, Herr Farkas?* In guter alter Blitzdichter-Manier empfing er im Studio Anrufe durch Hörer, die ihm Fragen stellten. Er beantwortete sie dann spontan. Ein paar Beispiele:

HÖRER: Herr Farkas, ich habe mich vor mehr als einem Monat in eine Frau verliebt. Auch sie ist mir zugetan – aber sie ist so anständig, ich schaffe es einfach nicht, ihr näher zu kommen...

FARKAS: Ich verstehe. Hier zeigt sich wieder die Parallele zwischen anständigen Frauen und dem Schiefen Turm von Pisa. Sie zeigen ihre Neigung – aber sie fallen nicht.

HÖRER: Ich komme mit meinem Gehalt als Schaufensterdekorateur nicht aus. Wohnung, Auto, Fernsehapparat – wie soll ich all das bezahlen?

FARKAS: Was Sie da anschneiden, ist ja das Problem unserer modernen Wirtschaft: Man fragt sich, wie man es sich leisten kann, endlich so zu leben, wie man schon lange lebt.

HÖRER: Der sowjetische Parteichef Nikita Chruschtschow war kürzlich auf Staatsbesuch in Österreich. Was halten Sie vom Verhandlungsergebnis?

FARKAS: Die Russen haben sich verpflichtet, so viele Waren von uns abzunehmen, wie wir von ihnen kaufen. Was will man weniger?

HÖRER: Welches klassische Zitat ist Ihnen am geläufigsten?

FARKAS: Meine gute Erziehung verbietet mir, es Ihnen zu nennen.

HÖRER: Wie kann ein Mensch, der eine Million gewonnen hat, sein Geld am besten anlegen?

FARKAS: Indem er die Steuern für drei Jahre vorauszahlt. So billig kann er's in Zukunft nicht mehr haben.

HÖRER: Wir haben heuer den scheußlichsten Sommer seit Jahrzehnten. Was sagen Sie dazu, Herr Farkas?

FARKAS: Sie haben vollkommen recht. Das Wetter in Österreich verhält sich heuer nicht meteorologisch, sondern meteorounlogisch. Denn kaum hat's angefangen, mit dem Regnen aufzuhören, hat's schon wieder aufgehört mit dem Schönwerden anzufangen.

Natürlich mußte Farkas seine Pointen nicht immer live »erfinden«, er konnte vielmehr aus dem in seinem Gehirn gespeicherten gigantischen Humor-Archiv schöpfen, sein diesbezügliches

Repertoire war grenzenlos. War eine bestimmte Hörer-Frage einmal nicht pointenträchtig, so verstand er es meisterhaft, seine kleine Conférence genau dorthin zu lenken, wo er sie haben wollte. Zu einer Pointe eben.

Befragte ihn ein Hörer zu den Beziehungen zwischen Österreich und Frankreich, dann plauderte er locker über Eiffelturm, »Moulin Rouge« und Brigitte Bardot, um dann endlich zum pointenbringenden Charles de Gaulle zu kommen, »dem einzigen Politiker, der Europa vom Westen her angreift«.

Und wie schaut's mit der österreichischen Wirtschaft aus? wollte ein Hörer wissen.

FARKAS: In anderen Ländern ist das Wirtschaftswunder ein Seiltanz ohne Netz – bei uns ist es ein Seiltanz ohne Seil! Unsere Handelsbilanz wird vom Fremdenverkehr aktiv gehalten. Dieser wiederum lebt von den Lipizzanern und unserer k. u. k. Atmosphäre. Und was unsere lieben Touristen betrifft, so bemühen sie sich eben jahrein, jahraus in rührender Weise, den verwöhntesten Ansprüchen der österreichischen Hoteliers – gerecht zu werden.

Apropos Fremdenverkehr.

Die Reiselust der Deutschen macht sie wieder zur gefürchteten Nation.

Und: Österreich ist ein Land, das sich von Deutschland vor allem durch die gemeinsame Sprache – unterscheidet.

Eine Frage noch, Herr Farkas.

HÖRER: Glauben Sie an Okkultismus und übersinnliche Phänomene?

FARKAS: Ich habe einmal an einem Hellseher- und Spiritistenkongreß teilgenommen. Das war im Restaurant eines großen Hotels, und ich war erstaunt, was die Spiritisten da alles aufgeführt haben. Der eine hat Caesar gerufen – ist er gekommen. Der andere hat Napoleon gerufen – ist er gekommen.

Dann hat einer den Ober gerufen – der ist nicht gekommen. Das war außerhalb des Experiments. Imposant auch die Leistungen der Hellseher. Die haben alles ganz genau vorhergesagt, bis in die entfernteste Zukunft, ich war überwältigt. Nur zum Schluß bin ich ein wenig schwankend geworden, in meiner Überzeugung zum Hellsehertum, als nämlich der Vorstand der Hellseher aufgestanden ist und gesagt hat: »Meine Damen und Herren Hellseherkollegen! Ich danke Ihnen vielmals für die lichtvollen Augenblicke in die entfernteste Zukunft und beantrage abschließend die Gründung einer Notstandskassa, weil man ja nie wissen kann, was sein wird!« Das hat mich ein bißchen schwankend gemacht in meiner Überzeugung zum Hellsehertum.

Von all seinen Tätigkeiten, gestand Farkas in einem Interview mit der Zeitung »Radio Österreich«, beanspruchte ihn die allmonatliche Fragesendung am meisten. »Es gibt kein Manuskript, keine Probe, keine Vorbereitung. Danach bin ich ganz erschöpft. Denn es kommt hier einzig und allein auf Geistesgegenwart und volle Konzentration an. Wenn ich nicht imstande bin, innerhalb weniger Sekunden auf eine – manchmal ziemlich peinliche – Frage mit einem passenden Aphorismus zu antworten, ist der Zweck der ganzen Geschichte verfehlt.«

Das Jahr 1955 bringt Österreich nicht nur die Neutralität, sondern auch ein eigenes Fernsehprogramm. Kein Stichwort ohne Farkas-Pointe:

Bekanntlich haben Edison und Marconi durch ihre Erfindungen das Fernsehen erst ermöglicht. Wir wollen ihnen das aber im Hinblick auf ihre sonstigen Leistungen nicht allzusehr nachtragen.

Dazu hatte vor allem Farkas keinen Grund, denn er wurde in den letzten fünfzehn Jahren seines Lebens zum Fernsehstar. In repräsentativen Umfragen wurde er immer wieder als einer der beliebtesten Bildschirmhelden bezeichnet. Intendanten und Ab-

teilungsleiter wechselten, Kabarett- und Unterhaltungs»macher«
wurden ausgetauscht und neu »erfunden« – die *Bilanzen* des
Humor-»Altmeisters« aber blieben ein felsenfester Bestandteil
des österreichischen TV-Programms – und sie wurden vielfach
auch in der benachbarten Bundesrepublik angestrahlt.

1956 begann man im Auftrag des Fernseh-Unterhaltungschefs
Karl Lackner mit der Konzeption einer monatlichen Farkas-
Sendung. Und am 30. September 1957 wurde die allererste *Bilanz des Monats* live aus dem Schönbrunner TV-Studio in der
Maxingstraße übertragen. Ganze sechzehntausend Apparate waren damals in Österreich angemeldet, das bisherige »Fernsehver-
suchsprogramm« nahm im selben Jahr seinen regulären Betrieb
auf. Täglich außer Dienstag wurde Programm ausgestrahlt. Ab
diesem Jahr sagte übrigens auch Heinz Conrads einmal in der
Woche via Fernsehen *Guten Abend am Samstag*.

Peter Hey, der von Oberspielleiter Erich Neuberg als Regisseur
der Farkas-Sendungen gerufen worden war, erinnert sich an die
Bilanz-Anfänge: »Meine langjährige Brettl-Erfahrung überzeugte
Farkas nur zögernd, die ersten Proben und Aufnahmen waren
heikel, da er aus unserem zwanzig Jahre zurückliegenden Zusam-
mentreffen in *Dixie* am Theater an der Wien gegen mich das
Vorurteil der ›Keckheit‹ hatte. Nach Tagen und Wochen erkannte
er aber, daß mein Respekt für ihn echt und nicht gespielt war. Wir
fanden eine gute, wenn auch anfangs sehr formelle Basis für
unsere Zusammenarbeit.«

Zu diesen bereits vorgegebenen Problemen galt es weitere,
technische Schwierigkeiten zu meistern. Hey: »Wir waren mit
den ersten *Bilanzen* überhaupt nicht zufrieden, und Farkas
selbst war der Unzufriedenste von uns allen. Er und seine
Mitspieler brauchten den Applaus – wir aber werkten im nüchter-
nen Studio ohne Zuschauer. Die Publikumsreaktion von der
›Simpl‹-Bühne im Ohr, waren alle Darsteller mehr oder weniger
unsicher. Auch Farkas selbst ›verhaute‹ manche Pointe, die dann
zu seinem Leidwesen auch so über den Bildschirm ging. Alle
verloren sichtbar die Lust an der Arbeit.«

Am 19. Juni 1962, nach fünf Jahren Fernsehkabarett, brachte der »Expreß« die Schlagzeile: »Farkas zeigt keine *Bilanz* mehr«, im Herbst, hieß es weiter, würden die monatlichen Sendungen eingestellt. »Daraufhin protestierten so viele Zuschauer, daß an ein Ende nicht zu denken war«, erinnert sich Peter Hey. »In einer Besprechung mit dem Unterhaltungschef machte ich den Vorschlag, die *Bilanz* aus dem sterilen, reaktionslosen Studio zu lösen und vor Publikum für den Schirm festzuhalten. Das ›Simpl‹-Team übersiedelte für die Fernsehsendungen in die ›Casanova‹-Bar, später dann ins ›Ronacher‹.«

Und von diesem Zeitpunkt an waren die Farkas-Sendungen ein bedingungsloser Erfolg. Unter den neuen Voraussetzungen wurden die *Bilanzen* zu richtigen Straßenfegern. Wer noch keinen Fernsehapparat zu Hause hatte, nahm vor dem »Kistl« im Stammcafé Platz, den er für *Bilanz*-Abende schon Tage vorher reservieren mußte. Durch den jetzt viel größeren Aufwand pro Sendung, den die Aufzeichnungen vor Publikum bedingten, wurden die *Bilanzen des Monats* zu *Bilanzen der Saison* – viermal im Jahr ausgestrahlt. Zu Silvester kam noch die *Bilanz des Jahres* dazu.

Auch im Fernsehen gab's die Doppelconférence. Der »Gescheite« will nach längerem Disput wieder einmal das Niveau des Dialogs heben, indem er dem »Blöden« die Bedeutung von Fremdwörtern zu erklären versucht.

WALDBRUNN: Ich darf ja blöd sein. Ich kann reden, was ich will. Wir leben ja in einer *Demagogie*.

FARKAS: Wir leben in keiner *Demagogie*, sondern in einer *Demokratie*.

WALDBRUNN: Wenn dir das lieber ist. Die Hauptsache ist: wir sind ein *anatomer* Staat.

FARKAS: Wir sind kein *anatomer* Staat, wir sind ein *autonomer* Staat – kommt von *Autonomie*, was soviel wie Selbstverwaltung heißt.

WALDBRUNN: Du bringst das durcheinander, Karl. *Autonomie* ist, wenn einer eine Vorliebe für Autos hat.

FARKAS: Das ist eine *Auto-Manie!*

WALDBRUNN: Karl, Karl. *Auto-Manie* ist etwas in der Türkei. Auf einen Türken sagt man doch *Auto-Mane.*

FARKAS: Auf einen Türken sagt man *Ottomane.*

WALDBRUNN: Karl, Karl, Karl. *Ottomane* ist etwas zum Draufsitzen.

FARKAS: Das ist *eine Ottomane,* wie wir auch sagen: *Sofa.*

WALDBRUNN: *Sofa* ist die Hauptstadt von Bulgarien.

FARKAS: Das ist *Sofia!*

WALDBRUNN: *Sofia* heißt meine Tante in Leitmeritz!

FARKAS: Das heißt *Sophie!*

WALDBRUNN: *Sophie* ist eine englische Entschuldigung. Wenn du dich auf englisch bei jemandem entschuldigen willst, sagst du: »*I am sophie!*«

FARKAS: *I am sorry!*

WALDBRUNN: Das ist Slang. Mir kannst du nichts erzählen. Ich hab englisch gelernt.

FARKAS: Also gut. Was heißt »Guten Tag« auf englisch?

WALDBRUNN: Das weiß ich nicht, ich hab einen Abendkurs besucht. Wir haben immer nur »Gute Nacht« gesagt...

Neben der guten alten Doppelconférence wurden auch die traditionellen »Kaffeehausszenen« im Fernsehen gespielt. Farkas – sowie abwechselnd Maxi Böhm oder Ossy Kolmann – traten als Kaffeehausgäste auf, daneben gab es noch einen Kellner – dargestellt von Karl Hruschka oder Gerhard Steffen.

Aus einem typischen Fernseh-Kaffeehausbild:

FARKAS *(beißt in ein sichtlich viel zu hartes Stück Kuchen und ärgert sich. Er ruft den Ober)*: Josef. Josef. Die Nußtorte ist ja hart wie Stein!

KELLNER: Wenn Sie wollen, tausch ich sie Ihnen um gegen eine Schokoladentorte.

FARKAS: Aber ich hab jetzt schon hineingebissen.

KELLNER: Macht nichts, wir haben auch angebissene Schokoladentorte...

Oder – Farkas sitzt als »Poet« im Fernseh-Kaffeehaus:

KELLNER: Darf ich Ihnen die neuen Zeitungen bringen?
FARKAS *(überheblich)*: Wenn ich was lesen will, dann schreib ich
es mir selber!

Peter Hey über die weitere TV-Arbeit: »Mit der technischen Reife
des Fernsehens stieg die Anzahl der Teilnehmer und stiegen
auch die Ansprüche. Es genügte auf einmal nicht mehr, Persönlichkeiten ›abzufotografieren‹. Wir experimentierten – doch das
schadete den Pointen. Farkas war nicht zu einer lebendigeren Art
zu bewegen. Er war und blieb im Grunde all die Jahre technisch
medienfremd – und trotzdem erfolgreich. Farkas gewöhnte sich
zwar an die Kameras – aber was sie brauchten: Licht, Geduld,
Wiederholungen, hat er eigentlich nie akzeptiert.«
Und Farkas – Mitte der sechziger Jahre immerhin schon mehr
als siebzig Jahre alt – machte sich über das Unvermögen, sich mit
der Technik anzufreunden, lustig. Auf die roten Kontrollampen
der aufnehmenden TV-Kameras anspielend, sagte er: »Ich hab
mich schon so an das Fernsehen gewöhnt, daß ich überall, wo
ich hinschau, eine Kamera sehe. Komm ich zu einer Straßen-
kreuzung und die Ampel zeigt rot – hab ich schon die Nase
vorn!«
Sowohl Generalintendant Gerd Bacher als auch Fernsehdirektor
Dr. Helmut Zilk waren ausgesprochene Farkas-Fans. Und obwohl
die *Bilanzen* als »fotografiertes Theater« nicht »mediengerecht«
im eigentlichen Sinn des Wortes waren, gab Zilk seiner Unterhal-
tungsabteilung Order, Farkas und sein Team unbehelligt und
selbständig weiterarbeiten zu lassen. Und die Zuschauer kamen
auf ihre Rechnung.
Etwa in seinen Interviews mit Denkmälern. So »sprach« er mit
Johann Strauß über den Modetanz Twist, mit Ferdinand Raimund
über zeitgemäße Dichtkunst (»Heutzutage sind Schriftsteller nur
unsterblich, solange sie leben«), mit dem »Lieben Augustin«,
Feldmarschall Radetzky, Maria Theresia, Kaiser Franz Joseph, der
amerikanischen Freiheitsstatue, Admiral Tegetthoff… und diese

»eigentlich nicht sehr fernsehgerechten Duo-Szenen« (Peter Hey) boten ihm Gelegenheit, lebendige Vergleiche der toten Vergangenheit mit der jeweils aktuellen Gegenwart anzustellen. Hier als Beispiel – Farkas im Gespräch mit Mozart (dargestellt von Erich Padalewski):

FARKAS: Oh, Meister Wolfgang Amadeus Mozart...
MOZART: Ja. Sie kennen mich?
FARKAS: Wer kennt Sie nicht. Die ganze Welt kennt Sie, liebt Sie, bewundert Sie! Allein in Wien sind fünf Kaffeehäuser nach Ihnen benannt. Die Konditoreien erzeugen Mozart-Kugeln, die Friseure Mozart-Köpfe – und eine ganze Menge Leute kennt sogar Ihre Musik!
MOZART *(mit bitterem Lächeln)*: Das hätte mir bei Lebzeiten passieren sollen... Damals hat man in Österreich als Musiker nur reüssieren können, wenn man ein Ausländer war. Oder schon tot. Oder zumindest vornehme Beziehungen hatte. Am besten, man war ein toter, beziehungsreicher Ausländer – dann konnte man leben.
FARKAS: Sie waren damals eben noch nicht unsterblich genug, um zu verhungern...

Für diese »Denkmal-Interviews« holte sich Farkas, der sonst fast ausschließlich mit seinem »Simpl«-Ensemble im Fernsehen auftrat, bekannte Schauspieler aus dem »seriösen« Fach. Leopold Rudolf spielte Ferdinand Raimund, Egon von Jordan den Kaiser Franz Joseph, Grete Zimmer die Freiheitsstatue, und als Tegetthoff trat Fred Liewehr auf.
Der sich später noch gerne daran erinnerte: »Ich habe diesen Abstecher zum Kabarett mit einem Großen, wie es Farkas war, sehr gerne gemacht. Im Zusammenhang mit meinem *Bilanz*-Auftritt habe ich ein Erlebnis gehabt, das ich nie vergessen werde. Da ist mir nämlich folgendes passiert. Die Fernseh-Aufnahmen fanden in der ›Casanova‹-Bar statt. Um mich in der Mittagspause ein wenig auszuruhen, bin ich – als Tegetthoff adjustiert und voll geschminkt – mit dem Auto ins Burgtheater gefahren, wo ich

mich in meiner Garderobe ein wenig hinlegte. Auf der Rückfahrt mit meinem Wagen war ich beim damaligen Kreisverkehr auf dem Michaelerplatz in einen Verkehrsunfall verwickelt, bei dem es zwar – gottlob – keine Verletzten gab, der aber doch mit erheblichem Blechschaden endete. Und man kann sich vorstellen, welches Aufsehen es erregt hat, als ich da mit ›bronziertem‹ Gesicht als Tegetthoff ausgestiegen bin. Die Leute müssen mich anfangs für verrückt gehalten haben. Die Situation war erst gerettet, als ich erklären konnte, daß ich mich für eine Farkas-Sendung dermaßen hergerichtet hatte.«

Ja, für den Farkas ...

Der auch in seiner Tätigkeit als Fernsehkabarettist ein bedingungsloser, harter Arbeiter war. Irrtümer, erinnert sich Peter Hey, gab er nicht gerne zu, und wenn schon, dann kommentarlos, trocken, knapp. »Aber seine Selbstkritik war für die Umgebung oft deprimierend. Die Stimmung war erst wieder erträglich, wenn alle Zeitungen gut geschrieben hatten. Denn Kritiken nahm er sehr ernst. Er war, und darauf ist er zu Recht stolz gewesen, kein Subventionierter – er *mußte* gefallen.«

Den Kritiken konnte er ruhigen Gewissens entgegensehen. Farkas war so populär, daß er selbst für die gefürchtetsten Kritiker unantastbar blieb. Negative Beurteilungen gab es kaum – weder im »Simpl« noch für seine TV-*Bilanzen.*

»Telemann«, wie der damalige Fernsehkritiker der »Kronen Zeitung« hieß, fand nach der Herbst-*Bilanz* des Jahres 1966 gar den Mut zum Vergleich mit allerhöchster Dichtkunst, als er »den Farkas hartnäckig als einen legitimen Nachfahren des großen Nestroy« bezeichnete.

Doch die Erfolge im Fernsehen brachten nicht nur Erfreuliches mit sich. Sie führten letztlich zum Bruch mit seinem Co-Autor Hugo Wiener und dessen Frau Cissy Kraner.

Beide hatte Farkas noch in der Zwischenkriegszeit kennengelernt. Beide auf recht kuriose Weise. Hugo Wiener vor Gericht und Cissy Kraner – durch einen Hinauswurf.

Wiener erzählte: »Es war Anfang der dreißiger Jahre. Er war

bereits arriviert, ich als Hausautor der ›Femina‹ ein junger Anfänger. Eines Tages kam Farkas zu uns in die Vorstellung, wo wir unter anderem einen Sketch von mir mit dem Titel *Bitte recht freundlich* gespielt haben. Einige Zeit später gab's im ›Simpl‹ eine ganze Revue, die diesen Namen trug und in der außerdem zahlreiche Ideen von meinem Programm steckten.«

Wilhelm Gyimes, der Pächter und Direktor der »Femina«, war, so Hugo Wiener, »ein richtiger Prozeßhansl. Er hat Farkas sofort geklagt. Und das im Laufe der kommenden Jahre mehrmals, denn zu solchen Situationen war es des öfteren gekommen. Wir trafen einander dann immer wieder im Gerichtsgebäude Riemergasse – Farkas als Angeklagter, ich als Kronzeuge. Gyimes hat fast immer gewonnen.«

Nach dem Krieg, als Farkas und Wiener wieder in Wien waren, ging der einstige Angeklagte zum einstigen Kronzeugen und sagte: »Schauen Sie, wir haben uns vor dem Krieg immer bekämpft. Wenn wir zusammengehen, kann uns niemand gegeneinander ausspielen.« Von diesem Zeitpunkt an entstanden fünfzehn Jahre lang sämtliche »Simpl«-Programme in der Zusammenarbeit Farkas-Wiener. Und Cissy Kraner fehlte ebenso in keiner Revue.

Frau Kraner: »Ich wiederum habe Farkas kennengelernt, als er Direktor des ›Moulin Rouge‹ in der Liliengasse war. 1933 spielte man dort *Hurra – wir lieben*, sehr viele Mädchen haben sich vorgestellt, darunter auch ich. Farkas engagierte mich, der Vertrag war bereits unterschrieben, als man meine Daten verlangte. Da kam Farkas drauf, daß ich noch nicht sechzehn Jahre alt war. Er hat fürchterlich geschimpft und mich wieder hinausgeworfen.«

Sowohl Wiener als auch Kraner zählten nach 1950 zu seinen treuesten Mitarbeitern. So entstammten die meisten Doppelconférencen der Feder Hugo Wieners – und die von ihm komponierten, getexteten und von seiner Frau vorgetragenen Chansons waren lange Jahre Höhepunkte der »Simpl«-Programme. »Der Vorderzahn«, »Die verzwickten Verwandtschaftsverhältnisse«,

»Man kann mit den Pokornys nicht verkehren«, machten von der »Simpl«-Bühne aus ihren Weg durch Europa. Der größte Erfolg des Duos Kraner-Wiener: »Aber der Novak läßt mich nicht verkommen.«

Dieses Chanson wurde für das »Simpl«-Herbstprogramm 1954 – *Wir sehen schwarz* – geschrieben. »Wir waren den Sommer vorher in Pörtschach am Wörthersee auf Urlaub«, erinnerte sich Hugo Wiener an die Entstehungsgeschichte, »dort haben wir eine junge Nachwuchsschauspielerin kennengelernt, die mit einem Fabrikanten namens Novak verheiratet war. Sie sagte, wenn sie über ihn gesprochen hat, nie ›mein Mann‹, sondern immer nur ›der Novak‹. Einmal meinte sie: ›Ich hätte ja schon längst in der Gosse geendet, aber der Novak läßt mich nicht verkommen...‹ Meine Frau und ich, wir haben uns angeschaut und sofort erkannt: Das ist eine gute Zeile! Ich habe die junge Frau gefragt, ob sie etwas dagegen hätte, daß ich das für ein Chanson verwende. Sie war damit einverstanden. Ich habe den ›Novak‹ dann an einem Vormittag in Pörtschach niedergeschrieben. Das Lied hat auf Anhieb eingeschlagen.«

> Ob angezogen oder als a Nackta,
> Der Novak hat am ganzen Leib Charakta.
> Ich hätt schon längst ein böses End genommen,
> Aber der Novak läßt mich nicht verkommen...

Nach solchen Erfolgsnummern pflegte Farkas zu Hugo Wiener zu sagen: »Das hätt *mir* einfallen müssen!«

Als dann das Fernsehen eingeführt wurde und sein Interesse an den »Simpl«-Revuen zeigte, kam es zu den ersten Differenzen zwischen Farkas und seinem Co-Autor. Wiener, der bei einem Gastspiel in Deutschland gesehen hatte, daß dort nach dem Start der Television ein Kabarett nach dem anderen zusperren mußte, warnte Farkas: »Das neue Medium macht das Geschäft kaputt, die Leute sagen sich: ›Ich wart lieber, bis das Programm ins Fernsehen kommt!‹« In Düsseldorf gab es schon Mitte der fünfziger Jahre ein Kabarett, das Verträge mit Künstlern nur dann abschloß, wenn sie sich verpflichteten, ein Jahr lang nicht im Fernsehen aufzutreten.

Farkas war anderer Meinung. Er dachte, die Popularität, die durch das Fernsehen entstand, käme auch dem »Simpl« zugute. Es ist heute schwer abzuschätzen, wer von den beiden recht hatte. Fest steht, daß mit Beginn der *Bilanzen* – zumindest kurzfristig – das Schild »Ausverkauft« nicht mehr allabendlich im »Simpl«-Foyer hing.

Farkas machte seine *Bilanzen* jedenfalls allein – ohne Wiener und Kraner. Es kam zu Spannungen, Farkas versuchte immer wieder, von Cissy Kraner vorgetragene Songs im Fernsehen durch andere Diseusen präsentieren zu lassen. Einmal mußte er sogar einen TV-Block zurückziehen, in dem Mimi Shorp ein Hugo-Wiener-Lied in der *Bilanz* hätte singen sollen.

Der gemeinsam erzielte »Simpl«-Erfolg ließ die Verbindung Farkas-Wiener aber doch lange Zeit aufrechthalten. 1965 kam es dann zum totalen Bruch – signifikanterweise wieder durch eine Fernsehsendung. Der Westdeutsche Rundfunk Köln hatte Hugo Wiener und Cissy Kraner zu einem TV-Unterhaltungsprogramm eingeladen. Wiener bat Farkas mitzuwirken – und mußte schon am nächsten Tag in der Zeitung lesen: »Köln ruft Farkas.« Irgendwo im Text des Artikels hieß es dann noch: »Er wird einige ›Simpl‹-Mannen mitnehmen...«

In der »Simpl«-Garderobe gab's daraufhin einen Riesenkrach, Wiener reichte noch am selben Abend bei Direktor Picker im eigenen sowie im Namen seiner Frau die Kündigung ein.

»Am letzten Abend der Revue *Waren das Zeiten* haben meine Frau und ich, mit zwei riesigen Koffern, den ›Simpl‹ verlassen. Nach fünfzehn Jahren hat sich keiner der Kollegen – bis auf Günther Frank und Elly Naschold, die bitterlich weinte – von uns verabschiedet. Aus lauter Angst vor Farkas.«

Während Kraner und Wiener von diesem Tag an gemeinsam auf Tournee gingen, schrieb Farkas ab der nächsten Revue – *Ins eigene Nest*, Premiere war am 12. November 1965 – sämtliche Programme im Alleingang.

Zu einer Versöhnung der beiden Kabarettisten kam es nie wieder. Auch als der »Altmeister« in den letzten Monaten seines Lebens dann schon sehr geschwächt war und ihm Baruch Picker zur neuerlichen Zusammenarbeit mit Wiener riet, lehnte Farkas brüsk ab.

Farkas produzierte also seine *Bilanzen*, Kraner-Wiener machten eigene Chanson-Programme fürs TV. Regie führte – in beiden Fällen – Peter Hey. Der sich heute an den Zwist erinnert: »Die Konkurrenz der beiden Schriftsteller war all die Jahre hindurch zu verspüren. Wobei Farkas als sein eigener Interpret auf dem längeren Ast zu sitzen kam, und während der eine – Farkas – Steine im Brett der Programmacher sammelte, legte man sie dem anderen – Wiener – in den Weg. Trotz hautnahester Beteiligung habe ich die letzten Entscheidungen in dem Falle nie durchschaut. Vielleicht war es gut so. Wie hätte ich sonst beide so gut leiden können?«

Zu Hause sprach Farkas nie über den Eklat. Anny Farkas: »Er hat mir immer nur von den angenehmen Seiten seines Berufs erzählt. Streitereien erwähnte er prinzipiell nie.«

Das Medium Fernsehen hat jedenfalls eine überaus erfolgreiche künstlerische Verbindung zerstört. Farkas machte ungebrochen weiter. Neben seinen Conférencen, Doppelconférencen, Denkmal-Interviews und Kaffeehaussketchen zählten auch die Farkas-Parodien zu den beliebtesten Sequenzen jeder *Bilanz*. Farkas trat als Charles de Gaulle auf, als Fidel Castro, Ibn Saud, Nasser, Onassis und Golda Meir.

> Shalom! Ich komm aus Tel Aviv,
> Mein Name ist Golda Meir.
> Und verhält sich die UNO nicht ganz objektiv,
> Kann ich nur sagen: Weh ihr!...

Regisseur Peter Hey: »Eine Porträt-Ähnlichkeit mit ganz geringer Masken-Nachhilfe war erstaunlich schnell erzielt. Jeder dieser Auftritte begann mit Jubelgelächter des Publikums. Er sah aus wie Nasser, er war Golda Meir ähnlicher, als sie selbst sich gleichsah, und für Dayan genügte eine Militärkappe und die berühmte Augenbinde – fertig war die Figur.«

Der Nahe Osten bot immer wieder Aktualität. »Öl«, meinte Farkas in einer Conférence, »war bisher eine Salatwürze. Heutzutage ist es ein Kriegsgrund.« Auch als Meirs Paradegegner, Ägyptens Präsident Nasser, sprühte er 1969 in typischen Farkas-Reimen:

Salaam! Ich grüße Sie als Feldherrngenie
Gamal Abd el Nasser.
Ich zählte nie zu der Kategorie
Der Konjunktur-Verpasser.
Ich wußte ja schon seinerzeit,
Bescheid um derlei Sachen:
Kaum dreimal heult der Muezzin –
Auf einmal war der Suez hin,
Und England konnt nichts machen.

Zwei Farkas-Zeilen aus der De-Gaulle-Parodie:

Bevor ich kam, sah man Frankreichs Banken wanken,
Das konnten die dem kranken Franken danken . . .

Gemeinsam mit Elly Naschold trat er dann in einer weiteren Parodien-Szene auf. Sie spielte Jacqueline Kennedy, Farkas war ihr frischangetrauter Ehemann, der griechische Reeder und Milliardär Aristoteles Onassis. Farkas kündigte die Parodie mit den Worten an: »Der Name Aristoteles war früher nur als der des großen Philosophen bekannt. Wenn jedoch heute einer ›Aristoteles‹ sagt, weiß man nie: Meint er den Denker oder den Tanker? Man hat Jackie die Hochzeit vielfach zum Vorwurf gemacht. Aber man muß bedenken, daß sie zwei Kinder hat, denen sie durch diese Ehe einen *Großvater* geben wollte . . .«

Peter Hey: »Onassis war seine beste Maske. Er brauchte nur dunkle Augengläser aufzusetzen – und schon war er des großen Reeders Double.«

ONASSIS:
Ich ging als Reeder meiner Tanker
Vor mancher Beauty schon vor Anker,
Doch als ich dich sah, im Brautgewand,
Da hab ich vor Rührung laut gewahnt.
JACKIE:
Und ich wurde gern die Deine –
Im einst klassischen,
Und jetzt onassischen
Land des Homer.
ONASSIS:
Denn ich bin schön wie Krösus
Und hauptberuflich Multi-Milliardär.
JACKIE:
Oh, ich liebe die Multis,
Ich weiß nicht, wer schuld is',
Das liegt so in meiner Natur.
ONASSIS:
Und laut Propaganda
Passen wir gut zueinander,
Bis aufs Alter und die Statur ...
Meine Karriere kennt wohl jeder:
Im Hotelfach fing ich an –
Dann kam ich unter die Reeder
Und an manche »Flotte« heran ...
Bis nach Washington renne die Kunde,
Zu der entrüsteten Kennedy-Runde ...

Farkas als Onassis und Elly Naschold als Jackie Kennedy waren in ihren Masken – ohne viel Aufwand – so perfekt, daß aus dieser Parodie ein Scherz entstand, der in der steirischen Metropole Graz zu einem Auflauf Tausender Menschen führte.
Aber das ist schon wieder ein Farkas-Kapitel für sich.

»So ist ein Schauspieler noch nie gefeiert worden«

Staatsempfang für Karl Farkas

Graz, die zweitgrößte Stadt Österreichs, im Februar 1969. Die »Kleine Zeitung« meldet in Balkenlettern auf der Titelseite: »Heute Ankunft Onassis-Jackie Kennedy in Graz.«
Wenige Stunden nach Erscheinen der Zeitung gleicht die Stadt an der Mur einem riesigen Ameisenhaufen. Tausende Menschen sind in Richtung Hauptbahnhof unterwegs, um »Jackie« und »Ari« zu empfangen.
Was keiner weiß: Es handelt sich um einen der perfektesten Faschingsscherze, den sich eine Zeitung je hat einfallen lassen. »Jackie« ist Elly Naschold, als »Ari« kommt an diesem Faschingsdienstag Karl Farkas nach Graz.
Elly Naschold erinnerte sich: »Es war kaum zu glauben. Als wir mit dem Sonderzug ankamen, jubelten uns Tausende Menschen zu. Und alle glaubten wirklich, daß wir das griechisch-amerikanische Milliardärspaar wären.«
Am nächsten Tag klärte die »Kleine Zeitung« dann ihre Leser auf und gab gleichzeitig einen Situationsbericht von dem steirischen »Staatsempfang«:
»Gestern mittag, auf dem Bahnsteig 1 des Grazer Hauptbahnhofs. Eine alte Frau sah zum wolkenlosen Himmel und meinte beglückt: ›Ein richtiges Onassis-Wetter!‹ Als vor Tagen der rote Teppich in Villach angefordert worden war und von dort die Rückfrage kam, welcher Staatsmann komme, war die Antwort aus Graz eisern: ›Geheime Kommandosache!‹
Um zwölf Uhr rückte die Musikkapelle des Grazer Bürgerkorps

an und spielte zuerst in der großen Halle auf. Die Menschen sammelten sich. Funkstreifen fuhren auf. Vier Taxis kamen angebraust – ihnen entstiegen noble Herren, Chapeaux claques auf den Köpfen. Der Übertragungswagen des Rundfunks rollte an . . . Gegen 12 Uhr 30 war die Menschenmenge bei der Ankunftshalle bereits stark angewachsen. Fernsehleute drängten durch die Masse. Eisenbahner mit weißen Handschuhen nahmen Aufstellung.

Der Zug kam angebraust. Auf die Minute genau. Der rote Teppich war dicht gesäumt, die Menschen drängten. Die Menge schrie: ›Onassis, Onassis . . .‹

Dann waren sie endlich da: Jackie und Ari. Die Menge jubelte. Radioreporter Roßbaud hechtete zum Waggoneingang und bat um ein Interview. Erste Frage: Wieviel Taschengeld bekommt Jackie? Ein Mädchen sagte ein Gedicht auf. Es gab Blumen für Jackie. Aber der Star war Ari. Als er sich auf dem roten Teppich durch die Menge zwängte, mußte er Hunderte Hände schütteln.«

Elly Naschold erzählte später von dem »größten Erlebnis, das ich als Schauspielerin hatte: Farkas trug dunkle Brillen, so wie seinerzeit in der Fernsehparodie, ich hatte mir einen Ozelotmantel ausgeborgt, den ich nicht ausziehen konnte, weil er kein Futter hatte, und eine Perücke aufgesetzt. Die größte Schwierigkeit bestand für mich darin, daß ich – als Amerikanerin! – ja fast kein Wort Englisch sprechen kann. Als ich interviewt wurde, sagte ich immer wieder zu den Reportern: ›My Mann wird answer Ihre Fragen.‹

Nachdem wir den traditionellen roten Teppich abgeschritten hatten, wurden Farkas und ich mit einer Limousine zum Rathaus gebracht, wo uns der Grazer Bürgermeister empfing. Auch er hielt uns für Onassis und Jackie. Auf der Straße standen Tausende Menschen, die uns zujubelten. Während wir der Menge aus dem Auto winkten – aus Wochenschauen wußte ich, wie man so etwas macht –, sagte Farkas zu mir: ›So ist ein Schauspieler noch nie gefeiert worden.‹«

Die Onassis-Rede, so schreibt die »Kleine Zeitung« weiter, wurde von dem steirischen Kabarettisten Sepp Trummer – er war der Initiator des Scherzes – »aus dem Altgriechischen ins Neusteirische übersetzt. Der Jubel brach los, als Farkas-Onassis versprach, eine Werft auf dem Grazer Hilmteich zu finanzieren.

Neben Bürgermeister Alois Scherbaum wurde das weltberühmte Traumpaar sämtlicher Illustrierten vom gesamten Stadtsenat offiziell willkommen geheißen – wobei fast keiner ahnte, für wen da der rote Teppich tatsächlich gelegt worden war.

Auch der Bürgermeister hielt »im Namen aller Grazerinnen und Grazer« eine kleine Begrüßungsansprache, Zaungäste überreichten dem Milliardärsehepaar Bittgesuche um finanzielle Zuwendungen. Die Grazer hatten ihren »Staatsbesuch« – und erfuhren erst am Abend aus dem Fernsehen beziehungsweise dann am nächsten Tag aus der Zeitung, wem sie tatsächlich zugejubelt hatten.

»Jahre später habe ich zufällig gesehen, wie die englische Königin in Wien empfangen wurde«, sagte Frau Naschold. »Das war nichts gegen unseren ›Auftritt‹ in Graz.«

Neben dem beruflichen Streß führte der alternde Farkas ein ruhiges und ausgeglichenes Privatleben. Er wohnte mit seiner Frau in der Neustiftgasse – Sohn Robert mußte in den fünfziger Jahren in die geschlossene Anstalt Am Steinhof übersiedeln.

Damals lernte das Ehepaar einen jungen Wiener Juristen namens Walter Niedermaier kennen. Er hatte die Tochter einer Freundin von Anny Farkas geheiratet. Nach und nach freundete sich das Ehepaar Farkas mit dem jungen Mann an und behandelte ihn im Laufe der Jahre immer mehr – wie das eigene Kind! Farkas sah in dem jungen Mann eine Art »Ersatz« für den kaum noch ansprechbaren Robert. Dr. Niedermaier bestätigt das: »Tatsächlich gleiche ich Bobby in Alter, Größe und Statur, ich war für Anny und Karl wie ein Sohn.« Während das Ehepaar ansonsten so gut wie keinerlei gesellschaftlichen Kontakt mehr pflegte, traf es Walter Niedermaier regelmäßig, sprach gegenüber Dritten immer per »unser Neffe« von ihm und setzte ihn später auch als Erben sämtlicher Urheberrechte nach Karl Farkas ein.

Ab Juni war Anny alljährlich bereits im eigenen Haus in Edlach an der Rax, Karl spielte da noch die letzten »Simpl«-Vorstellungen vor Saisonschluß. Aus dieser Zeit stammt eine der berühmtesten Anekdoten um den als sparsam verschrienen Humoristen.

Farkas reiste zu all seinen Terminen mit der Straßenbahn an. Taxi kam nicht in Frage. Und nach der »Simpl«-Vorstellung liebte er es, von einem Kollegen zu seiner Wohnung in der Neustiftgasse geführt zu werden. »Unschuldig« fragte er einen nach dem anderen: »Fahren Sie zufällig in meine Richtung?« Jeder erfüllte ihm den Wunsch gern. Oft war Maxi Böhm oder irgendein anderes motorisiertes Ensemblemitglied dran.

Einmal hatte jedoch – infolge verschiedenster Verpflichtungen – keiner von ihnen dafür Zeit. Da bot sich Walter Stern, der Schwiegersohn des alten Picker, an, Farkas nach Hause zu bringen. Der Altmeister des Wiener Kabaretts stieg in den Wagen ein. Stern fragte: »Wie fahren wir?« und Farkas antwortete nur: »Geben Sie Gas, ich sag Ihnen schon, wie's weitergeht. Da vorne fahren Sie rechts,... jetzt geht's geradeaus über die Kreuzung drüber... hier biegen Sie nach links ein...« Bei der Spinnerin am Kreuz, weit draußen am Stadtrand, fragte Stern schüchtern: »Entschuldigen Sie, Herr Farkas, ich dachte, Sie wohnen in der Neustiftgasse.«

»Ja, ja«, war Farkas nicht aus der Fassung zu bringen, »aber am Samstag fahr ich immer nach Edlach an der Rax.« Sprach's, ließ sich genüßlich zurückfallen und zu seinem Wochenendhaus, hundert Kilometer von Wien entfernt, chauffieren. Dort wartete bereits seine Anny, und hier pflegte er mit ihr den spielfreien Sonntag zu verbringen.

Sein Wiener Alltag sah – wie er in einem Interview erklärte – in diesen Tagen so aus: »Nehmen wir gestern. Da bin ich um sieben aufgestanden, hab von neun bis drei Probe gehabt, anschließend mit dem Regisseur Besprechungen wegen Fernsehen. Zu Hause ist mir dann eingefallen: Ich hab aufs Mittagessen vergessen! Im Eiskasten war nichts – meine Frau ist ja auf dem Land –, da bin ich zum nächsten Würstelstand. Später Mokka im Espresso, ›Simpl‹-

Programm. Um ein Uhr bin ich ins Bett gegangen, bis zwei Uhr hab ich gelesen. Ich brauch nicht mehr als fünf Stunden Schlaf.« Das Lesen war eine seiner wichtigsten Stützen im Beruf. Er mußte für seine Sketch- und Conférence-Ideen auf dem laufenden, immer auf dem letzten Stand der Dinge sein. Las er in der Nacht oder während des Frühstücks etwas »Brauchbares« in der Zeitung, fand man die Meldung – mit einer zündenden Pointe versehen – bereits abends in der Vorstellung wieder.

Als einmal ein wenig befähigter Politiker nicht gleich die fälligen Konsequenzen aus einer Fehlhandlung zog, stichelte Farkas schon:

> Ein Minister kann bei uns nur sehr schwer zurücktreten, weil der nächste, der auf seinen Posten wartet, so dicht hinter ihm steht.

Hatten die beiden Großparteien, ÖVP und SPÖ, eine neue Regierung gebildet, konnte man schon vernehmen:

> Koalition stellt den geglückten Versuch dar, den linken Schuh auf den rechten Fuß zu ziehen – und umgekehrt.

Bei einem anderen Regierungswechsel:

> Jetzt haben wir schon wieder eine neue Regierung. Wo wir doch die alte kaum gebraucht haben.

Und schlagfertig war er im hohen Alter noch immer genauso wie seinerzeit als »Blitzdichter«. Als Farkas während einer Conférence den »Simpl«-Besucher Hans Joachim Kulenkampff im Zuschauerraum entdeckte, fiel ihm spontan ein: »Ich weiß nicht, meine Damen und Herren, wie es Ihnen geht. Aber ich hab lieber einen kulen Kampff als einen kalten Krieg.«

Die Monate Juli/August, wenn der »Simpl« in seine Sommerferien ging, verbrachte Farkas dann mit seiner Anny, der über ein Vierteljahrhundert familientreuen Haushälterin Ida Pickl und dem jeweiligen Haustier ganz in Edlach. Aber nicht etwa, um sich dort auszuruhen, sondern um an den Kabarett- und Fernsehprogrammen für die kommende Saison zu »felbern«, wie er den schriftstellerischen Teil seiner Arbeit nannte. Er pflegte seine Texte feinsäuberlich mit gespitztem Bleistift zu Papier zu bringen.

Zeitlebens hielt sich das Ehepaar Farkas Haustiere. Und Edlach glich saisonweise einem einzigen Tierasyl. »Da war Hansi, der Rehbock«, erzählte Farkas, »wir haben ihn als Baby gefunden, und meine Frau hat ihn mühevoll großgezogen. Dann bekam das Baby sein Gehörn. Und der Duft des Waldes, der zu unserem Haus herüberstreicht, hat ihm in die Nase gestochen. Eines Tages war Hansi fort. Hoffentlich hat sich unser Baby im Wald zurechtgefunden – im Gegensatz zu Bambi, der literarischen Reh-Schöpfung meines Onkels Felix Salten.«

Frösche fütterte er mit selbstgefangenen Fliegen, seine Frau fand eine flügellahme Schwalbe, die sie mit Fläschchen und Pinzette aufzog. Ja, und dann gab es noch Harry, den Deutschen Schäfer, und Luchs, einen ungarischen Hirtenhund.

Das letzte Tier im Hause Farkas war Pinki, die Zwergpinscherdame. »Dieser Hund versteht jedes Wort«, sagte Farkas, »wirklich jedes Wort. Da braucht man nicht Marsch! oder Komm! zu sagen. Man kann mit dem Hund ganz normal sprechen, so, wie man auch mit einem Menschen sprechen würde. ›Ich glaube, es ist Zeit, daß wir schlafen gehen‹ – das genügt voll und ganz. Schon ist der Hund bereit. Und dann diese Treue und Anhänglichkeit. Pinki ist wirklich ein guter Freund.«

Als Elly Naschold zum ersten Mal ihren Hund Rawutzl während einer Vorstellung in den »Simpl« mitnahm, reagierte Farkas zunächst böse: »Das geht nicht, den müssen S' zu Haus lassen, ich nehm ja meinen auch nicht mit.«

Elly Naschold hielt sich nicht daran und schleppte Rawutzl allabendlich in die Garderobe. »Wie ich aber dann einmal ohne Hund gekommen bin, hat mich der Farkas ganz besorgt gefragt: ›Was is mit dem Rawutzl – ist er krank?‹«

Farkas' große Tierliebe ließ mit »So was kann einem Hunderl nie passieren« auch eines der populärsten Wienerlieder entstehen.

Heinz Conrads, für dessen Josefstadt-Schwejk er es geschrieben hatte, interpretierte es auch später noch:

Ein Hunderl nämlich, das hat an Charakter,
Es folgt dem Herrn durch dünn und dick.
Der Mensch hingegen is' mehr ein Kalfakter,
Und außerdem betreibt er Politik ...

Programmbesprechungen für »Simpl« und Fernsehen fanden entweder im Café Windhag oder im »Prückel« statt. Wobei – Hugo Wiener erinnerte sich daran – sich jedes Mal dieselbe Szene abspielte: »Farkas studierte die ellenlange Speisekarte von oben bis unten und dann wieder zurück. Um dann ein Paar Würsteln zu bestellen.« Die ersten Nachkriegsjahre pflegte Farkas nach dem »Simpl« noch in ein Restaurant essen zu gehen. Aus dieser Zeit erzählte Hans Weigel folgende Anekdote: »Er hatte nach der Vorstellung noch eine längere Besprechung gehabt und fuhr dann in Richtung seiner Wohnung. Alle Lokale, vor denen er hielt, hatten bereits geschlossen. Endlich, auf der Lerchenfelder Straße, entdeckte er das Restaurant ›Zum grünen Tor‹, das noch geöffnet war. Aber vor dem Eingang stand eine Tafel mit der Aufschrift: ›Geschlossene Gesellschaft – Sudetendeutscher Heimatbund‹. Farkas ist hineingegangen, hat seinen Hut gezogen und gesagt: ›Landsleut, da bin ich!‹«
Nach einer Magenoperation Ende der fünfziger Jahre aß er vorwiegend zu Hause. Farkas hatte ein einziges Lieblingsmenü, und dieses wurde ihm bei jedem seiner Besuche im Hause Dr. Niedermaiers – jeweils vor der Vorstellung – serviert: Grießnokkerl- oder Leberknödelsuppe, Wiener Schnitzel mit Salat und Petersilienkartoffeln, Sachertorte mit Schlagobers. Dazu ein Glas Weißwein. Apropos: »Im Wein ist Wahrheit«, sagte Farkas, »wenn er in Wahrheit Wein ist.«
Walter Niedermaier über diese, in vierzehntägigem Abstand erfolgenden Begegnungen mit »Onkel Karl«, in seinem Haus: »Er war privat ein ruhiger, todernster Mensch, beteiligte sich an Diskussionen am liebsten durch aufmerksames Zuhören, er

selbst war einsilbig, sagte kaum ein Wort, geschweige denn, daß er einen Scherz machte. Lachen, so schien es, war für ihn das Allerschwierigste.« Nach dem Essen stand er auf und fuhr in den »Simpl«, während Anny nach Hause ging.

Über das Glück, die richtige Partnerin fürs Leben gefunden zu haben, sagte Farkas 1968 in einem »Kronen Zeitungs«-Interview: »In den vierundvierzig Jahren unserer Ehe sind meine Frau und ich einander nie überdrüssig geworden. Ich möchte fast sagen, wir beide sind im Lauf der Jahre wie eine Person geworden. Das geht soweit, daß auch ich mich schlecht fühle, wenn meine Frau sich nicht wohl fühlt. Wir wissen voneinander immer genau, wie der andere denkt, fühlt, handelt. Daher kennen wir auch unsere Schwächen genau und können ihnen ausweichen. Aber das schönste ist vielleicht: Wir wissen beide, daß wir in dem anderen einen Menschen gefunden haben, auf den wir uns immer hundertprozentig verlassen können.«

Als kleines Zeichen dieser großen Liebe zweier Menschen, die durch die Brutalität eines Krieges sieben Jahre voneinander getrennt waren, war zwischen Karl und Anny vereinbart, daß er – ganz egal, wo er gerade sein würde und was er zu tun hatte – sie täglich um fünf Uhr nachmittags anrief. Er hielt dieses Versprechen auch unter allen Umständen. »Sonst hätte die Anny Angst, daß mir etwas passiert ist.«

Farkas-Geburtstage und Jubiläen wurden in den letzten Jahren geradezu »öffentlich« gefeiert. Die Zeitungen waren voll mit Würdigungen, das Fernsehen übertrug aus diesen Anlässen ganze Live-Sendungen. In einer forderte Ernst Waldbrunn das Publikum auf, dem Jubilar zu Ehren das Glas zu erheben. Dann sagte er: »Lang lebe Karl der Erste, der Kaiser des Kabaretts.« Maxi Böhm wiederum überreichte »meinem Vorbild Karl Farkas zum 70. Geburtstag einen Gutschein für 70mal nach Haus bringen nach dem ›Simpl‹.« Paula Wessely und Attila Hörbiger gratulierten via Zeitung: »Was soll man ihm wünschen? Kraft hat er, Jugend hat er auch. Schade um jedes Farkas-Programm, das wir versäumen mußten.« Friedrich Torberg stellte sich ebenfalls

zum »Siebziger« ein – mit einem Brief: »Lieber, verehrter Groß-
und Altmeister Farkas! Da Sie ohnehin wissen, was ich Ihnen
sagen und wünschen will, bestätige ich Ihnen hiermit, daß Sie
wieder einmal recht haben.« Und Kammersänger Oskar Czerwenka versuchte sich zum Fünfundsiebzigsten des Kabarettisten
in Farkas-Reimen:

Auf daß er mir ein Achterl Farkas-Hirn werd schenka,
Betet zu Gott ihr O. Czerwenka!

In der Conférence seiner TV-*Bilanz* des Jahres 1968 bezog sich
Farkas auf diesen, seinen letzten »runden« Geburtstag:

Meine sehr geehrten Damen und Herren, liebe Fernseherin-
nen und -seher! Heute wieder einmal die Jahresbilanz. Ich
konnte meinen 75. Geburtstag feiern, das heißt, ich feierte ihn
nicht, ich *wurde* gefeiert. Ein Dreivierteljahrhundert ist immerhin schon die Altersgrenze, an der man die Impulse der
Jugend gegen die Erfahrung des Alters eintauscht. Erfahrung
nennt man jene Erscheinung, in deren Licht man die Fehler
erkennt, die man in der Jugend gemacht hat, um sie gegen die
Fehler einzutauschen, die man im Alter macht. Aber was in der
Jugend ein Abenteuer, wird später ein teurer Abend!

Von seiten des Staates wurde Farkas, der einst aus der Heimat
Vertriebene, mit den höchsten Auszeichnungen, die ein Künstler
hierzulande bekommen kann, geehrt. Die Stadt Wien gab ihm die
Ehrenmedaille in Gold, und aus der Hand von Bundeskanzler
Julius Raab erhielt er das Goldene Verdienstzeichen der Republik. Wobei Raab in seiner Laudatio nicht zu erwähnen vergaß:
»Herr Farkas, Sie sind ein Wahrzeichen und gehören zu Wien wie
der Stephansdom...«
Ernst Waldbrunn gratulierte zum »Goldenen« mit einem Gedicht, das der »Expreß« unter dem Titel »Der gold'ne Meister«
veröffentlichte:

Wer in Wien war, kennt den Prater
Und er kennt das Burgtheater
Und er kennt die Donauauen
Und er liebt die Wiener Frauen.
Er liebt neben dem Lueger-
Denkmal einen Ordensträger,
Den man hier seit Jahren hört
Und man auch mit Recht jetzt ehrt:
Du lieber gold'ner Meister, du,
Heut' rufen alle Leut' dir zu:
Trag dieses Gold noch viele Jahr',
Dann bleibt der ›Simpl‹, was er war!
Wenn du auch derzeit leider fast
Nur lauter kleine Neider hast,
Du warst und bist seit eh und je
Der größte Conférencier!

Als Krönung seiner Laufbahn wurde Farkas im Jahre 1965 vom Bundespräsidenten als erstem Komiker des Landes der Berufstitel »Professor« verliehen. Das Thema bot natürlich Nahrung für eine Doppelconférence zwischen den »Feinden« Gerhard Bronner-Karl Farkas.

BRONNER: Muß ich jetzt auch »Herr Professor« zu Ihnen sagen?
FARKAS: Wenn's Ihnen nicht allzusehr weh tut!
BRONNER: Also, hören Sie zu, *Herr Farkas*...

Professor Farkas war besonders stolz auf seinen Titel. Wobei er, wenn Kollegen ausgezeichnet oder geehrt wurden, spitz bis eifersüchtig reagieren konnte. Als einmal Ossy Kolmann in der »Simpl«-Garderobe zum Erstaunen aller Anwesenden verkündete, er hätte gehört, daß dem Kleindarsteller Josef Menschik das »Ehrenkreuz für Wissenschaft und Kunst« verliehen wurde, murrte Farkas: »Vielleicht is' er a Wissenschaftler – Künstler is' er jedenfalls kaner!«

»Der unwiderrufliche Letzte«

Karl Farkas stirbt

Die »Kronen Zeitung« meldet am 8. Mai 1971: »Karl Farkas schwer erkrankt. Seit Dienstag ist es den Besuchern des Kabaretts ›Simpl‹ in der Wollzeile freigestellt, ob sie die Vorstellung sehen oder die bereits gelösten Karten zurückgeben wollen. Grund: der Chef – und die Seele – des Ensembles, Professor Karl Farkas, 77, ist erkrankt.«

In der Zeitungsmeldung heißt es zwar, daß es Farkas, der in der I. Chirurgischen Klinik Professor Fuchsigs behandelt würde, bereits wieder besser ginge. Aber der Kabarettist, der schon seit längerer Zeit an Darmkrebs erkrankt war, sollte das Spital nicht mehr verlassen.

Farkas litt seit Monaten unter unsäglichen Schmerzen. Schleppte sich trotzdem jeden Abend in den »Simpl«. Zwei Jahre zuvor hatte er sich bereits einer Operation unterziehen müssen. Natürlich war von ihm damals alles so eingerichtet worden, daß der Krankenhausaufenthalt in die Sommerferien seines geliebten »Simpl« fiel. Aber die Operation konnte das nahende Ende nur hinauszögern. Die Metastasen zerfraßen seinen Körper.

Die behandelnden Ärzte hatten Farkas nach diesem schweren Eingriff im Jahre 1969 empfohlen, sich für immer von der Bühne zurückzuziehen. »Sie können ja die Programme weiterhin schreiben – aber auftreten – auf keinen Fall!«

Farkas nahm die dringende Empfehlung der Mediziner natürlich nicht an. Er hätte dies auch nicht überlebt. Denn die Bühne, der tägliche Kontakt mit dem Publikum – das war sein Leben.

Wie furchtbar die Zeit seiner Krankheit – schon aus psychologischer Sicht – für ihn gewesen sein muß, zeigt die Schilderung seiner einzigen heute noch lebenden Verwandten. Susanne Korff, die nach London emigrierte Tochter seiner Schwester Elisabeth, hatte ihren Onkel in den Nachkriegsjahren und auch knapp vor seinem Tod mehrmals in Wien besucht. Sie erzählt: »Onkel Karl hat sein ganzes Leben eine Abscheu vor Krankheiten und allem, was damit verbunden war, gehabt. Die Mama hat mir oft erzählt, wie die Großmama sterbend zu Hause lag und Karl, der sie sehr liebte, sich im nächsten Zimmer die Augen ausweinte, aber nicht um die Burg in das Krankenzimmer ging. Tante Anny sagte auch, daß sie nur einen Schnupfen zu haben brauchte und er schon verschwand. Wir haben oft darüber gelacht, aber als er dann selbst so krank war, ist uns das Lachen vergangen, denn seine arme Frau hatte einen furchtbaren Kampf, ihn zum Arzt zu kriegen.«

Auch nach der Operation trat Farkas also fast zwei Jahre lang jeden Abend im »Simpl« auf. Eine Zeitlang fühlte er sich so elend, daß er tagsüber stationär im Allgemeinen Krankenhaus untergebracht werden mußte. Doch abends bekam er »Ausgang«, wurde mit der Rettung in die Wollzeile geführt, auf einer Bahre in den geliebten Keller hinuntergetragen. In seiner Künstlergarderobe saß ein alter, gebrochener, schwerkranker Mann und schminkte sich. Doch kaum lugte seine signifikante Nase durch den dunkelroten Vorhang, hörte er den Applaus, den er durch seine Worte »Meine Lieben...« unterbrach, war er wieder »der Alte«. Er stand auf der Bühne, conférierte, sang, spielte in Sketchen, tanzte. Nach der Vorstellung wurde wieder ein alter, gebrochener, schwerkranker Mann von der Rettung abtransportiert. Aber die zweieinhalb Stunden merkte kein Mensch im Zuschauerraum etwas von der schweren Krankheit des österreichischen Humor-Altmeisters. Der Applaus, sein Publikum, hielten ihn aufrecht.

Nur die Kollegen, die seinen sich stetig verschlechternden Gesundheitszustand verfolgen konnten, hatten manchmal Tränen in den Augen – vor allem, wenn die Zuschauer über Pointen seiner Conférencen lachten, ohne ahnen zu können, wie bitter sie waren.

»Um Österreichs Literatur ist es schlecht bestellt«, sagte er etwa, »Grillparzer ist tot, Nestroy ist tot – und ich bin auch nicht mehr der Jüngste!«

Maxi Böhm erinnerte sich daran, daß es Farkas – er war mittlerweile wieder aus dem Spital entlassen worden – einmal während der Vorstellung so schlecht ging, daß ihn alle Kollegen anflehten: »Herr Professor, gehen Sie nach Hause, wir übernehmen Ihre Rollen.« Farkas muß sich tatsächlich miserabel gefühlt haben, denn er ließ sich in der Pause heimfahren. Nach der Vorstellung fuhr Böhm zufällig durch die Neustiftgasse und glaubte seinen Augen nicht trauen zu können. Vor dem Haus Nummer 67 lehnte Karl Farkas an der Eingangstür. Erschrocken blieb Böhm stehen und fragte: »Herr Farkas, was machen Sie denn, Sie sind doch extra früher nach Haus gefahren.« »Schauen Sie«, sagte Farkas, »seit zwanzig Jahren bin ich keinen Abend vor elf nach Haus gekommen. Was glauben Sie, was sich meine Frau für Sorgen macht, wenn ich einmal um zehn daherkomm.«

Ende April 1971 wurde die Frühjahrs-*Bilanz* im »Ronacher« aufgezeichnet. Mit eiserner Disziplin schleppte sich der todkranke Farkas zu den Vorbereitungen, Proben und Aufnahmen. Peter Hey: »Bei der Besprechung seiner letzten Fernsehsendung im Kaffeehaus, als er sich schon auf den Weg ins Spital machte, als ihn schon die Schmerzen peinigten, meinte er noch: ›Vielleicht werd ich in Zukunft ein bißl weniger machen. Aber was geschieht dann mit dem ›Simpl‹, was geschieht mit meinen Leuten, mit meinem Ensemble?«

Am Wochenende vor seinem Tod war er mit Anny noch einmal bei seinem »Ersatzsohn« Dr. Niedermaier in Grinzing zu Besuch. Doch Farkas war nur noch ein Schatten seiner selbst. »Er konnte sich kaum aufrechthalten, war schrecklich abgemagert und bleich. Aber er wollte seine Schwäche nicht zeigen. Er tat, als ginge es ihm blendend. Beim Abschied aus meinem Haus hat er sich noch einmal umgedreht und gesagt: ›Ja, jetzt werd ich wohl eine Zeitlang nicht mehr kommen. Auf Wiedersehen.‹ Es war gespenstisch. Ich glaube, er hat von seinem nahenden Ende sehr wohl gewußt, aber wie alles, das er in seinem Leben nicht wahrhaben wollte, hat er auch die Machtlosigkeit vor dem Tod zu verdrängen versucht.«

Nach dem gespenstischen Abschied führte ihn Walter Niedermaier mit dem Wagen in den »Simpl«. Zu seiner vorletzten Vorstellung. Tags darauf brach Karl Farkas in seiner Garderobe zusammen. Er wurde in die Erste Chirurgische Universitätsklinik eingeliefert. Auf dem Nachtkästchen neben seinem Bett lagen Papier und Bleistift – er machte sich Notizen für das nächste »Simpl«-Programm, das den Titel *Alles im ORF* tragen sollte, und für eine geplante Operettenbearbeitung an der Volksoper.

Am Abend des 15. Mai konnten ihn Österreichs Fernsehteilnehmer noch einmal in seiner Frühjahrs-*Bilanz* sehen. Seine letzte Doppelconférence – diesmal als Boxkampf – mit Ernst Waldbrunn bleibt unvergeßlich. Doch Karl Farkas lag zum Zeitpunkt der Ausstrahlung dieser Sendung bereits im Koma.

Am nächsten Morgen wurde es via Radio verkündet: »Karl Farkas ist tot.« Er war am Sonntag, dem 16. Mai 1971, um acht Uhr früh verstorben.

»Die Menschen nehmen das Leben ernst«, hatte er einmal gesagt. »Wie kann man schon etwas ernst nehmen, von dem man nicht einmal weiß, wie es endet.«

Wieder war ein Unsterblicher dahingegangen. »Der unwiderruflich Letzte« betitelte Friedrich Torberg seinen Nachruf auf Karl Farkas: »Jetzt ist es endgültig vorbei. Eigentlich war die Ära, die er mit repräsentiert hat, schon 1938 zu Ende gegangen ... Jetzt, mit Karl Farkas, ist der letzte Stern eines untergegangenen Planetensystems erloschen. Er war der einzige, der aus der großen Zeit des Wiener Kabaretts noch in unsere hineinragte, der von sich sagen durfte, daß er mit allen anderen noch auf der Bühne gestanden war. Uns läßt er nur zu sagen übrig, daß wir noch den Farkas auf der Bühne stehen sahen, bis 1971 ... Um es klar und möglichst kurz zu sagen: Karl Farkas war viel gescheiter, als er sich's anmerken ließ. Er hat sich immer ein wenig unter seinem Wert verkauft und ist immer ein wenig unter sein Niveau gegangen, nur ein wenig, gerade weit genug, um jenen, die seines Niveaus entrieten, nicht zu hoch zu erscheinen und den anderen nicht zu billig... Auf diese Art hat er sich's auch leisten können, ›altmodisches‹ Kabarett zu machen, und darin bestand eine weitere Einmaligkeit, mit der nur noch er aufzuwarten wußte, im weiten Rund nur noch er allein. Die ganze Glanzzeit des großen Kabaretts von einst, der ganze Glanz der großen Kabarettisten, die er noch zu Partnern gehabt hat, war in Karl Farkas eingegangen wie in eine Sammellinse. Er war der einzige, der diesen Glanz noch ausgestrahlt hat, der einzige und unwiderruflich Letzte. Jetzt ist es endgültig vorbei.«

Eine Woche später wurde Karl Farkas zu Grabe getragen. »Der Portier des Zentralfriedhofs versicherte ›Kurier‹-Reportern«, heißt es in einer Zeitungsmeldung, »daß er noch nie während seiner langjährigen Dienstzeit einen derart großen Trauerzug gesehen hatte. Sämtliche Straßenbahnzüge der Linie 71 waren seit den Mittagsstunden überfüllt.«

Tatsächlich waren rund dreizehntausend Wienerinnen und Wiener gekommen, um dem Mann ein letztes Lebewohl zu sagen, den sein »Simpl«-Kollege Maxi Böhm in seiner Trauerrede als »das Lachen des Jahrhunderts« bezeichnete. Ossy Kolmann konstatierte anläßlich Tausender Menschen, die dem schlichten Eichensarg des Altmeisters ein Spalier bildeten, mit Tränen in den Augen: »Ein ausverkauftes Haus, das war dem Farkas immer das Wichtigste – das hat er sogar jetzt noch, nach seinem Tod.«

»Er war jene künstlerische Persönlichkeit«, sagte Fritz Muliar, »von der ich am meisten gelernt habe.« Ernst Waldbrunn, Heinz Conrads, Otto Schenk, Alfred Böhm und all die anderen, die bei ihm begonnen hatten und jetzt zu den Stars des Wiener Theaterlebens zählten, schlossen sich dem an.

Sein Ehrengrab der Gemeinde Wien befindet sich auch genau an dem Standort, der ihm zusteht. Seine »Nachbarn« dort sind der Volksschauspieler Hans Moser, der weltberühmte Filmregisseur

G. W. Pabst, dem er einst an der Neuen Wiener Bühne folgte, die Burgschauspieler Albin Skoda und Werner Krauß. Jahre danach folgten noch Paul Hörbiger und Maxi Böhm.

Maxi Böhm hatte es in seiner Trauerrede vorausgesagt: »Karl Farkas ist un-ersetzbar...« Das wurde dem Publikum in den Tagen, Wochen, Monaten und Jahren nach seinem Tod immer deutlicher bewußt.

Wer ist der Autor?

Die Zeit nach Karl Farkas

Ein Triumvirat sollte den Unersetzbaren im »Simpl« ersetzen. Maxi Böhm als künstlerischer Leiter, Hugo Wiener als Autor und Peter Hey als Regisseur. Sie hielten sich genau an die Richtlinien ihres Lehrmeisters – aber das Experiment »Simpl ohne Farkas« sollte in dieser Konstellation nicht lange andauern. Baruch Picker räumte das Feld und machte Jüngeren Platz. Knapp drei Jahre nach Farkas' Tod verkaufte er den »Simpl« an Martin Flossmann, der mit seinem »Bunten Wagen« in den Wollzeilenkeller einzog und ebenfalls Unterhaltungskabarett machte – aber doch in anderer Form. Im Herbst 1993 übernahm ein junges Team um Michael Niavarani den »Simpl«.

Das »altmodische Kabarett«, wie Torberg den Farkas-Stil liebevoll bezeichnet hatte, war tatsächlich mit dem Altmeister zu Grabe getragen worden. Auch die Fernseh-*Bilanzen* wurden nur noch kurze Zeit à la Farkas fortgesetzt: »Was jetzt kam«, sagt Peter Hey, »war nur mehr Ausklang, war Auflösung. Schmerzhaft oft, aber unaufhaltsam. Er hat gefehlt. Er war der Kern gewesen. Wir merkten's erst richtig, als er nicht mehr da war.«

Bühnenstücke, Sketche, Filme von und mit Karl Farkas – vor allem aber Ausschnitte seiner *Bilanzen* – wurden nach seinem Tod immer wieder vom Fernsehen ausgestrahlt. Und plötzlich tauchten im Zusammenhang mit der Urheberschaft Rechtsstreitigkeiten auf. Denn Farkas hatte seine Werke, wie erwähnt, fast immer gemeinsam mit Co-Autoren verfaßt. Und diese – oder auch ganz andere Schriftsteller – beziehungsweise deren Rechtsnachfolger, versuchten jetzt, auf zum Teil abenteuerliche Weise, ihnen angeblich zustehende Tantiemenforderungen geltend zu machen. Diverse Prozesse prasselten auf den für die Ausstrahlung verantwortlichen ORF nieder, und dieser wiederum versuchte sich an den Farkas-Erben schad- und klaglos zu halten. Farkas' Werke waren schon ab den zwanziger Jahren durch den Wiener Theaterverleger Georg Marton betreut worden – 1968 wurde der Verlag dann von Thomas Sessler übernommen. Sessler-Geschäftsführer Ulrich Schulenburg heute: »Das Interessante an der Sache ist, daß es seit dem Krieg keinen einzigen Urheberrechtsprozeß gegen Farkas gegeben hatte. Nach seinem Tod sollte dann auf einmal ein Großteil seines Kabarettwerks von andern Autoren stammen. Die Kläger haben ganz offensichtlich gehofft, daß jetzt, da Farkas tot ist, keiner mehr dessen Urheberschaft beweisen kann.«

Hauptkläger war in den meisten Fällen der Berliner Kleinkunstverleger Paul Gordon, der die Rechte zahlreicher anderer Kabarettautoren, meist ungarischer Provenienz, vertritt. Jener gebürtige Ungar Paul Gordon, der zu Lebzeiten Farkas' zu diesem die denkbar besten Kontakte gepflegt hatte. »Da hat er ihn wohl noch gebraucht«, vermutet Schulenburg den Grund für die »späten« Prozeßtermine, zu denen der »Angeklagte« nicht mehr erscheinen konnte.

Die Verhandlungen schleppten sich jahrelang durch sämtliche Instanzen. Denn die Beweisführung, wer denn der tatsächliche Autor sei, ist meist wirklich besonders schwierig. Als kurioses Beispiel dafür führt Schulenburg den Prozeß rund um den Sketch *Die rote Brieftasche* an.

Schauplatz dieses kabarettistischen Einakters von Karl Farkas ist das verstaubte Geschäft eines Altkleiderhändlers, der den Umsatz seiner gebrauchten Herrenanzüge damit zu heben versucht, daß er in Sakkotaschen eine prall gefüllte Geldbörse steckt. Inhalt des billigen Portemonnaies ist natürlich nur kleingeschnittenes Zeitungspapier. Doch jeder kauft – in der Hoffnung, der Erstbesitzer des Anzugs hätte seine Brieftasche darin vergessen. Der Umsatz steigt – die Käufer sind gegen den Trick machtlos.

Kaum war der Sketch – Jahre nach Farkas' Tod – in der ORF-Sendung *Knallbonbons* gelaufen, kam auch schon die Klage besagten Herrn Gordons. Er behauptete, die Szene stamme nicht von Farkas, sondern von dem ungarischen Autor Karel Noti. Tatsächlich, stellte sich bei den ersten Verhandlungen heraus, hatte dieser einen Sketch – wenn auch ganz anders formuliert – ähnlichen Inhalts verfaßt. Das Gericht überlegte schon, ob Farkas vielleicht die Idee von einem Kollegen »entwendet« hätte...

Bis eine »Eidesstattliche Erklärung« des aus Ungarn stammenden und in Wien lebenden Schriftstellers Professor György Sebestyén auf den Richtertisch flatterte. Darin stellt dieser fest, daß die in dem Sketch geschilderte Methode tatsächlich zu den Tricks der im siebenten Budapester Bezirk beheimateten Altkleiderhändler gehörte.

Die Idee ist somit »allgemeines Gut« und entbehrt daher jeglicher Urheberrechtsansprüche. Es ist – um einen Vergleich aus der Musikwelt zu gebrauchen – wie beim Volkslied. Der tatsächliche »Autor« ist unbekannt, beziehungsweise unter den verstorbenen Altkleiderhändlern Budapests zu suchen, bleibt also mit absoluter Sicherheit unauffindbar. Dieser Meinung war auch das Gericht – die Farkas-Erben gewannen in erster Instanz.

Alleinerbe nach Karl Farkas war zunächst dessen Witwe Anny. Nach deren Tod am 24. August 1979 gingen das beträchtliche Barvermögen und die Sachwerte auf Sohn Bobby über – der Nachlaß wird im Auftrag des Pflegschaftsgerichts Wien durch einen bestellten Kurator verwaltet. Das Haus in Edlach an der Rax erbte die langjährige Farkas-Wirtschafterin Ida Pickl, die heute auch in der Wiener Wohnung des verstorbenen Ehepaares lebt. Und Nutznießer des Urheberrechts nach Karl Farkas wurde »Ersatzsohn« Dr. Walter Niedermaier.

Immer wieder wird etwas »vom Farkas« gespielt. Die deutschen Fernsehanstalten und der ORF verfilmen seine alten Sketche neu und lassen sie durch die Komiker von heute nachvollziehen. Oder senden seine Szenen im Original. Weil mit absoluter

Sicherheit nicht nur nichts Besseres, sondern nicht einmal auch nur annähernd Gleichwertiges nachkam. Besondere Erfolge mit wiederaufgeführten Farkas-Programmen feierten in den vergangenen Jahren die Burgschauspieler Karlheinz Hackl und Robert Meyer (in Reichenau an der Rax) sowie Erwin Steinhauer und Heinz Marecek an den Wiener Kammerspielen.

Karl Farkas lebt also weiter. Und er wird weiterleben, solange es Menschen gibt, die ihn noch gesehen haben. Die noch über ihn haben lachen können. »Unser dankbares Gedenken an Karl Farkas«, schreibt Hans Weigel, »ist in dieser humorlosen Zeit besonders geprägt von der Dankbarkeit für das Lachen, das er sein Leben lang auszulösen verstand.«

Ein Leben lang ließ er uns lachen. Und führte dabei ein Leben, in dem es wenig zu lachen gab.

FARKAS ZUM NACHLESEN

Sketche, Conférencen, Doppelconférencen,
Chansontexte und kurzgefaßte Definitionen
von Karl Farkas

Im Frühjahr 1970, ein Jahr vor seinem Tod, wollte uns Karl Farkas wissen lassen, daß er – gemeinsam mit Ernst Waldbrunn – sein Publikum auch im Jenseits zu unterhalten gedenke. Er schrieb den Text für eine »Doppelconférence im Himmel« – die jedoch nie gehalten wurde. Denn Waldbrunn trat nach einem Streit mit Farkas in dieser »Bilanz« nicht auf, worauf Gerhard Bronner mit anderem Text (siehe Seiten 196 ff.) für ihn einsprang. Die Doppelconférence »Im Jenseits 1999«, mit der wir den Abdruck von Farkas-Originaltexten beginnen, wird hier zum ersten Mal veröffentlicht.

»Im Jenseits 1999«

Doppelconférence im Himmel

»Bilanz der Saison«, Frühjahr 1970 (nicht gesendet)

Berger (FARKAS) und Schöberl (WALDBRUNN) mit Flügeln und Blumenkränzen in einer Wolkenlandschaft. Schöberl hält eine kleine saitenlose Harfe in der Hand.

FARKAS: Hallelujah, Herr Schöberl!

WALDBRUNN: Hosiannah zu wünschen, Herr Berger!

FARKAS: Auch schon eingelangt bei uns im Himmel? Wie fühlen Sie sich?

WALDBRUNN: Dank' der Nachfrage. In der Hölle war's bequemer: 40-Stunden-Woche – hie und da ein Schauferl Kohle nachlegen – bissel heulen und zähneklappern – sonst gar nichts.

FARKAS: Allerdings ist im Himmel mehr zu tun für einen Engel-Anwärter. Auch Sonntag. Man hat alle Flügel voll zu tun, kommt nie zur Ruhe. Warum wir gegen die Hölle so im Nachteil sind, weiß ich nicht.

WALDBRUNN *(achselzuckend)*: Kane Leit'!

FARKAS: Das versteh' ich nicht. Jeder würde doch alles dafür geben, in den Himmel zu kommen!

WALDBRUNN: Das kann man doch sehr leicht! Man muß bloß bei Rotlicht über die Kreuzung gehen.

FARKAS: Die Leute halten sich eben zuviel an die Verkehrsordnung. Sie haben sich anscheinend hier schon ganz eingewöhnt? Sie haben sich schon Fittiche wachsen lassen?

WALDBRUNN: Was hab' ich mir wachsen lassen?

241

FARKAS: Fittiche. Fittich heißt Flügel.

WALDBRUNN: Dann sagen Sie gleich Flügel! Ich übe schon fleißig Harfe. Ich habe mir ein antikes Instrument besorgt.

FARKAS: Die hat doch gar keine Saiten?

WALDBRUNN: Zum Üben ist sie gut genug.

FARKAS: Wozu brauchen Sie dann den Rahmen?

WALDBRUNN: Besser als gar nichts ist es schon. Ich hätte mir ja lieber eine Geige zum Spielen ausgesucht. Die gibt es ja hier genug. Über Wien ist ja der Himmel voller... Da kann man sich gleich eine zulegen. Dann braucht man nur noch einen Pianisten, der einen am Fittich begleitet.

FARKAS *(korrigiert)*: Am Flügel.

WALDBRUNN: Sie haben gesagt, Fittich und Flügel ist dasselbe. *(setzt fort)* Also – ich habe der Erde Flügel-Gott gesagt –

FARKAS *(verständnislos)*: Was?

WALDBRUNN: Fittich-Gott – und jetzt bin ich hier.

FARKAS: Ich setze voraus, daß Sie leicht gestorben sind. Sie haben nicht viel Geist aufzugeben gehabt.

WALDBRUNN: Was Sie nicht sprechen! Immerhin bin ich jetzt da in den obersten Regionen, und das ist doch das Höchste, was einem passieren kann.

FARKAS: Bestimmt. Meine letzten Worte auf Erden waren ja auch: »Heute werde ich Glück haben.« Ich bin nämlich abergläubisch, und habe bei einem Ausflug auf der Straße ein Hufeisen gefunden. Wie ich mich danach gebückt habe, hat mich ein Auto erwischt und überfahren. Dabei bin ich über einen Zaun auf eine Wiese geschleudert worden – mit lauter vierblättrigem Klee! Hab' ich gesagt: »Heute werd' ich Glück haben« – und aus war's. Was waren Ihre letzten Worte?

WALDBRUNN: Punkto letzter Worte bin ich sonst nicht zuständig. Die hat bei jedem Streit immer meine Frau gehabt. Aber diesmal hab' wirklich ich das letzte Wort gehabt.

FARKAS: Und zwar?

WALDBRUNN: Und zwar: »Ich muß ein Streichholz anzünden und schauen, ob noch genügend Benzin im Tank ist...«

FARKAS: Und?

WALDBRUNN: Es war genug drin … Und so bin ich jetzt hier angelangt. Ich hätte mir den Wagen nicht kaufen sollen …

FARKAS: Warum haben Sie's dann getan?

WALDBRUNN: Es war ein Gelegenheitskauf. Ein schnittiger Opel-Unteroffizier.

FARKAS *(korrigiert)*: Opel-Kadett!

WALDBRUNN: Nein. Er war schon degradiert, wie ich ihn gekauft habe. *(hämisch)* Jetzt kann meine Frau die Raten weiterzahlen. Hoffentlich noch recht lang.

FARKAS: Sicher. Es ist ja statistisch nachgewiesen, daß die Frauen länger leben als die Männer.

WALDBRUNN: Besonders die Witwen …

FARKAS *(unbeirrt)*: Das hängt irgendwie mit den Hormonen zusammen. Darüber habe ich erst vorige Woche im sechsten Himmel gesprochen, wo die Ärzte beisammen sind.

WALDBRUNN: Kommen auch Ärzte in den Himmel?

FARKAS: Ja. Aber die kommen nicht durchs Hauptportal, durch die große Flügel-Tür –

WALDBRUNN: Fittich-Tür –

FARKAS: Ruhe! Sondern die kommen durch den Lieferanteneingang. Da hab' ich ja auch den Dr. Schönbichler getroffen.

WALDBRUNN: Den Kosmetiker? Zu dem ist ja auch meine Frau gegangen, damit er ihr ein anderes Gesicht macht.

FARKAS: So? Davon hab' ich aber nichts bemerkt.

WALDBRUNN: Na ja – sie hat leider Pech gehabt. Sie wollte ausschauen wie die Brigitte Bardot und hat ihm gesagt: »Machen Sie mir ein Gesicht à la B. B.!« Hat er sie operiert – und jetzt schaut sie aus wie der Bert Brecht.

FARKAS: O je! Die wird nicht schlecht gemeutert haben?

WALDBRUNN: Das will ich meinen! Sie hat energisch verlangt, er soll sie zurückkoperieren und soll ihr einen kleineren Mund machen – schmale Nasenfittiche –

FARKAS: Nasenflügel –

WALDBRUNN: Tun Sie mich nicht immer auskorrigieren! Dann

wollte sie, er soll ihr noch große Augen machen. Da hat er gesagt, die wird sie schon selber machen, wenn sie die Rechnung sieht. Aprikot – haben Sie auch so viele unbezahlte Rechnungen hinterlassen?

FARKAS: Leider. Ich habe sogar schon meinen Neffen angepumpt. Er hat eine großartige Stellung als Pressereferent.

WALDBRUNN: Ja, die hat er durch Protektion von der ÖVP gekriegt!

FARKAS: Das ist nicht wahr. Durch Zufall!

WALDBRUNN: Seit wann schreibt man »Zufall« mit C. V.?

FARKAS: Egal. Er hat mir ja nichts geborgt. So habe ich dann von Termin zu Termin immer auf einen unvorhergesehenen Gewinn gehofft – aber nichts! Fünf Lotterielose hab' ich mir gekauft –

WALDBRUNN: Und ist keines gezogen worden?

FARKAS: Doch. Alle fünf. Mitsamt der Brieftasche! Auf der Straßenbahn. Wieso haben Sie kein Geld gehabt? Sie sollten doch den guten Posten antreten bei der Firma Bausch & Bogen?

WALDBRUNN: Das war nichts. Der Bausch hat so ein abstoßendes Wesen ...

FARKAS: Ich weiß. Seine Frau ...

WALDBRUNN: Nein. Er selber. Gleich beim Eintritt hat er mir gesagt: »Wenn Sie bei mir angestellt werden wollen, müssen Sie Leistungen nachweisen können!« Hab' ich ihm erzählt, daß ich beim Kreuzworträtsel-Wettbewerb alle zehn Rätsel einwandfrei gelöst habe. Hat ihm nicht imponiert.

FARKAS: Na ja, er wollte doch wissen, was Sie *im Büro* geleistet haben!

WALDBRUNN: Das *war* ja während der Bürozeit ... Doch das hat er nicht gelten lassen, und so hat mich der Bausch im Bogen hinausgeworfen ...

FARKAS: Haben Sie sich gekränkt?

WALDBRUNN: Damals schon. Heute sehe ich die Sache natürlich bereits – wie man so sagt – von einem höheren Stadion aus an –

FARKAS *(korrigiert)*: Von einer höheren Warte aus!

WALDBRUNN: Schön. Von der Hohen Warte aus. Ich hab' gewußt, es ist ein Fußballplatz.

FARKAS: Eben. Wenn man so von hier oben durch das Fernrohr auf die Erde hinunterblickt, kommen einem die ganzen irdischen Schwierigkeiten bagattelär vor.

WALDBRUNN: *Wie* kommt es einem vor?

FARKAS: Bagatellär!

WALDBRUNN: Was Sie für Ausdrücke haben!

FARKAS: Wieso denn? Bagatelle heißt Kleinigkeit. Es kommt einem also alles auf Erden klein und nebensächlich vor. Schauen Sie selber! *(aufs Fernrohr deutend)*

WALDBRUNN *(blickt durchs Fernrohr)*: Aha! Da kann man richtig fernsehen!

FARKAS: Nicht so weit links – sonst sind Sie mitten im Nahost-Problem drin –, auch nicht so weit rechts – sonst kommen wir in den Bereich der UNO.

WALDBRUNN: Was Sie nicht sprechen! UNO?

FARKAS: Na ja, das ist eine Abkürzung: Uneinigkeit Neu Organisiert. Maßgebend ist aber heute nur, was U Thant sagt.

WALDBRUNN: Ja, die Weiber mischen sich in alles drein!

FARKAS *(verständnislos)*: Was für Weiber?

WALDBRUNN: Die U-Tant'! Ich hab' auch so eine Tante gehabt – wie man so sagt, eine Bisgure. Der hat niemand widersprechen dürfen!

FARKAS *(ärgerlich)*: *Der* U Thant!

WALDBRUNN: Ja. Der U-Tant' hat niemand widersprechen dürfen.

FARKAS: Sie – der U Thant kontrolliert alle politischen Entwicklungen, um zu bremsen, wenn einer der Staaten zu militant wird.

WALDBRUNN: Die Milli-Tant' ist wieder eine andere Tant'. Das ist die mit der Gefittich-Handlung.

FARKAS: Was heißt »Gefittich«-Handlung?

WALDBRUNN: Also schön – Geflügelhandlung. Aber die kümmert sich gar nicht um Politik.

FARKAS: Mit »militant« meine ich »kriegerisch«!

WALDBRUNN: Nein, das ist sie auch nicht. Einmal hat sie unserem

Nachbarn, dem U Pollatschek, eine Ohrfeige gegeben, aber das war nur –

FARKAS: Genug! *(richtet ihm das Fernrohr)* Da – schauen Sie hinunter! Da haben Sie unser Österreich! Was sehen Sie?

WALDBRUNN: Nichts.

FARKAS: Das ist der wirtschaftliche Aufschwung.

WALDBRUNN *(beobachtend)*: Jöh – da ist unsere Gasse! Die Mimi Wosatka schiebt ihren Kinderwagen ...

FARKAS *(ebenso)*: Die hat schon ein Baby? Wer ist der Vater?

WALDBRUNN: Der berühmteste Mann Frankreichs!

FARKAS: Der Pompidou?

WALDBRUNN: Nein. Ein unbekannter Soldat ... Der U Soldat.

FARKAS: Wieviel Autos umeinanderwimmeln. Schrecklich!

WALDBRUNN: Ja. Ich glaube, man müßte alle Häuser niederreißen, damit Platz für die Autos da ist. Es gibt doch so viele Gebäude, die überflüssig geworden sind. Zum Beispiel die Börse –

FARKAS: Da haben Sie recht. Jetzt leben wir ja jenseits von gut und Börse.

WALDBRUNN: Natürlich. Man weiß eigentlich nicht einmal mehr, was Börse ist.

FARKAS: Na ja – Börse ist folgendes: Man kauft etwas, was man nicht kriegt, für Geld, das man nicht hat. Und dann verkauft man das, was man nie bekommen hat, etwas teurer als das war, was man seinerzeit nicht dafür gegeben hat.

WALDBRUNN: Wenn Sie das jetzt ganz langsam noch einmal sagen würden, dann möchte ich es auch nicht verstehen. Oder zum Beispiel – *(richtet das Fernrohr)* Hier das Parlament. Der U Kreisky hält gerade eine Rede im Interesse des linken Fittichs der Regierung.

FARKAS *(ärgerlich)*: Der Kreisky! Ohne »U«!

WALDBRUNN: So? Dann darf der Klaus auch kein »U« haben. Gleiches Recht für alle!

FARKAS *(nach unten deutend)*: Passen Sie doch auf, was im Parlament vor sich geht! Jetzt steht der Klaus auf, um zu sprechen!

WALDBRUNN: Warum steht er da auf?

FARKAS: Weil man sitzend nicht reden darf!

WALDBRUNN: Gelungen! Mein Schwager sitzt schon seit drei Monaten und redet in einem fort!

FARKAS: Ihr Schwager kann reden wie er will – aber der Klaus muß aufstehen, wenn er reden will!

WALDBRUNN: Auch im Kaffeehaus?

FARKAS: Der geht in kein Kaffeehaus!

WALDBRUNN: Aha. Seine Frau wird ihm zu Haus einen Kaffee machen...

FARKAS: Das weiß ich nicht. Jedenfalls betont er die Hoffnung auf einen baldigen Wahlsieg. Der Ertrinkende klammert sich eben an den Strohhalm.

WALDBRUNN: Und der Klaus an den Withalm...

FARKAS: Egal wie die im Parlament entscheiden – der Volkswille wird den Ausschlag geben.

WALDBRUNN: Schön. Also dann weg mit dem Parlament! Ist wieder mehr Platz zum Parken!

FARKAS: Sie wollen alle öffentlichen Gebäude wegreißen?

WALDBRUNN: Jawohl! Wir brauchen Parkplätze! Weg mit der U – –

FARKAS *(einfallend)*: Was für U schon wieder?

WALDBRUNN: Mit der Urania! Fort mit der U-Oper!

FARKAS: Wieso U-Oper?

WALDBRUNN: Mit der unrentablen Oper!

FARKAS: Schön. Von mir aus reißen Sie auch das Burgtheater nieder.

WALDBRUNN *(einfallend)*: Nein! Das Burgtheater muß unbedingt erhalten bleiben!

FARKAS *(erstaunt)*: Sie lassen die Börse, das Parlament, die Urania, die Oper niederreißen – und gerade das Burgtheater soll stehen bleiben?

WALDBRUNN: Natürlich. Das Burgtheater muß unbedingt erhalten bleiben. Das ist eine absolute Notwendigkeit: *Wo soll denn sonst die Elektrische zwischen Bellaria und Schottentor stehenbleiben?*

»Pflückt ein Mädel Ribisel ...«

Chanson (1931)

Text: Karl Farkas – Ernst Marischka
Musik: Ralph Benatzky

In Wien geht man so gern auf Urlaub,
Genießt die Wälder im Naturlaub,
Doch muß man, ist die Kasse klein,
Sich in Gastein
Kastei'n.
Und statt ans Mittelmeer zu fahren,
Hat man keine Mittel mehr zu fahren,
Im Schrebergarten pflückt man heut',
Die Urlaubsfrüchte mit der Maid.

Pflückt ein Mädel Ribisel,
Zwickt man es ins Knie bissel.
Pflückt das Mädel Orchideen,
Kriegt es häufig Storch-Ideen.
Pflückt der Jüngling grüne Mandeln,
Kriegt er Sehnsucht anzubandeln.
Pflückt er mit ihr Rosmarien
Was geht's uns an, lass' ma ihn.

Ich hab' an Freund, das ist ein Schneider.
Verschuldet ist das Luder – leider.
Selbst sein Zahnarzt hat kein Geld gesehen,
Er knirscht mit unbezahlte Zähn'.

In Lemberg lebt er unzufrieden,
Schickt aus dem Osten – Westen – nach Süden
Doch seine Tochter, die ist schön,
Die hat einst bessere Nächte gesehen.

Pflück' ich mit ihr Ribisel,
Zwick' ich sie ins Knie bissel.
Pflücken wir Spitzwegerich,
Gar nicht lange zöger' ich.
Sie macht lächelnd ihre Knickse,
Doch die Nixe
is a schicke –
Frau und gab sich gern mir hin,
Wenn der Mondschein schon schön schien.

Dieser Song vom Ribisel
Freut auch – hoff' ich – Sie bissel.
Doch in uns'rer Pleitezeit
Mich ein anderes Kräutel freut.
Pflück' ich noch so viel Maschansker,
Bleibt kein Groschen mir,
Kein anz'ger.
Pflück' drum Tausendguldenkraut,
Weil's mir vor den Schulden graut.

Vor dem Vorhang

Zusammenfassung aus Farkas-Conférencen

Meine Damen und Herren: Jetzt ist der Zeitpunkt gekommen, da am Kabarett der Conférencier in Erscheinung tritt. Was aber ist ein Conférencier? Ein Conférencier ist einer, der dem Publikum möglichst heiter zu erklären versucht, daß es heut nix zu lachen gibt.

Wo doch die Zeiten so schwer sind. Nehmen Sie nur unser Budget. Unser Budget ist eines der geordnetsten überhaupt. Wir haben die regelmäßigsten Einnahmen – die zu klein – und die regelmäßigsten Ausgaben, die zu groß sind. Daher kommt's zum Defizit. Defizit ist das, um was man weniger hat, als man gehabt hat, als man nichts gehabt hat.

Und da muß eben der Steuerzahler einspringen. Denn es ist ja eine altbekannte Tatsache, daß einem der Staat nichts geben kann, was er einem nicht vorher schon genommen hat. Das ist nur recht und – ... also billig ist es nicht. Aber recht.

Die Frage ist, mit welcher Staatsform wir's uns verbessern könnten. Die letzten hundert Jahre haben wir ja so gut wie alle Formen von Diktatur und Demokratie ausprobiert. Wenn man einen guten alten Österreicher fragen würde, was für ihn die beste Staatsform wäre, dann würde er antworten: A fesche Republik mit 'n Kaiser Franz Joseph.

Ja, beim Kaiser Franz Joseph, da werden die Erinnerungen an die guten alten Zeiten wach, die ihr Renommee vor allem dem Umstand verdanken, daß ältere Menschen manchmal über ein schlechtes Gedächtnis verfügen. Aber jung war man damals, jung und verliebt.

Und wenn man verliebt ist, kann's schon vorkommen, daß die festesten Grundsätze ins Wanken kommen. Dabei sieht ja die ganze Geschichte anfangs noch gar nicht nach Ehe aus. Der Jüngling denkt nur an einen Flirt – also an die Kunst, mit einem blauen Auge davonzukommen, wenn man zu tief in zwei blaue Augen geschaut hat. Aber mit der Zeit wird seine Auserkorene so hingebungsvoll, so reizend und liebenswürdig, daß er mit ihr machen kann – was *sie* will!

Und da macht sie ihm dann langsam klar, daß er ernste Absichten hat. Außerdem lockt die Mitgift! Mitgift nennt man jene Vorzüge einer Braut, die in Ziffern ausgedrückt werden können. Jedenfalls ist eine gute Mitgift das beste Gegengift gegen Gift in der Ehe, denn wenn man sich schon in der Ehe giften muß, ist es doch nicht dasselbe, ob man sich ohne oder mit Mitgift gift'.

So schlittert man in die Ehe. In der so mancher schon nach wenigen Jahren zu dem Schluß gekommen ist: Wie glücklich könnte ich mit meiner Frau leben, wenn ich sie nie kennenge-lernt hätte.

Sie wissen ja: Ehe ist, wenn ein bis dahin vollkommen normaler Mann das unbezwingliche Bedürfnis in sich fühlt, einer ihm bis zu diesem Zeitpunkt wildfremden Frau auf Lebenszeit Kost, Quartier, Kleider und Wäsche gratis beizustellen. Wofür die Gattin ihrerseits sich wiederum verpflichtet, getreulich all jene Sorgen mit ihm zu teilen – die er nie haben würde, wenn er sie nicht geheiratet hätte.

»Sex-Komplex«

Sketch

Aus der »Simpl«-Revue »Nicht so laut«
Premiere: 4. März 1960

*Personen: Dr. Holl, Psychoanalytiker; Papanek (FARKAS); Sophia,
seine Frau. Dr. Holls Ordinationszimmer*

DR. HOLL *(junger Arzt, im weißen Mantel, geht zur Tür und ruft
hinaus)*: Der Nächste, bitte!

PAPANEK *(tritt mit unglücklichem Gesicht ein)*: Guten Tag, Herr
Doktor...

HOLL: Sind Sie an der Reihe?

PAPANEK: Ich glaube schon, weil niemand mehr im Wartezimmer
ist.

HOLL: Wieso? Vorhin war doch außer Ihnen noch ein Herr
draußen?

PAPANEK: Den habe ich weggeschickt.

HOLL *(empört)*: Warum?

PAPANEK: Damit er nicht horchen kann, wenn wir beide miteinander reden.

HOLL: Im Wartezimmer eines Psychoanalytikers pflegt man doch
nicht zu horchen...

PAPANEK: Da sind Sie schlecht informiert – ich habe auch gehorcht.
Der Patient, der da bei Ihnen drinnen war – schrecklich! Sie als
Psychoparalytiker sind das natürlich gewöhnt, aber –

HOLL *(unterbricht ihn)*: Was führt Sie zu mir? Haben Sie ein
Problem?

PAPANEK: Ein schreckliches, mein Name ist Papanek, ich bin Autoverkäufer. Meine Frau betrügt mich! *(Er schluchzt laut auf.)*

HOLL: Fassen Sie sich doch, Herr Papanek...

PAPANEK *(weinend)*: Ich kann nicht! Jeder andere würde es ruhig hinnehmen – ich leide darunter. Ihre Frau hat Sie doch sicher auch schon betrogen...

HOLL *(empört)*: Was fällt Ihnen ein!

PAPANEK: Dann wissen Sie es vielleicht nicht. Aber ich habe meine Frau mit dem andern *gesehen*! Im Kino! Ich habe mit einem Fernrohr von der Galerie hinuntergeschaut und beobachtet, wie sie sich geküßt haben!

HOLL: Und da haben Sie nicht sofort etwas gesagt?

PAPANEK: Was hätte ich sagen sollen? Der andere ist Berufsboxer! Da hätte ich doch nur »Grüß Gott« sagen können! Erst am Abend, wie sie nach Hause gekommen ist, ist es losgegangen! »Sophia«, habe ich gesagt, »tu das nicht wieder, sonst müßte ich einmal ernstlich böse werden!«

HOLL: Und damit war die Sache erledigt?

PAPANEK: Für mich. Für sie nicht. Sie hat sich durch meine Drohung überhaupt nicht einschüchtern lassen, und hat mich ruhig weiter betrogen. Mein Trost ist nur, daß sie den Boxer auch betrügt.

HOLL: Mit wem?

PAPANEK: Mit einem Rennfahrer. Kaum hat sie ihn kennengelernt, hat sie dem Boxer Hörndeln aufgesetzt. Boxhörndeln.

HOLL: Und der Rennfahrer?

PAPANEK: Den betrügt sie mit einem Fußballer. Den Fußballer mit einem Handballer, den Handballer mit einem Vertreter, den Vertreter mit einem Polizisten, den Polizisten mit einem Schauspieler, den Schauspieler mit einem Postbeamten –

HOLL: Ein Sex-Komplex, der seinen Ursprung im Elternhaus Ihrer Frau haben könnte. Wie haben Sie sie denn kennengelernt?

PAPANEK: Durch Zufall. Ich habe einem Taxi gewinkt, und *sie* ist gekommen. Und hübsche Frauen sind doch wie Ölfarbe. Erst kann man der Versuchung nicht widerstehen, sie zu berühren, und dann wird man sie nicht los.

HOLL: Und warum lassen Sie sich nicht scheiden?

PAPANEK: Weil ich sie liebe. Sie ist nämlich eine goldige Person. Blond, blaue Augen – und eine Taille! So etwas von einem Dünnager haben Sie noch nicht gesehen! Und sie liebt mich! Sie hat nur einen Fehler, daß sie die andern auch liebt! Meine Frau betrügt nicht nur mich – *sie betrügt einen jeden!*

HOLL: Das muß für Sie allerdings furchtbar sein …

PAPANEK: Jetzt wissen Sie, warum ich weine. Werden Sie mir helfen?

HOLL: Ich werde mir alle Mühe geben, wenn mir die Krankheit Ihrer Frau auch sehr kompliziert zu sein scheint.

PAPANEK: Vielleicht können Sie sie wenigstens so weit heilen, daß sie mich nur mit *einem* betrügt …

HOLL: Wir werden sehen. Rufen Sie Ihre Gattin herein.

PAPANEK: Sofort. *(Geht zur Tür und ruft hinaus)* Sophia, mein Kind, du kannst kommen!

SOPHIA *(sehr hübsche junge Frau, tritt ein)*: Guten Tag, Herr Doktor …

HOLL *(von ihrem Aussehen überrascht)*: Guten Tag, gnädige Frau …

PAPANEK: Das ist der Herr Doktor, Liebling – er wird versuchen, dir zu helfen.

SOPHIA *(sieht Holl mit durchdringendem Blick an)*: Werden Sie das können, Herr Doktor?

HOLL: Ich werde nichts unversucht lassen, gnädige Frau.

SOPHIA: Müssen Sie mich untersuchen?

HOLL: Gewiß.

SOPHIA: Dann werde ich mich ausziehen. *(Öffnet ihr Kleid)*

PAPANEK *(schreit auf)*: Sie fängt schon an!

HOLL: Ich bitte Sie – beim Arzt ist das doch etwas anderes …

PAPANEK: Bei ihr nicht! Da kann kommen wer will – sie zieht sich aus! Und wenn es der Gaskassier ist! *(Zu Sophia)* Nicht wahr, Liebling?

SOPHIA: Es ist besser, du wartest draußen. Du störst den Herrn Doktor bei der Untersuchung. *(Sehr kokett zu Holl)* Habe ich recht, Herr Doktor?

HOLL: Allerdings...

PAPANEK: Gut! Ich schaue mir inzwischen die Illustrierten an. Tun Sie, was Sie können, Herr Doktor – ich bitte Sie! Ogottogottogott! *(Geht weinend ab)*

SOPHIA *(zieht mit einem Ruck das Kleid aus)*: Nun, Herr Doktor – wie finden Sie mich?

HOLL *(starrt sie an)*: Entzückend!

SOPHIA: Ich meine als Fall. Sie wollen mich doch untersuchen.

HOLL *(sucht sich zu beherrschen)*: Stimmt. Sie betrügen also Ihren Mann...

SOPHIA *(kokett)*: Wundert Sie das?

HOLL: Nein... *(Hastig korrigierend)* ... das heißt, ja... es wundert mich zumindest, daß Sie ihn mit mehreren Männern betrügen...

SOPHIA *(wie früher)*: Vielleicht habe ich unter den bisherigen noch nicht den Richtigen gefunden...

HOLL *(bereits ganz in ihrem Bann)*: Und wenn Sie ihn einmal fänden –?

SOPHIA: Dann würde ich meinen Mann nur mit dem Einen betrügen! Mit dem Richtigen – und mit keinem andern! *(Sie blickt ihm tief in die Augen)*

HOLL *(ganz nahe)*: Ist das wahr?

SOPHIA: Ich schwöre es...

HOLL: Du! *(Umarmt sie stürmisch und drückt einen langen Kuß auf ihre Lippen)* Wann –?

SOPHIA *(leidenschaftlich)*: Morgen! Nein – heute noch!

HOLL: Um welche Zeit?

SOPHIA: Wann du willst!

HOLL: Heut' abend um neun?

SOPHIA: Wo?

HOLL: Hier bei mir!

SOPHIA: Das ist unmöglich.

HOLL: Warum?

SOPHIA: Wir wohnen in Baden. *(Zieht sich an)*

HOLL: Und –?

SOPHIA: Ich kann höchstens auf zwei Stunden weg. Die Fahrt mit dem Autobus dauert fast so lang.

HOLL: Nimm dir einen Wagen.

SOPHIA: Mein Mann gibt mir kein Geld.

HOLL: Auf meine Kosten!

SOPHIA: Was fällt dir ein?!

HOLL: Du mußt kommen! Ich bitte dich! *(Will ihr Geld geben)* Da hast du ... für den Wagen ...

SOPHIA *(abwehrend)*: Ausgeschlossen ...

HOLL: Du mußt! Da, nimm ... 500 Schilling ... *(Drängt ihr das Geld auf)*

SOPHIA *(nimmt es zögernd)*: Also gut – um neun ...

HOLL: Ich warte ...! *(Sie küssen sich lange)*

PAPANEK *(tritt ein. Die beiden fahren auseinander. Er spricht ganz normal)*: Ist alles in Ordnung?

SOPHIA *(während sie sich die Haare richtet)*: Ja.

PAPANEK: Was hat er gegeben?

SOPHIA: 500 Schilling.

PAPANEK: Schmutzig genug. Gehen wir. Habe d'Ehre, Herr Doktor!

HOLL *(kommt langsam zu sich)*: Was soll denn das heißen? Das ist ja ein Betrug!

PAPANEK: Ich habe Ihnen gesagt: *Meine Frau betrügt einen jeden!*

»Briefträger«

Doppelconférence

»Bilanz der Saison«, 1. April 1966

Berger (FARKAS) und Schöberl (WALDBRUNN) begegnen einander, als Briefträger gekleidet, auf der Straße.

FARKAS: Der Bundeskanzler hat gesagt: »Gespart muß werden. Kost's, was kost'.« Und das soll jeder beherzigen, auch wir.

WALDBRUNN: Was können wir von unserem schäbigen Postlergehalt schon ersparen?

FARKAS: Man kann sich vom kleinsten Betrag etwas abzweigen. Wieviel Geld haben Sie z. B. jetzt bei sich?

WALDBRUNN: Zwischen 998 und 1000 Schilling.

FARKAS: Das ist viel!

WALDBRUNN: Das ist gar nicht so viel: zwei Schilling.

FARKAS: Auch damit kann man beginnen. Ich bin schon seit Jahren aufs Sparen eingestellt. Ebenso meine Frau. Die ist genauso sparsam. An ihrem 40. Geburtstag hat sie nur 28 Kerzen auf ihre Geburtstagstorte gestellt.

WALDBRUNN: Meine Frau hat vorige Woche auch ihren 40. Geburtstag gefeiert. War auch schon höchste Zeit ...

FARKAS: Ja, besser spät als nie. Wie geht's denn Ihrer Gattin?

WALDBRUNN: Leider nicht besonders. Sie hat immer so Wallungen – einmal ist ihr zu heiß und einmal zu kalt. Sie macht sich direkt schon Sorgen.

FARKAS: Das hat nichts zu besagen. Sagen Sie ihr, das sind nur Alterserscheinungen.

WALDBRUNN: Das sagen *Sie* ihr!

FARKAS: Ich? Wie komm ich dazu? Sie ist doch nicht meine Frau!

WALDBRUNN: Seien Sie froh. Ich könnte Sie Ihnen auch nicht rekommandieren, sondern möchte sie nur möglichst expreß – aufgeben... Die läßt sich nicht von mir vorschreiben, daß sie sparen soll!

FARKAS: Dazu müßten Sie sie ja nicht anhalten. Sie können doch *an ihr* sparen. Was haben Sie ihr z. B. zum Geburtstag geschenkt?

WALDBRUNN: Na ja – das war so eine Sache, erst habe ich mir gedacht, ich werde ihr gar nichts schenken –

FARKAS: Und dann?

WALDBRUNN: – und dann – ist es dabei geblieben. Sie hat sich nämlich ein paar goldene Ohrringeln gewünscht. Die kriegt sie nächstes Jahr. Heuer hab' ich ihr als Geschenk nur die Ohren stechen lassen...

FARKAS *(ironisch)*: Die wird sich gefreut haben!

WALDBRUNN *(verwundert)*: Merkwürdigerweise gar nicht. Weil es ein bisserl weh getan hat. Und was das Sparen anbelangt –

FARKAS *(einfallend)*: So muß man nur versuchen, System in die Sache zu bringen. Ich habe mir schon seit Jahren ein ausgezeichnetes Sparsystem zurechtgelegt.

WALDBRUNN *(eifrig)*: Was für eines? Vielleicht könnte ich das auch?

FARKAS: Sie nicht. Dazu gehört Phantasie.

WALDBRUNN: Hab' ich. Ich bin ein ausgesprochener Phantast, ein Tagträumer. Erst gestern habe ich im Büro wieder einen phantastischen Traum gehabt. Schrecklich! Ich hab' geträumt, meine Frau und die Brigitte Bardot haben um mich gekämpft.

FARKAS: Was ist da so schrecklich daran?

WALDBRUNN: Meine Frau hat gewonnen... Also, wenn Sie mir bitte Ihr Sparsystem erklären?

FARKAS *(in sein Schicksal ergeben)*: Schön. Sie müssen sich aber Mühe geben zu verstehen. Also ich habe eben meine Phantasie spielen lassen und habe mir eines Tages vorgestellt, daß ich einen Sohn habe. Und für einen Sohn muß man doch sorgen.

Da habe ich all das Geld beiseite gelegt, das der Sohn, den ich gar nicht gehabt habe, gebraucht hätte, wenn ich ihn gehabt hätte. Verstehen Sie?

WALDBRUNN: Genau. Aber, wenn Sie mir zur Sicherheit das Ganze jetzt noch einmal, aber langsamer sagen würden...

FARKAS *(irritiert)*: Ich habe ja gewußt, es wird nicht gehen... *(beginnt von neuem)* Also passen Sie auf. Wie ich mir vorgestellt habe, ich habe einen Sohn, habe ich mir sofort gesagt: So ein Sohn braucht doch einen Kinderwagen. Da bin ich also hingegangen und habe –

WALDBRUNN *(einfallend)*: einen Kinderwagen gekauft!

FARKAS *(ärgerlich)*: Nein! Wozu soll ich einen Kinderwagen für einen Sohn kaufen, der nicht da ist?

WALDBRUNN *(erschrocken)*: Er ist nicht da? Sofort die Abgängigkeitsanzeige machen –

FARKAS *(starrt ihn an)*: Was reden Sie da wieder zusammen?

WALDBRUNN: Na ja – vielleicht ein Kidnapper? Jetzt werden doch so viele Kinder geneppt. Das ist direkt gang und gäbe...

FARKAS *(ärgerlich)*: Sie Schöberl – verstehen Sie denn nicht, daß dieser Sohn nur in meiner Phantasie existiert hat? Ich habe mir gesagt: Jetzt würde ich für meinen Sohn, wenn ich ihn hätte, 500 Schilling für einen Kinderwagen brauchen. Darauf habe ich die 500 Schilling genommen und sie weggelegt. Auf eine Bank.

WALDBRUNN *(entrüstet)*: Auf eine Bank? Das ist doch furchtbar leichtsinnig! Setzt sich einer hin, sieht das Geld und geht damit fort!

FARKAS *(schreit)*: Keine Bank im Park! Eine Privatbank!

WALDBRUNN: In einem Garten?

FARKAS *(w. o.)*: Ein Bankhaus meine ich! Ich habe mir mit dem Geld ein Konto im Privatbankhaus Herlinger & Co. eröffnet. Also – statt einen Kinderwagen zu kaufen, habe ich 500 Schilling eingezahlt.

WALDBRUNN: Und wo haben Sie dann das Kind hingelegt?

FARKAS: Sie, Schöberl – ich will Ihnen nicht schmeicheln, aber Sie sind der blödeste Mensch, den ich je gesehen habe. Wie oft soll ich Ihnen wiederholen, daß ich den Sohn nur erfunden habe, damit ich sparen kann? Dann habe ich mir gesagt, wenn ich jetzt den Sohn hätte, müßte ich doch für Wäsche und Windeln 300 Schilling zahlen. Was habe ich also getan?

WALDBRUNN *(rasch)*: Ich weiß! Sie haben die Windeln zu Herlinger & Co. getragen!

FARKAS *(außer sich)*: Das *Geld* habe ich hingetragen! Nicht die Windeln! So habe ich schon 800 Schilling auf der Bank gehabt! Dann ist der Sohn in die Schule gekommen, habe ich mir die Spesen für die Schulbücher gespart – er hat privat Nachhilfestunden nehmen müssen, weil er ein bisserl zurückgeblieben ist.

WALDBRUNN: Ganz der Papa –

FARKAS: Ruhe! Mein Sohn ist Doktor geworden –

WALDBRUNN: Gratuliere!

FARKAS *(unaufhaltsam, gesteigert)*: – habe ich das Geld für seine Promotion und das Einrichten seiner Praxis weggelegt. Mein Sohn hat geheiratet –

WALDBRUNN: Gute Partie?

FARKAS *(ausbrechend)*: Wie kann ein Mensch, der gar nicht da ist, eine gute Partie machen?

WALDBRUNN: Also eine schlechte Partie?

FARKAS *(schreit)*: Gar keine Partie! Es war doch gar keine Braut da!

WALDBRUNN *(bedauernd)*: O je – durchgebrannt? Na ja, das kommt vor. Eine Cousine von mir, eine gewisse Putzi Swoboda, die ist auch –

FARKAS *(wütend)*: Putzen Sie sich mit Ihrer Putzi! Verstehen Sie denn noch immer nicht? Ich habe das Geld für die Hochzeitsaussteuer zu Herlinger & Co. getragen! Und so habe ich mir im Laufe der Jahre eine schöne Summe erspart, und die Zinsen davon sind jetzt mein Einkommen. Ich lebe also von meinem Sohn.

WALDBRUNN: Das wäre nichts für mich. Einem Sohn nehme ich nichts weg!

FARKAS *(verzweifelt)*: Aber der Sohn ist doch gar nicht da!

WALDBRUNN: Dann erst recht nicht. Einem, der sich nicht wehren kann, weil er nicht da ist, nehm ich nichts weg. Geben Sie mir lieber einen anderen Rat, wie ich sparen soll.

FARKAS: So einem blöden Menschen wie Ihnen kann man keinen Rat geben.

WALDBRUNN: *Nur* einem blöden! Ein gescheiter braucht doch keinen Rat! Übrigens habe ich es satt, mich immer von Ihnen anflegeln zu lassen, wenn ich Ihre Ansicht nicht teile. *(Beleidigt. Greift nach einer der Zeitungen, die er zwecks Expedierung in der Tasche hat und wendet sich ab.)*

FARKAS: Schön. Das war das letzte Mal, daß ich Ihnen etwas zu erklären versucht habe.

WALDBRUNN *(blickt von der Zeitung auf)*: Oh, mein herzlichstes Beileid!

FARKAS *(verdutzt)*: Wozu?

WALDBRUNN: Ihr Sohn ist gestorben!

FARKAS *(w. o.)*: Mein Sohn? Der existiert doch gar nicht!

WALDBRUNN *(grinsend)*: Ich weiß. Aber lesen Sie hier in der Zeitung: *Das Bankhaus Herlinger & Co. hat die Zahlungen eingestellt . . .*

»Herzliche Glückwünsche«

Sketch

Personen: Gastgeber (FARKAS); zwei Herren, eine Dame

Geburtstagsparty, elegante Gesellschaft in Abendkleidung. Der Gastgeber steht der Gruppe in einer Salonecke gegenüber, alle prosten ihm zu.

1. HERR *(setzt zu einem Toast an)*: Bevor ich schließe, kann ich nicht umhin, unserem verehrten Geburtstagskind und Gastgeber eine Laudatio zu widmen: Er ist nicht nur einer unserer führenden Wirtschaftskapitäne, der in der letzten Dekade ausschlaggebend dazu beigetragen hat, daß wir in Österreich so eine Wirtschaft haben, sondern der auch die richtigen politischen Ambitionen aufzuweisen hat. Seit jeher hält er sein Renommee und seine Preise hoch – hoch – hoch! *(Alle stimmen ein, stoßen an)*

GASTGEBER: Meine lieben Freunde – ich bin gerührt über Ihre Anerkennung, die ich in meinem Tagebuch als eines der freudigsten Ereignisse meiner Laufbahn verewigen werde. Ich weiß, ich habe mir Ihre Wertschätzung ehrlich erworben – allen mißgünstigen Gerüchten zum Trotz und ich werde auch weiterhin trachten –

STUBENMÄDCHEN *(tritt ein)*: Verzeihung, Herr Kommerzialrat –

GASTGEBER *(ärgerlich)*: Was ist denn, Mizzi? Warum stören Sie?

STUBENM.: Bitt' schön – zwei Herren sind draußen.

GASTGEBER: Ich bin heute für niemand mehr zu sprechen!

STUBENM.: Ich weiß – aber die Herren sind von der Behörde, und es ist dringend.

GASTGEBER: Von was für einer Behörde?

STUBENMÄDCHEN: Das haben sie nicht gesagt. Soll ich die Herren hereinführen?

GASTGEBER *(hastig)*: Nein – lassen Sie! Ich gehe schon selbst... *(zur Gesellschaft)* Pardon – entschuldigen Sie mich einen Augenblick – *(rasch ab, gefolgt vom Stubenmädchen)* *(Betretenes Schweigen)*

1. HERR: Die sind von der Polizei...

2. HERR: Natürlich. Sicher wegen dieser Korruptionsgeschichte...

DAME: Das kann er jetzt auch in sein Tagebuch schreiben. Als denkwürdiges Ereignis...

1. HERR: Wozu so einer überhaupt ein Tagebuch führt? Wenn man das bei der Hausdurchsuchung findet, stehen sicher belastende Sachen drin...

2. HERR: Eben. Ein Tagebuch schreibt einer, um sich selbst mitzuteilen, was er ohnehin schon weiß...

DAME: Vielleicht holen sie ihn auch wegen der Schiebung mit Baumaterial vom vorigen Sommer?

1. HERR: Da haben sie ihm seinerzeit nichts nachweisen können.

DAME: Seinerzeit! Aber jetzt soll er ja schon wieder damit angefangen haben!

2. HERR: Das hab' ich auch gehört. Und im Wiederholungsfall gibt's kein Pardon! Einmal ist keinmal – aber zweimal ist um einmal zuviel!

1. HERR: Sehr richtig. Und eben hat er noch gesagt, daß er sich unsere Wertschätzung ehrlich erworben hat!

2. HERR: Möcht' man glauben! Das einzige, was er sich ehrlich erworben hat, ist sein schlechter Ruf!

1. HERR: Na, jetzt hat's ihn endlich erwischt! Ich hab' schon immer gesagt –

DAME *(hastig)*: Psst – er kommt...

GASTGEBER *(tritt ein)*: Meine Herrschaften – ein überraschendes Ereignis: *Ich bin Minister geworden!*

»Bankraub«

Sketch

Aus der »Simpl«-Revue »Gangster über Wien«
Premiere: 19. September 1969

Personen: Kochalsky, Kassier (FARKAS); Erna, Sekretärin; Schmal-
wieser, Bankräuber; Polizeikommissär
Im Kassenraum einer Bank, Schreibtisch, Schalter, Kassa. Im
Hintergrund hängt großes Bild des Generaldirektors. Beim Auf-
gehen des Vorhangs sind Kochalsky und Erna auf der Szene.
Erna liest Zeitung, Kochalsky rechnet ab.

KOCHALSKY: Fräulein Peschek – haben Sie nicht zufällig ein Packerl
mit 100 000 Schilling gesehen?

ERNA: 100 000 – was?

KOCHALSKY: Schilling! Ich kann sie nicht finden.

ERNA *(erschrocken)*: Das sagen Sie so ruhig? Vielleicht hat sie
jemand gestohlen!

KOCHALSKY: Ausgeschlossen! Der Herr Generaldirektor war ja gar
nicht hier.

ERNA: Vielleicht haben Sie das Geld in der Hosentasche?

KOCHALSKY: Was Sie für Ideen haben *(greift in die Hosentasche,*
findet das Geld): Meiner Seel', ich bin so zerstreut ...

ERNA: Sie haben halt zu viele Sachen im Kopf. Kassier ist ein
verantwortungsvoller Posten. Noch dazu in einer Privatbank.

KOCHALSKY: Ich bin das schon gewöhnt. Seit dreißig Jahren.

ERNA: Dreißig Jahre! Das könnt' ich nicht aushalten. Ich bin noch
nicht einmal dreißig Tage hier – und das ist mir schon zuviel!

KOCHALSKY: Nur Geduld, meine Liebe. Sie werden sich bei uns sehr wohl fühlen, sobald Sie sich an die lange Arbeitszeit und die schlechte Bezahlung gewöhnt haben. Nur die Ruhe.

ERNA: Sie sagen »nur die Ruhe«, und dabei sind Sie selber so zerfahren –

KOCHALSKY: Das hat nichts mit dem Betrieb hier zu tun. Die Gründe liegen eher in meinem Privatleben. Meine Frau näm-lich, die –

ERNA *(einfallend)*: O je – haben Sie Unfrieden im Haus?

KOCHALSKY: Unfrieden? Das kann man eigentlich nicht sagen. Meine Frau und ich haben zwar oft Meinungsverschiedenhei-ten – aber ich sag's ihr nicht. Schon vom Beginn unserer Ehe an war ich in der Defensive. Bereits an meinem Hochzeitstag – es war an einem Freitag – da haben wir –

ERNA: Sie haben an einem Freitag geheiratet? Sind Sie nicht abergläubisch?

KOCHALSKY: Ja. Seit diesem Freitag. Damals haben wir zwecks Vermeidung von Streitigkeiten unser Zusammenleben folgen-dermaßen geregelt: Am Vormittag tut *sie*, was sie will und am Nachmittag tu' *ich*, was sie will. Und so ist es dann geblieben. Leider haut sie auch materiell über die Schnur, gibt das Geld aus für lauter unnötige Sachen – zum Beispiel hat sie schon vor drei Jahren unbedingt einen Feuerlöschapparat haben müs-sen! Bis heute haben wir ihn noch nicht ein einziges Mal verwendet!

ERNA *(hat weitergelesen)*: Die Agrarbank ist gestern um 250 000 Schilling beraubt worden.

KOCHALSKY: Vom Aufsichtsrat?

ERNA: Von einem Räuber!

KOCHALSKY: Also von keinem Bankfachmann. Da haben ja die Einleger noch Hoffnung, ihr Geld zurückzubekommen. Aber das nimmt jetzt Dimensionen an! Vorige Woche ist erst in der Creditanstalt eingebrochen worden.

ERNA: Hat man das Geld weggetragen?

KOCHALSKY: Nona – den Kredit! Und gestern wieder die Agrarbank!

ERNA: Das ist schon der vierte Bankeinbruch in diesem Monat, und man glaubt, daß alle Überfälle von demselben Täter verübt worden sind. Der Kassier der Agrarbank ist schwer verwundet.

KOCHALSKY: Der Schöberl?

ERNA: Ja. *(liest)* »Der Kassier schleppte sich noch bis zum Schreibtisch des Direktors – dort brach er zusammen.«

KOCHALSKY: Das schaut dem Schöberl ähnlich! Ausgerechnet am Schreibtisch des Direktors muß er zusammenbrechen!

ERNA: Er wollte dem Räuber das Geld zuerst nicht geben ...

KOCHALSKY: Wem will der Schöberl schon Geld geben!

ERNA *(setzt fort)*: ... und da schoß ihn der Räuber zweimal in die Brust.

KOCHALSKY: Warum zweimal? Der Schöberl ist doch ein ganz magerer Mensch? Bei dem hätt' einmal schießen auch genügt.

ERNA *(Lärm hinter der Bühne, Schreier)*: Was ist denn da los? *(stürzt zur Tür, schreit auf)* Hilfe! Hilfe! *(rennt zur anderen Tür hinaus)*

KOCHALSKY: Fräulein Peschek! Sie können doch nicht alles so liegen lassen! Die Briefe, die Geschäftsbücher, den Lippenstift!

RÄUBER *(tritt auf. Er sieht gefährlich aus, hat in jeder Hand einen Revolver)*: Hände hoch! *(spricht zurück)* Das Mädel laßt's laufen! Ihr zwei bleibt's vor der Tür! Am Ausgang stehen der Schani und der Karl!

KOCHALSKY *(hat inzwischen die Hände wieder heruntergenommen und begonnen, Geld zu zählen)*: 1, 2, 3, 4, 5, 6, 7 ...

RÄUBER: Hände hoch! Haben S' net g'hört?

KOCHALSKY: Moment! Ich bin sofort fertig! *(zählt)* ... 5, 6, 7, 8, 9 ... Was wünschen Sie?

RÄUBER: Geld!

KOCHALSKY: Auszahlung Schalter acht, links.

RÄUBER: Mir scheint, Sie wissen net, wer vor Ihnen steht! Ich bin der bekannte Bankräuber Schmalwieser!

KOCHALSKY: Freut mich! Kochalsky. Ich hab' geglaubt, Sie wollen Geld für laufende Rechnung abheben. Beraubung der Bank findet *hier* statt. Am Hauptschalter. Wieviel darf es sein?

RÄUBER: Wieviel haben S' in der Kassa? *(hebt den Revolver)*

KOCHALSKY: Genau kann ich's Ihnen nicht sagen. Sie haben mich beim Zählen gestört. Aber 400000 Schilling werden's schon sein. Genügt Ihnen das? *(Telefon klingelt)*

RÄUBER: Wagen Sie es nicht, das Telefon zu berühren – oder ich schieße!

KOCHALSKY: Sind Sie verrückt geworden? Das ist doch meine Frau! Die möcht' mir einen schönen Wirbel machen, wenn ich nicht zum Apparat komm'! *(hebt ab)* Hallo – Kochalsky! Servus, Schatzi!

RÄUBER: *(schießt in die Luft)*

KOCHALSKY: Hören Sie doch auf! Man versteht ja kein Wort! *(ins Telefon)* Ein Klient! Der schießt nur übers Ziel! Nein, es ist keine Frau! Ich schwör' dir! *(zum Räuber)* Das kommt von Ihren Blödheiten! Jetzt glaubt meine Frau, daß ich ein Mädel bei mir hab'! *(ins Telefon)* Was hat der Arzt gesagt? Es ist nur eine Angina? Aha – pectoris... Gottseidank!

RÄUBER: Hören S' zum Telefonieren auf – oder Sie sind ein Kind des Todes!

KOCHALSKY: Macht auch nichts. Ich hab' ohnehin nie gewußt, wer mein Vater ist! *(ins Telefon)* Servus, Schatzi! Ich komm' zum Mittagessen! *(legt auf, die Frau verschwindet, zum Räuber)* Sie wollten Geld... Wieviel war es gleich?

RÄUBER: Alles!

KOCHALSKY: Alles. Wünschen Sie es in großen Scheinen oder in kleinen? Oder vielleicht einen Scheck auf die Nationalbank? Das ist immer bequemer. Wie haben Sie gestern die 250000 in der Agrarbank bekommen?

RÄUBER: Es waren nur 240000.

KOCHALSKY: Da haben die wieder 10000 verdient! Der Schöberl! Erst schnappt er sich 10000, und dann geht er zum Schreibtisch vom Direktor – zusammenbrechen!

RÄUBER: Es waren 250000 – aber i hab' nur 240000 g'nommen, sonst wär' ich in a andere Steuerklass' 'kommen!

KOCHALSKY: Sehr gescheit!

Räuber: Man verdient ja das Geld heute nicht so leicht.

Kochalsky: No – Sie können nicht klagen.

Räuber: Nicht direkt – aber das Geschäft wird immer schwerer. Gestern nacht zum Beispiel hab' i im Prater ein' Herrn überfallen. I schrei: »Geld her, oder i schieß' Ihnen 's Hirn aussi!« Sagt er: »Schießen S' ruhig! Ohne Hirn kann man in Österreich leben – ohne Geld net!« – Brauchen S' noch lang?

Kochalsky: Bin schon fertig! Hier haben Sie 400 000 Schilling! Moment – da ist noch ein Tausendschillingschein – er ist etwas zerrissen, aber Sie können ihn ja zu Hause kleben. Was machen Sie eigentlich mit dem vielen Geld, Herr Räuber?

Räuber: Das geht Sie einen Dreck an!

Kochalsky: Ich frage ja nur in Ihrem Interesse! Heutzutage ist es gar nicht so leicht, soviel Geld sicher anzulegen.

Räuber: Vorläufig ist es in meiner Tasche am sichersten! *(steckt die Banknoten ein)*

Kochalsky: Das glauben *Sie*! Wie leicht kann Ihnen das Geld von einem Gauner geraubt werden! Sie sind doch nicht der einzige! Und bedenken Sie den Zinsverlust!

Räuber: Sie können sich beruhigen – später wird alles bei einer Bank deponiert.

Kochalsky: Aber bei welcher? Unter den Bankleuten gibt es doch Gauner, gegen die Sie ein Waisenkind sind!

Räuber: Ich trag's in die Schweiz.

Kochalsky *(verächtlich)*: *Das* hab' ich mir gedacht! Schämen Sie sich nicht? Sind Sie denn ein Verbrecher, daß Sie das Kapital ins Ausland verschieben? Sie schädigen ja nicht nur sich selbst – Sie schädigen auch die österreichische Wirtschaft! Haben Sie den Aufruf unseres Herrn Bundeskanzlers nicht gelesen? Und wer garantiert Ihnen für die Sicherheit der Schweizer Banken?

Räuber *(immer ängstlicher werdend)*: Sie glauben, daß die Schweizer Banken nicht sicher sind?

Kochalsky: Nicht sicher? Was zahlen Ihnen die Schweizer Banken Zinsen? Auf sechs Monate fest – eindreiviertel Prozent! Kann ein prominenter Raubmörder wie Sie von so bescheidenen Zinsen leben? Sie werden doch auch einmal älter –

RÄUBER: Das ist wahr ...

KOCHALSKY: Sehen Sie? Auch ein Räuber hat einmal das Bedürfnis, sich zur Ruhe zu setzen. Er will sich ein kleines Haus kaufen, will in Frieden vorm Fernsehapparat sitzen und sich alte Filme anschauen – im Kreise seiner Familie –, haben Sie Kinder?

RÄUBER: Einen Buben.

KOCHALSKY: So ein strammer Kerl wie Sie hat nur *ein* Kind? Wie lang sind Sie schon verheiratet?

RÄUBER: Drei Monate.

KOCHALSKY: Dann geht's ja.

RÄUBER: Eineinhalb Jahre ist er alt und läuft schon seit zwei Monaten!

KOCHALSKY: Dann muß er ja bald in Passau sein! Sehen Sie – so einem G'schroppen wollen Sie doch eine standesgemäße Erziehung angedeihen lassen – wollen ihm zu Weihnachten ein kleines Maschinengewehr kaufen – und alles das mit 1¾% Zinsen? Nein, Herr Verbrecher – das alles wird Ihnen versagt bleiben, wenn Sie Ihr Geld nicht bei uns anlegen!

RÄUBER: Das ist doch ein Blödsinn! Ihre Bank kommt doch für mich gar nicht in Frage!

KOCHALSKY: Warum nicht? Bei unserem Aktienkapital?

RÄUBER: Bei Ihrer Bank kommen doch Überfälle vor!

KOCHALSKY: Wann?

RÄUBER: Jetzt grad'.

KOCHALSKY: Sie meinen Ihren werten Besuch? Das kann bei jeder Bank passieren! Wenn Sie aber wünschen, werden wir besondere Sicherheitsmaßnahmen treffen.

RÄUBER: Automatische Panzertüren müssen S' machen lassen! Und das nutzt a nix, weil Ihr Personal unzuverlässig ist!

KOCHALSKY: Unser Personal? Treu und erprobt bis auf die Knochen! Der Generaldirektor ist nicht ganz zimmerrein, aber auf den können wir ja aufpassen, wenn Sie wünschen.

RÄUBER: Und Ihr Kassier? Der dem Erstbesten, der ihm ein' Revolver unter die Nasen halt', die ganze Kassa gibt?

KOCHALSKY: Den werden wir sofort entlassen! Noch jetzt gehe ich zum Personalchef und bitte um meine Kündigung! Überlegen Sie sich's nicht lange – wir zahlen Ihnen für festes Geld sieben Prozent – heute ist zwar schon der Achte, aber wir werden Ihnen die Zinsen ab Ersten vergüten!

RÄUBER: Ihr Angebot ist sehr verlockend – ich möchte wirklich einen kleinen Betrag bei Ihnen einlegen...

KOCHALSKY: Warum einen *kleinen* Betrag, lieber Herr Zuchthäusler! Sie legen die ganzen 480000 Schilling, die Sie bei uns gegrapst haben, bei uns ein! Da kriegen Sie noch einen Kalender von 1970 als Zulage!

RÄUBER: Einen Kalender *und* sieben Prozent?

KOCHALSKY: Eventuell mehr! Wir kaufen achtprozentige Hypothekarpfandbriefe für die 480000 Schilling. Moment! Sie haben ja noch die 240000 von der Agrarbank! Die legen Sie auch bei uns ein! Geben Sie alles her! 480000 und 240000 – das macht 720000 Schilling... *(Lärm im Nebenzimmer)* Ich schreibe sofort die Quittung... *(schreibt, Zahlen vor sich hinsprechend, die Quittung)*

KOMMISSÄR *(stürzt herein, begleitet von einem Wachmann)*: Hände hoch!

KOCHALSKY: Was ist denn? Geht's schon wieder los?

KOMMISSÄR *(zum Räuber, der betroffen den Revolver fallen ließ und die Arme gehoben hat)*: Haben wir dich endlich, Bürscherl! *(legt ihm Handschellen an)* Geh'n ma! Das Auto wartet!

RÄUBER *(zu Kochalsky)*: Das hab' i Ihnen zu verdanken, Sie Verbrecher, Sie! *(alle wollen ab)*

KOCHALSKY: Was ist denn? Warum schleppen Sie mir die Kundschaft weg?

KOMMISSÄR: Das ist doch der Schmalwieser! Der gefährlichste Bankräuber! Kommt auf Zelle sieben. Ist schon reserviert. Sie haben noch Glück gehabt, daß wir dazwischeng'kommen sind! Los! *(stößt den Räuber hinaus und folgt ihm)*

KOCHALSKY: Was mache ich jetzt mit der Quittung? Da fehlt ja überhaupt noch eine zweite Unterschrift! *(geht zum Telefon)* Zentrale? Geben Sie mir den Herrn Generaldirektor! – Herr Generaldirektor, ich schicke Ihnen das Fräulein Peschek mit einer Quittung über 720000 Schilling zur Unterschrift! Bitte geben Sie die Quittung an den Einzahler weiter! Wo der Einzahler ist? Der kommt in die Zelle sieben – gleich neben Ihnen!

»Ich bin eine vergessene Pille«

Chanson (vorgetragen von Elly Naschold)

Aus der »Simpl«-Revue »Amor go home!«
Premiere: 7. März 1969

Ich bin eine vergessene Pille.
Sie lag am Nachtkastl neben dem Bett.
Ich wäre nie das Kind in der Familie,
Wenn die Mama sie eingenommen hätt'.
Dabei stand es so deutlich auf der Hülle:
Bei jeder Pille
Stand genau der Tag.
Und meine Mutti brauchte keine Brille,
Die konnte sogar lesen, wenn sie lag.
Es war einem Mittwoch im Aprile,
Am Donnerstag erschrak sie wie noch nie.
Da stand auf der Verpackung von der Pille
Anstatt dem »Do« vom Donnerstag das »Mi«.
Sie hat's dem Vati lang nicht eingestanden,
Und in der Hoffnung lag ihr ganzes Glück.
Sie hoffte nämlich, ich sei nicht vorhanden
Und daß ich nie das Licht der Welt erblick'.
Doch im Jänner war ich nicht mehr aufzuhalten.
Man hat sich dran gewöhnt, daß es mich gibt.
Man sprach sogar von höheren Gewalten
Und redete sich ein, daß man mich liebt.
Aber ich bin und bleib' ein Fehltritt von den Drogen,
Das Wunder ging in meinem Falle schief.

Und die Mama hat den Papa be-drogen,
Als sie an jenem Abend mit ihm schlief.
Sie sagt zwar, daß ich sie sehr beglücke,
Aber da kann man sagen, was man will:
Ich bin das Kind einer Gedächtnislücke.
An einem Mittwoch-Abend im April.

»Der Geist vom Ballhausplatz«

Sketch

Aus der »Simpl«-Revue »Stift und Pinsel«
Premiere: 25. März 1967

Personen: Reporter (FARKAS); Portier; Der Geist vom Ballhausplatz. Saal im Bundeskanzleramt am Wiener Ballhausplatz, es ist kurz vor Mitternacht.

REPORTER: Ich möchte von hier aus meine Redaktion anrufen, wenn Sie gestatten.

PORTIER: Von hier aus? Meinetwegen – aber tummle sich der Herr, denn es ist bald Mitternacht.

REPORTER: Was hat das damit zu tun? So lange die Sitzung noch dauert, kann ich doch –

PORTIER: Nein, es ist nicht ratsam. In dem Zimmer spukt es nämlich. Schlag zwölf Uhr nachts wird es gespenstisch. Ein Geist erscheint.

REPORTER: Aber – machen Sie sich nicht lächerlich. Wo soll im Bundeskanzleramt ein Geist herkommen?

PORTIER *(achselzuckend)*: Bitte – mir is' ja egal. Ich würde Ihnen nur raten, noch vor der Geisterstunde draußen zu sein. Habe die Ehre, der Herr... *(ab)*

REPORTER *(beim Telefon, wählt)*: Pressebüro –? 17-755... Hallo? Ja – Herr Kollege – ich bin noch immer auf dem Ballhausplatz – ich weiß, es ist bald Mitternacht – aber was soll ich machen? Der Referent hat gesagt, daß ich da auf ihn warten soll. Soviel ich erfahren konnte, handelt es sich um eine Jubiläums-

Sitzung: Das 25. Lohn- und Preisabkommen. Ob's das Parlament annehmen wird? Der Referent sagt ja. Wieviel Stimmen weiß er nicht, aber er schätzt auf 126 blaue Augen gegen 86 gebrochene Zähne. Ich bin ja selber sehr pressiert. Ich muß zu meiner Frau in die Klinik. Ja. Drillinge hat sie gekriegt. Das kommt davon, wenn man ein Mädel aus einem En-gros-Geschäft heiratet... Danke, danke. Ich muß halt warten. Ich werde inzwischen Namen für die Kinder suchen. Auf Wiederhören. *(hängt ab, sucht in einem Taschenkalender)* Abel, Alarich, Abigail, Achatius, Andy, Barbasola, Barmizwa, Berolina, Bartholomäus – *(es schlägt Mitternacht)* Cajetan, Cäsar, Celsius – *(von außen, Geheul)* Was ist da für ein Lärm? *(sucht weiter)* Chrisostomus, Cyprian – *(Geheul)* Ruhe! Das ist doch wirklich zu blöd! *(liest)* Edeltraut, Ephraim – *(es donnert, Sturm)* Was ist mit dem Bundeslastverteiler los?

GEIST *(in weißem, wallendem Gewand, erscheint)*: Huuuh!

REPORTER: Wer heult da umeinander? *(erblickt den Geist)* Da ist ja wer! Mit wem hab' ich das Vergnügen?

GEIST: Huuuh!

REPORTER: Ich bitt' Sie, hören Sie auf mit dem Gejodel!

GEIST *(stärker)*: Huuuh!

REPORTER: Sie sind ein kindischer Mensch!

GEIST: Ich bin kein Mensch – ich bin ein Geist... Huuuh!

REPORTER: Was *Sie* sich da angewöhnt haben! Direkt nervös machen Sie einen!

GEIST *(verblüfft)*: Sagen Sie – haben Sie denn gar keine Angst vor mir?

REPORTER: Warum soll ich vor Ihnen Angst haben? Bin ich Ihnen was schuldig? Was wollen Sie überhaupt hier?

GEIST: Spuken!

REPORTER: Warum sagen Sie das nicht gleich? Dort ist ein Spucknapf, spucken Sie – und habe die Ehre! Was ist das übrigens für ein Mantel?

GEIST: Den habe ich bei einem Ausverkauf gekauft. Ecke Milchstraße und Rote Sterngasse. Vor 60 Jahren.

275

REPORTER: Vor 60 Jahren? So lange üben Sie schon den Gespensterberuf aus?

GEIST: Ja. 1907 habe ich Wien und die Welt verlassen...

REPORTER: Sie waren auch ein Wiener?

GEIST: Jawohl. Ich war hier am Ballhausplatz durch viele Jahre erfolgreich untätig. Sagen Sie, was macht denn meine liebe Wienerstadt? Mein liebes, gutes, altes Carl-Theater? Das Johann Strauß-Theater? Das Bürgertheater? Das Stadttheater?

REPORTER: Die sind niedergerissen worden.

GEIST: Warum denn? Waren denn die Vorstellungen dort jetzt schon so schlecht?

REPORTER: Nein. Aber man hat die Gründe gebraucht.

GEIST: Was für Gründe?

REPORTER: Die Gründe, sich die Subventionen zu ersparen. Und für das ersparte Geld hat man in Salzburg ein neues Festspielhaus gebaut, damit nicht nur das alte leersteht...

GEIST: Schrecklich! Die ganzen Heimstätten der Operette sind weg! Wenn man sich unterhalten will, kann man also nur mehr ins Varieté gehen, ins Ronacher?

REPORTER: Das ist jetzt ein Fernsehgebäude.

GEIST: Fernsehen? Was ist das?

REPORTER: Das ist nicht leicht zu definieren. Das Fernsehen ist ein vom Publikum subventioniertes Bild- und Geräusch-Institut, das so lange auf Kosten jeder Leitner-Familie erfolgreich Reklame für Schönheitsseifen und Waschmittel macht, bis jede Unterhaltungsmöglichkeit ausscheidet und durch einen neuen Direktor ersetzt wird – so daß das Publikum bei der Fülle der Sendungen nie weiß, was es ausschalten soll, um ein Vergnügen zu haben...

GEIST: Das versteh' ich nicht.

REPORTER: Das versteht keiner.

GEIST: Unbegreiflich! Was sagt denn da Seine Majestät dazu, der Kaiser Franz Joseph?

REPORTER: Jetzt haben wir doch längst keinen Kaiser mehr. Jetzt haben wir einen Kanzler.

GEIST: Einen Kanzler? Der Bismarck ist nach Wien gekommen?

REPORTER: Aber woher denn! Es kommen genug Deutsche nach Wien, aber an denen schätzen wir weniger die Macht des Bismarck, als die der D-Mark. Deutschland zerfällt nämlich jetzt in zwei Teile: in die Marxisten und die D-Marksisten. Die vertreten die beiden großen entgegengesetzten Strömungen der Welt: die kapitalistische und die proletarische.

GEIST: Amerika und Rußland! Das war ja auch schon zu meiner Zeit so: Die Roten, das sind die Demokraten, die Amerikaner – und die Russen, das sind die kaisertreuen Zarenuntertanen, die für den kapitalistischen Adel kämpfen. Daran hat sich also nichts geändert.

REPORTER: Nichts – außer alles. Wir unterscheiden jetzt Diktatur und Demokratie. Diktatur ist, wenn die Regierung macht, was sie will, und das Volk nicht dreinreden darf.

GEIST: Und Demokratie?

REPORTER: Da darf das Volk dreinreden. Und die Regierung macht trotzdem, was sie will. Früher, als wir noch zu Deutschland gehört haben, haben wir ja auch eine Diktatur gehabt.

GEIST: Wir haben zu Deutschland gehört? Was ist dem Kaiser Wilhelm da eingefallen? Ein schreckliches Durcheinander!

REPORTER: Das glaub' ich.

GEIST: Und die heutigen Minister treten nie daneben?

REPORTER: Doch, aber sie sind beständiger. Ein Minister tritt vielleicht manchmal daneben, aber nie zurück! Er kann gar nicht zurücktreten, weil knapp hinter ihm schon der nächste steht. Aber dafür haben wir heute einen ständig steigenden Lebensstandard. Heuer ist er zum Beispiel um 4,5 Prozent gestiegen.

GEIST: Wo ist das Geld hingekommen?

REPORTER: Vier Prozent in die Industrie, 0,5 Prozent haben diverse Funktionäre gekriegt –

GEIST: Und was hat das Volk bekommen?

REPORTER: Das Komma. Verzeihen Sie, ich muß mich jetzt von Ihnen verabschieden.

GEIST: Na ja – ich muß ja auch weiter spuken gehen. Ein schrecklicher Beruf! Und so monoton: Von zwölf bis eins heulen, dann bis halb drei kettenrasseln, dann zähneklappern bis zum Hahnenschrei, immer allein in der Finsternis, direkt entrisch! Neulich hat sich das Enkerl vom Portier hier hinter einer Säule im Korridor versteckt, und wie ich vorbeigeschwebt bin, hat er auf einmal gemacht: »Buh!« Also – ich bin so erschrocken! Vergnügen ist das keines...

REPORTER: Warum tun Sie's dann?

GEIST: Weil ich mich selbst verflucht hab'. Ich war nämlich ein hoher politischer Funktionär, bin zwischen rechts und links herumgependelt und habe mich geplagt, hab' geschuftet und es doch zu nichts bringen können. Das ist mir eines Tages zu dumm geworden, ich hab' auf den Tisch gehaut und geschrien: »Ich mach' das nicht mehr mit! Ins Rathaus kommt man nicht hinein, wenn man kein Schwarzer ist wie unser schwarzer Herr Bürgermeister, der Dr. Lueger! Mit einem eisernen Besen müßte man da hineinfahren, daß die ganze Gesellschaft dort erbleichend die Farbe wechselt! Und als Regierungsbeamter hat man soviel Arbeit und Schinderei, daß das ganze Jahr vierzehn Monate haben müßte, damit man nachkommen kann. Und je höher man im Range steigt, desto weniger ist man versorgt! Jeder Schreiber kriegt eine Pension, aber ein Minister kann das natürlich nicht verlangen! Jedem Amtsdiener drückt man ein Trinkgeld in die Hand, wenn man was von ihm will – aber bei einem Beamten traut sich das selbstverständlich niemand! Das muß endlich anders werden – oder der Teufel soll mich holen!« Da hat mich der Teufel geholt, und jetzt muß ich hier so lang herumspuken, bis sich das, was ich unmöglicherweise vor 60 Jahren im Zorn gesagt habe, erfüllt hat!

REPORTER: Sie! Dann haben Sie es doch nicht mehr nötig, herumzuspuken!

GEIST: Wieso?

REPORTER: Weil sich alles erfüllt hat, was Sie gesagt haben: Das Rathaus hat die Farbe gewechselt. Sie können auch einem höheren Funktionär etwas in die Hand drücken, wenn Sie nur halbwegs ein Baumeister sind, und die Minister kriegen ihr volles Gehalt als Jahrespension – und in diesem Fall hat das Jahr 14 Monate, damit die armen Herren Politiker im Alter besser dran sind als die von ihnen regierten Untertanen ihr ganzes Leben lang!

GEIST *(freudig)*: Huuuh! Ich bin erlöst! Ich bin kein wesenloser Geist mehr! Ich bin ein lebender Österreicher!

REPORTER: Da sind Sie noch lang nicht erlöst . . .

GEIST *(entsetzt)*: Huuuh . . .!

»Schwimmlehrer unter sich«

Doppelconférence

»Bilanz der Saison«, 28. Juni 1968

Berger (FARKAS) und Schöberl (WALDBRUNN) im Bad, beide als Schwimmlehrer gekleidet

FARKAS: Ja – Herr Schöberl!

WALDBRUNN: Herr Berger! – Was – das ist ein Beruf, Schwimmeister! Schad', daß es nur für den Sommer ist.

FARKAS: Ja. Im Jänner läßt das Strandleben ein bißchen nach.

WALDBRUNN: Na ja, es ist halt ein großer Unterschied zwischen Florida und Floridsdorf. Haben Sie momentan auch keinen Schwimmschüler an der Leine?

FARKAS: Nein. Das Bassin ist an einem Sonntag so wie heute zu überfüllt.

WALDBRUNN: Eben. Wer schwimmt schon gerne Schulter an Schulter.

FARKAS: Man könnte höchstens kraulen.

WALDBRUNN: Wen?

FARKAS: Wieso – wen?

WALDBRUNN: Wen könnte man kraulen?

FARKAS: Ich meine – im Wasser! Den Ausdruck müßten Sie doch als Schwimmlehrer eigentlich kennen?

WALDBRUNN: Kenn' ich auch. Ich will nur nicht immer fachsimpeln. Zu Lande wird auch genug gekrault. Sie müssen nur in der Dämmerung zum Strand hinunterschauen, was die Pärchen da aufführen! Die feiern direkt Orchideen dort!

FARKAS: Ihre Diktion hat sich seit unserer letzten Unterredung auch nicht gebessert.

WALDBRUNN: Die Zustände ebenfalls nicht. Mit Ausnahme der Bikinis hier im Strandbad. Die werden ja immer kleiner. Heuer sind sie schon so klein, da gehört schon eine gewaltige Portion Willenskraft dazu, einem Mädel in die Augen zu schauen ...

FARKAS: So ein Bikini ist wie ein Stacheldrahtzaun: Er schützt das Gelände, ohne die Aussicht zu verdecken.

WALDBRUNN: Gelungen! Sie sprechen klug aus Ihrem Munde.

FARKAS: Es handelt sich ja immer wieder bloß um das Zurschaustellen der Anatomie.

WALDBRUNN: Wie heißt die?

FARKAS: Wer – »die«?

WALDBRUNN: Na, die Anna – wie war der Zuname?

FARKAS: Anatomie! *(deutet Kurven an)* Die Körperformen!

WALDBRUNN: Ach so? Das, was die Brigitte Bardot hat?

FARKAS: Eine Anatomie hat jeder – ob Mann, ob Frau – ob Sie oder ich!

WALDBRUNN: Sie auch? Ich will Sie nicht kränken, Herr Berger – aber da ist mir die von der Brigitte Bardot doch lieber. Die möcht' ich gern wieder einmal kraulen!

FARKAS *(verwundert)*: Haben Sie sie denn schon einmal gekrault?

WALDBRUNN: Gekrault nicht – aber gemöchtet!

FARKAS: Die hat gerade auf Sie gewartet.

WALDBRUNN: Ist sie verheiratet?

FARKAS: Geschieden.

WALDBRUNN: Na eben. Von wem?

FARKAS: Von diesem Gunther Sachs. Ein schwerreicher Playboy mit einer besonderen Vorliebe für schöne Frauen und schöne Autos. Er hat direkt eine Auto-Manie!

WALDBRUNN: Früher haben Sie gesagt: Anatomie!

FARKAS: Das ist doch ganz etwas anderes! Auto-Manie ist, wenn einer verrückt auf Autos ist.

WALDBRUNN: Ich weiß. Mein Sohn hat jetzt auch schon die Auto-Marie.

FARKAS *(korrigiert)*: Auto-Manie!

WALDBRUNN: Nein, die Marie! Das Geld für die erste Rate für einen Kleinwagen. Die ganze Zeit spart er schon drauf. Obwohl's ein ziemlich altes Modell ist. Baujahr 1955.

FARKAS: Aha. Aus der Zeit, als wir unsere Autonomie wieder erhielten.

WALDBRUNN: Die Anatomie?

FARKAS *(ärgerlich)*: Die Autonomie!

WALDBRUNN: Wenn Sie sich einmal diese Schikaniererei abgewöhnen würden! Erst sagen Sie Anatomie, dann Auto-Manie, sag' ich Auto-Marie, sagen Sie sofort: Autonomie! So fremd kann kein Wort sein, daß Sie nicht damit protzen!

FARKAS: Sagen Sie – wie kann ein Mensch in zwei Minuten soviel Blödsinn zusammenreden?

WALDBRUNN: Ich rede sehr schnell...

FARKAS: Eben. Wenn Sie lieber schneller denken würden, oder wenn Sie auch nur eine Spur von Schulbildung hätten, dann –

WALDBRUNN *(fällt ein)*: Eine Spur? Ich habe sogar das Gymnasium besucht! Allerdings nur bis zur dritten Klasse. Dann hat mein Jüngster zu mir gesagt: »Schau, Vater – du rennst da mit den Schulbuben herum. Das hat doch keinen Sinn...«

FARKAS: Ihr Jüngster scheint ein aufgewecktes Kind zu sein.

WALDBRUNN: Kind? Der ist schon Bräutigam. Macht eine glänzende Partie.

FARKAS: Wen heiratet er?

WALDBRUNN: Ein reiches Mädel. Die junge Fahringer.

FARKAS: Ah – ist das die Tochter von Fahringer & Co.?

WALDBRUNN: Nein. Nur vom Fahringer.

FARKAS: Die meine ich ja. Mit dem Vornamen Hilde.

WALDBRUNN: Das weiß ich nicht. Er sagt immer nur »Schneckerl« zu ihr.

FARKAS: Schneckerl?

WALDBRUNN: Ja. Weil – sie hat ein Häuschen. Und was ist mit Ihrer Tochter? Noch immer so schiach?

FARKAS *(ärgerlich)*: Sie haben es nötig, über Schönheit zu reden!

Ich gebe zu, sie hat ein etwas scharfes Profil – ich weiß nicht, von wem sie das geerbt hat –, aber sie hat jetzt eine Schönheitsoperation gehabt und schaut prachtvoll aus.

WALDBRUNN: Das hält nicht an. Das Gesicht meiner Frau ist schon öfter bearbeitet worden als »Die Fledermaus«. Heuer war sie schon viermal beim Operateur. Sie hat gesagt, sie will sämtliche Schönheitsfehler aus ihrem Gesicht weghaben. Da hat der Arzt gesagt, sie soll sich enthaupten lassen. Und ihre Figur kann man doch überhaupt nicht korrigieren. Sie hat leider eine ungünstig gebaute Autonomie.

FARKAS: Anatomie!

WALDBRUNN: Fangen Sie schon wieder an? Korrigieren Sie mich nicht fortwährend aus!

FARKAS: Ich muß doch. Gegen Fremdwörter haben Sie eine ausgesprochene Antipathie.

WALDBRUNN: Was ist das schon wieder? Ich brauch' nur den Mund aufzumachen, gleich kommen Sie daher mit der Auto-Manie und der Artillerie und der Annemarie –

FARKAS: Sie, Schöberl –

WALDBRUNN *(gesteigert)*: Nein! Kümmern Sie sich lieber um Ihre Tochter, die Sie als operierte Schönheit noch immer auf dem Hals haben!

FARKAS: Tun Sie sich nichts an! Sie heiratet schon im nächsten Monat.

WALDBRUNN: Möchte wissen, wen?

FARKAS: Einen sehr feinen jungen Mann. Er ist Motorführer bei der Straßenbahn.

WALDBRUNN: Das wird aber eine fade Ehe werden!

FARKAS: Wieso?

WALDBRUNN: Na, es ist doch verboten, mit dem Motorführer zu sprechen!

FARKAS: Wie Sie sich unter die Menschen geschmuggelt haben, ist mir ein Rätsel! Sie passen überhaupt nicht als Schwimmlehrer in so ein mondänes Bad ... Ich habe sogar am Strand von Brighton der englischen Königsfamilie beim Training assistiert. Allerdings nur von weitem, bis der Gendarm mich weggejagt hat. Aber ich habe sie alle gesehen: die Queen –

WALDBRUNN: Die Queen? Die Frau vom Freddy?

FARKAS: Was für ein Freddy?

WALDBRUNN: Freddy Quinn ...

FARKAS *(ärgerlich)*: Die englische Königin! Die Musik hat die Hymne gespielt –

WALDBRUNN: Aha. »Queen, Queen, – nur du allein ...«

FARKAS *(w. o.)*: Nein! »God save the Queen!« Die ganze Familie habe ich beobachtet: ihren Gemahl, den Philip –

WALDBRUNN: Den Prinzen?

FARKAS: No na – den Gunther! – Dann die Anne, den Charles und die Margaret –

WALDBRUNN: Aha. Die Margaret.

FARKAS: Sie haben natürlich keine Ahnung, wer das ist?

WALDBRUNN: Doch. Charleys Tante! Sie brauchen sich aber auf Ihre politischen Meeresbetrachtungen nichts einzubilden. Ich habe unseren verehrten Herrn Bundeskanzler auch am Meer beim Schwimmtraining beobachten dürfen.

FARKAS: In welchem Meer hat er trainiert?

WALDBRUNN: Im Schwarzen natürlich. Oder glauben Sie, im Roten? Und ab nächsten Monat hat sich unser geschätzter Herr Finanzminister zum Schwimmtraining bei mir angesagt. Er will schauen, wie er sich am besten über Wasser halten kann.

FARKAS: Bei uns ist ja alles ziemlich seicht. Er muß nur trachten, daß er über das tiefe Loch hinwegkommt, das unser Budget aufweist, wo ihm das Wasser bis zum Mund geht.

WALDBRUNN: Was Sie nicht sprechen! Warum hilft ihm dann die Regierung nicht? Schließlich sind wir doch ein selbständiger Staat und haben eine Anatomie!

FARKAS: Autonomie!

WALDBRUNN: Ob Sie einmal Ruh' geben möchten! Ich meine – der Staat kann das doch ausgleichen und sich selber das fehlende Geld drucken – auf der Banknotenpresse. Schließlich haben wir doch eine Pressefreiheit!

FARKAS: Ausgeschlossen! Wir können uns doch nicht nach Belieben Banknoten drucken, sonst gehen wir zugrunde!

WALDBRUNN: Aber geh'n Sie – mein Freund, der Kalina aus der Paniglgasse, der druckt sich schon seit zwei Jahren Hundertschilling-Noten – und dem geht es glänzend!

FARKAS: So? Na, das eine kann ich Ihnen sagen: Ich glaube, Ihr Freund, der Herr Kalina, wird bald sitzen!

WALDBRUNN: Warum sagen Sie – *er wird*? Er sitzt schon. *(lacht)*

FARKAS: Einen feinen Freund haben Sie!

WALDBRUNN: Jetzt nicht mehr. Seit der Sache habe ich gegen ihn eine Antipathie. *(nach einer Pause)* No – was ist?

FARKAS: Was soll sein?

WALDBRUNN *(verwundert)*: Warum sagen Sie nicht Anatomie oder Auto-Manie oder was Ähnliches.

FARKAS: Weil Sie sich geirrt haben und daher fälschlich das Richtige sagten!

WALDBRUNN: Na, sehen Sie! Wenn Sie nicht immer so hartnäckig wären –

FARKAS: Ich? Ich bin das Weichnäckigste, was es gibt. Ich versuche bloß immer, Ihnen etwas zu erklären, und Sie wollen und wollen mich nicht verstehen!

WALDBRUNN: Das tut mir furchtbar gern leid. Dafür kann ich nichts. Das ist so meine Automanie.

FARKAS *(sofort wieder auf der Höhe)*: *Nur* Manie! Ohne Auto!

WALDBRUNN: Ich hab' eh keins. Also – das ist meine Nurmanie. Ich will jetzt mit Ihnen keinen Streit vermeiden – ich möchte nämlich eine Gefälligkeit von Ihnen –

FARKAS: O je – was ist denn?

WALDBRUNN: Ich muß dringend auf einen Sprung weg und möchte Sie bitten, mich inzwischen zu vertreten.

FARKAS: Schon wieder? Erst gestern haben Sie mich gebeten, Sie zu vertreten, weil Sie nur auf einen Sprung zum Doktor müssen. Und dann sind Sie vier Stunden lang weggeblieben! Wahrscheinlich haben Sie eine von Ihren wasserigen Elevinnen ausgeführt.

WALDBRUNN: Herr Berger – ich gebe Ihnen mein Offiziers-Ehren-
wort –

FARKAS: Sie waren Offizier?

WALDBRUNN: Nein. Aber ein Offizier hat mir einmal sein Ehrenwort
gegeben – und das benütze ich manchmal. Glauben Sie mir –
ich war wirklich beim Doktor!

FARKAS: So? Und das hat vier Stunden gedauert?

WALDBRUNN: Ja.

FARKAS: Bei welchem Doktor waren Sie denn?

WALDBRUNN: *Beim »Doktor Schiwago«* ...

»Der Überfall«

Sketch

Aus der »Simpl«-Revue »Gangster über Wien«
Premiere: 19. September 1969

*Personen: Schurl, ein Räuber; Rossitzer, der Herr im Pelz
(FARKAS). Am Wiener Praterstern, bei Nacht*

SCHURL *(Unterweltler, in dünnem Rock und Schal, tritt auf. Er
schlägt mit den Armen um sich, um sich zu wärmen)*: Weit und
breit ka Mensch, den ma abstieren könnt'! Schöner Silvester!
Pfui Teufel! *(er spuckt aus, klappt sein Schnappmesser auf)*
ROSSITZER *(im Pelz, will über die Bühne gehen)*: Schöner Silvester!
Pfui Teufel!
SCHURL *(vertritt ihm den Weg. Zischend, mit gezücktem Messer)*:
Halt! Stehenbleiben!
ROSSITZER *(treuherzig)*: Ich kann leider nicht – ich hab' es sehr
eilig! *(will weiter)*
SCHURL: Stehenbleiben, sag' i! Geld oder Leben!
ROSSITZER: Da werden Sie sich schon mein Leben nehmen müs-
sen, denn Geld hab' ich keines.
SCHURL: Machen S' keine G'schichten! Reiben S' die Marie!
ROSSITZER: Was für eine Marie soll ich reiben?
SCHURL: Den Draht soll'n S' aussihängen! Das Geld!
ROSSITZER: Ich hab' Ihnen doch schon gesagt, daß ich keines hab'!
Wenn Sie mich auf den Kopf stellen, fällt kein Groschen aus
mir heraus!
SCHURL: Sie san wirklich stier?

ROSSITZER: Sie werden lachen, Herr Pilger – ja!

SCHURL: Heut' hab' i an' Tag! Sie san der vierte, der ka Geld hat. Vor einer Stund' hab' i an' überfallen – der hat sich noch zwei Schilling von mir ausgeborgt!

ROSSITZER: Es geht mich ja nichts an, Herr Räuber – aber wie können Sie annehmen, daß Sie auf *dem* Posten ein Geschäft machen können? Wenn man sich etabliert, ist die Hauptsache der Platz! Zur Oper müssen Sie sich stellen!

SCHURL: Mit Ezzes bin ich versehen! I brauch' a Geld! Schuld an meiner Stagnation ist die Regierung! Glauben S', daß die was tut für die kleinen Verbrecher?

ROSSITZER: Für die *kleinen* nicht!

SCHURL: Das Finanzamt macht einem auch Konkurrenz – bis die Leut' zu mir kommen, san s' schon abg'stiert! Wieso san Sie so neger?

ROSSITZER: Ich war einmal selbständig und bin zugrunde gegangen. Die Leute sind mir alles schuldig geblieben, und wenn ich einem gesagt hab', daß ich Geld sehen will, hat er gesagt, ich soll ins Museum gehen und soll mir die Münzensammlung anschauen. Da werden Sie einsehen, daß einem für Überfälle kein Geld übrigbleibt!

SCHURL: Das ist schrecklich, immer stoß' ich auf so Leut' wie Sie! Geht denn der Mautner Markhof nie spazieren? Seit zwei Tagen hab' ich kein' warmen Löffel im Magen!

ROSSITZER: Interessant! Ich hab' immer geglaubt, Räuber sein ist eine gute Branche! Nichts für unsereinen – weil zu gefährlich – aber einträglich.

SCHURL: Einträglich! Vor vierzehn Tag' hab' i a goldene Uhr und a Brieftaschen mit zwei Versatzzetteln g'fangt und seit der Zeit – wie abg'schnitten.

ROSSITZER *(bedauernd)*: Schrecklich!

SCHURL: Dabei bin i doch ka Anfänger mehr! I bin schon acht Jahr' g'sessen! Fünfe in Stein – drei in Möllersdorf! Da kriegt ma doch a Praxis! I bin der prominenteste Taschelzieher von Ottakring! Und was hab' i davon? An Dreck!

ROSSITZER: Aber das Ansehen! Sie sind wenigstens ein prominenter Taschelzieher! Was bin ich? Schauen Sie mich an! Ich war ein gutsituierter Geschäftsmann! Ich hab' Geld gehabt, hab' eine Wohnung gehabt, hab' eine Frau gehabt ... Heute hab' ich kein Geschäft, keine Frau – also das wär' ja das wenigste – aber kein Geld, keine Wohnung – nix! *(weint)*

SCHURL: Weinen S' net! I kann das net hören! I hab' so a wach's G'müat. Schau'n ma, ob ma net doch was finden!

ROSSITZER *(weinend)*: Ich hab' Ihnen doch schon gesagt, ich hab' nichts.

SCHURL: Na – nachschau'n wird ma doch noch dürfen! *(schaut in Rossitzers Taschen)*

ROSSITZER *(auf seine Revolvertasche zeigend)*: Da waren Sie noch nicht drin!

SCHURL: I glaub's Ihnen schon. Sie tun mir so leid! Sind S' net bös, Herr – mir bricht das Herz dabei – aber den Joschi müssen S' hergeben ...

ROSSITZER: Was für ein' Joschi? Wo hab' ich an' Joschi?

SCHURL: Den Pelz!

ROSSITZER: Den Pelz? Sie haben das Herz, einem armen Teufel sein letztes warmes Kleidungsstück zu nehmen?

SCHURL: I tu's ja eh net gern! Aber i muß doch meine Spesen hereinbringen!

ROSSITZER: Was haben Sie für Spesen? Alle vier Wochen das Messer schleifen lassen – fertig?

SCHURL *(hat inzwischen den Pelz angezogen)*: Auf Wiederschauen! Es hat mich sehr gefreut, Ihre werte Bekanntschaft zu machen. Habe d'Ehre!

ROSSITZER: Wohin gehen Sie jetzt?

SCHURL: Ins Café Ratzenstadl auf einen Silvester-Punsch.

ROSSITZER: Hören Sie zu – wenn ich Ihnen einen bescheidenen Rat geben dürfte: Gehen Sie nicht ins Café Ratzenstadl – gehen Sie vis-à-vis ins Café Haslinger!

SCHURL: Warum denn?

ROSSITZER: *Weil im Café Ratzenstadl sitzt der, dem der Pelz gehört!*

Farkas – kurz gefaßt

Definitionen

ORIENTALISCHE SITTEN
Ein Araber ist ein Mann, der in der Früh aus dem Bett aufsteht und das Leintuch mitnimmt.

WIRTSCHAFTSWUNDER
Unser Wirtschaftswunder ist die große Kunst, so lange über unsere Verhältnisse zu leben, bis es uns gelungen ist, im Opel Kapitän ins Armenhaus zu fahren.

ROULETTE-IDEOLOGIE
Ein Spielcasino ist ein Ort, den man als Kapitalist betritt und ohne jede Revolution als Proletarier verläßt.

KNIGGE À LA FARKAS
Wenn ein Mann nachgibt, wenn er unrecht hat, ist er höflich, gibt er nach, wenn er recht hat, ist er verheiratet.

FISKUS
Wenn ich Geld sage, meine ich damit jene Materie, die auf dem Weg zum Finanzamt flüchtig unsere Finger streift.

WETTERFRÖSCHE
Meteorologie nennt man die Kunst, das Wetter von gestern voraussagen zu können. Für morgen ist's schwieriger: Die Prognose stimmt immer, nur das Wetter ist falsch!

ABSOLUTE MEHRHEIT
Nationalrat ist eine Gruppe von Männern, die einzeln nichts macht, gemeinsam aber beschließen kann, daß nichts gemacht wird.

REGIERUNGS-SITZ
Opposition nennt man die Kunst, den Ast, auf dem die Regierung sitzt, so abzusägen, daß man selbst bequem darauf Platz hat.

REVOLUTION
Politische Umstürze bestehen in der Regel darin, daß die Insassen des Regierungsgebäudes und die der Gefängnisse gegenseitig ausgetauscht werden.

JOURNALISTEN
Ein Leitartikler ist ein Mann, der Ihnen morgen ganz genau sagen kann, warum das, was er gestern prophezeit hat, heute nicht eingetroffen ist.

ROT-WEISS-ROT
Ein österreichischer Patriot ist ein Mann, der böse wird, wenn ein Fremder Österreich kritisiert, wie er selbst es immer tut.

AUS BURG UND OPER
Subventionen nennt man die staatliche Kraftnahrung für jene Kinder des Staates, die am lautesten schreien.

POLIT-KARRIEREN
Ein Staatsmann ist einer, der sich in den Dienst seines Staates stellt, ein Politiker ist einer, der den Staat in seinen Dienst stellt.

FRAUEN
Die jungen Mädeln tragen heutzutage so hauchdünne Kleider, daß das sachkundige Auge konstatieren kann, ob sie ebenmäßig gebaut oder eben mäßig gebaut sind.

GOTT UND DIE WELT
Gott hat aus dem Chaos die Welt erschaffen, und wir haben aus der Welt ein Chaos gemacht.

POLITIK
Bei uns hat de facto bereits jede Partei zwei Flügel: Politiker sind also die reinsten Engel ...

GESCHENKE
Geben ist seliger denn nehmen. Besonders für den, der nimmt.

HANDELSBILANZ
Defizit ist das, um was man weniger hat, als man gehabt hat, als man nichts gehabt hat.

HISTORISCHES
Die berühmte »gute alte Zeit« verdankt ihr Renommee meist nur dem Umstand, daß ältere Leute schon ein schlechtes Gedächtnis haben.

PATRIOTISMUS
Es ist heute ein Vergnügen, Österreicher zu sein. Allerdings ein Vergnügen, das sich mit Rücksicht auf die hohen Spesen nur die wenigsten Einheimischen leisten können.

ÖSTERREICHISCHES
Wer Geld hat, kommt nach Österreich. Wer kein's hat, ist schon hier geboren.

ABRÜSTUNG
Mit der Abrüstung ist es wie mit einer Abmagerungskur. Einer empfiehlt sie immer dem anderen – aber keiner will damit anfangen.

DUMMHEIT
Das Sprichwort heißt: Der Dumme hat's Glück! Aber das geht sich nicht aus. Denn für das bisserl Glück gibt's zu viel Dumme auf der Welt.

STATISTIK
Ein Statistiker ist ein Mann, der viertausend Schilling monatlich dafür bekommt, daß er ausrechnet, wie ein anderer mit neunhundert Schilling im Monat leben kann.   (1958)

EHEMÄNNER
Im Laufe der Zeit ändert sich ein Ehemann: Einst erschöpfte er sich in Beteuerungen – später beteuert er seine Erschöpfung.

KRIEG
Ein Volk lebt nicht vom Brot allein. Es muß auch Kriege führen – um keines zu haben!

Krieg besteht darin, daß Menschen einander töten, ohne einander zu kennen, und zwar auf Befehl von Leuten, die einander sehr gut kennen, aber sich hüten werden, sich gegenseitig umzubringen.

FREIHEIT
Freiheit ist für viele dasselbe wie Sophia Loren: Sie wird einem fortwährend gezeigt, aber haben kann man sie nicht!

UNITED NATIONS
Das UNO-Gebäude ist ein Haus, wo viele hineingehen und wenig herauskommt.

Wenn zwei kleine Staaten mit einem Konflikt vor die UNO treten, verschwindet der Konflikt. Wenn ein großer und ein kleiner Staat vor die UNO treten, verschwindet der kleine Staat. Wenn zwei große Staaten vor die UNO treten, verschwindet die UNO.

Die Schwäche der UNO besteht darin, daß ein Vegetarierverein schwer bestehen kann, wenn die Hauptleute Fleischhacker sind.

FLIRT

Ein Flirt ist die Kunst, mit einem blauen Auge davonzukommen, wenn man zu tief in zwei blaue Augen geschaut hat.

SOZIALSTAAT

Ich weiß, der Staat kann einem nichts geben, was er einem nicht vorher genommen hat. Das ist nur recht und ... – also billig ist es nicht!

DIKTATUR

Ein Staat, wo die Verfassung auf dem Wege der Verfassung aus dem Wege geräumt wurde ...

KABARETTISTEN

Wir Komiker sind heutzutage die Hofnarren der Demokratie.

SOWJETUNION

Der Kommunismus ist eine gewaltige Idee, die nur den Nachteil hat, daß sie sich verwirklichen läßt. (1964)

DIPLOMATEN

Diplomaten sind wie Klavierstimmer. Sie versuchen die Harmonie herzustellen, indem sie die Spannungen erhöhen.

TRANSISTORGERÄTE

Tragbare Radios sind untragbar!

VERKEHRSUNFÄLLE

Die tagtäglichen Verkehrsunfälle haben zur Folge, daß man, wenn heute jemand überfahren wird, fast schon sagen muß: er ist eines natürlichen Todes gestorben.

KOSMONAUTENSCHICKSAL

Die Reise auf den Mond wird bald für jedermann in 15 Tagen möglich sein. Einen Tag braucht man für die Reise und 14 Tage dauert es, bis man das russische Visum kriegt.

EHE

Wie glücklich könnte ein Mann mit seiner Frau leben, wenn er sie nie kennengelernt hätte.

KLEINDARSTELLER

Ein Schauspieler, dessen Name auf dem Theaterzettel dort zu finden ist, wo auf der Speisekarte der Käse steht.

KRIEG UND FRIEDEN

In der Politik kann man es keinem recht machen. Der eine sagt: »Ich bin für den Frieden«, der andere sagt: »Ich bin gegen den Krieg.« Und schon ist die schönste Rauferei im Gang.

SEXUELLES

Das Schönste am Seitensprung ist der Anlauf.

GELD

Beim Denken ans Vermögen leidet oft das Denkvermögen.

BESSERE HÄLFTE

Keine Frau ist so schlecht, daß sie nicht die bessere Hälfte eines Mannes sein könnte.

BERUFLICHES

Protektion nennt man jene Karriere, bei der selbst Intelligenz kein Hindernis ist.

TREUE

Junge Männer möchten gern treu sein – sind es aber nicht. Ältere Männer möchten gern untreu sein – können es aber nicht.

GERICHTLICHES

Ein Prozeß ist etwas, das zwar niemand haben möchte, das er aber trotzdem nicht gern verliert.

IN DER DEMOKRATIE

Politik nennt man bei uns die Kunst, Geld von den Reichen und Wählerstimmen von den Armen zu ergattern – unter dem Vorwand, jeden der beiden vor dem anderen schützen zu wollen.

DIPLOMATIE

Nur wenn ein Diplomat nicht daran denkt, was er sagt, dann sagt er, was er denkt.

Diplomatie nennt man die Kunst, mit hundert Worten zu verschweigen, was man mit einem Wort so leicht sagen könnte.

ÄRZTE

Ein Arzt ist ein Mann, dessen Profession es ist, uns davor zu bewahren, eines natürlichen Todes zu sterben.

FACHÄRZTE

Ein Spezialist ist ein Mann, der sein Tätigkeitsfeld mehr und mehr einschränkt, um auf möglichst engem Fachgebiet sein ganzes Wissen zu konzentrieren. So weiß er dann immer mehr und mehr von immer weniger und weniger. Zum Schluß weiß er alles über gar nichts.

ROT-SCHWARZ

Koalition nennt man eine Interessengemeinschaft zwecks Aufteilung gutdotierter Posten.

LITERATUR

Die guten Bücher sollte man verbieten, damit sie auch gelesen werden.

Namenregister